普通高等教育汽车类专业规划教材

Qiche Fuwu Xinxi Xitong
汽车服务信息系统

杜丹丰　王云龙　**主　编**
李　冰　姜淑凤　王迎辉　**副主编**

人民交通出版社股份有限公司
China Communications Press Co.,Ltd.

内 容 提 要

本书为普通高等教育汽车类专业规划教材。本书主要介绍了汽车服务信息系统概述、汽车服务信息系统的基础技术、汽车供应链管理、汽车信息服务采集技术、汽车整车销售管理系统、汽车维修服务信息系统、零部件采购及供应管理、车载IT及车联网的应用及汽车信息服务系统设计等。本书为适应各类汽车服务企业内部管理的信息化应用需求,特别注重标准的作业流程,统一的管理模式,有利于培养学生理论联系实际的分析和解决工程问题的能力。

本书可作为普通高等院校、职业院校汽车类相关专业的教材或教学参考用书,也可供相关工程技术人员与管理人员参考。

图书在版编目(CIP)数据

汽车服务信息系统/杜丹丰,王云龙主编. —北京:
人民交通出版社股份有限公司,2017.7
ISBN 978-7-114-13808-9

Ⅰ.①汽… Ⅱ.①杜… ②王… Ⅲ.①汽车工业—商业服务—管理信息系统 Ⅳ.①F407.471.5-39

中国版本图书馆 CIP 数据核字(2017)第 100139 号

书　　名:	汽车服务信息系统
著 作 者:	杜丹丰　　王云龙
责任编辑:	李　良　　张一梅
出版发行:	人民交通出版社股份有限公司
地　　址:	(100011)北京市朝阳区安定门外外馆斜街3号
网　　址:	http://www.ccpress.com.cn
销售电话:	(010)59757973
总 经 销:	人民交通出版社股份有限公司发行部
经　　销:	各地新华书店
印　　刷:	北京市密东印刷有限公司
开　　本:	787×1092　1/16
印　　张:	14.5
字　　数:	340 千
版　　次:	2017年7月　第1版
印　　次:	2017年7月　第1次印刷
书　　号:	ISBN 978-7-114-13808-9
定　　价:	32.00元

(有印刷、装订质量问题的图书由本公司负责调换)

前言 PREFACE

随着我国汽车工业的快速发展与壮大,越来越多的集约化程度高、管理先进的汽车服务企业不断涌现,汽车服务信息系统也应运而生。汽车服务信息系统主要是为了适应各类汽车服务企业内部管理的信息化应用需求,如基于客户关系营销管理、整车销售管理、维修服务管理、零配件供应管理、美容装饰业务管理、财务管理、日常管理等。基于此,编者广泛收集资料和总结近几年来教学与实践经验,编写了此书。

全书共九章,主要介绍了汽车服务信息系统概述、汽车服务信息系统的基础技术、汽车供应链管理、汽车信息服务采集技术、汽车整车销售管理系统、汽车维修服务信息系统、零部件采购及供应管理、车载IT及车联网的应用、汽车信息服务系统设计。本书在编写过程中注重理论联系实际,力求内容系统、新颖、图文并茂、重点突出。

本书由东北林业大学杜丹丰编写第一章至第三章,黑龙江工程学院王云龙编写第六章、第七章及第九章,李冰编写第五章,齐齐哈尔大学姜淑凤编写第四章,绥化学院王迎辉编写第八章,研究生李亮、牛文林在编写过程中做了大量工作。

作者在编写过程中参阅了许多专家的教材、著作和相关资料,得到了同行和人民交通出版社股份有限公司的支持,在此一并表示衷心的感谢。

本书可供车辆工程、汽车服务工程和交通运输等汽车类专业的学生使用,将对汽车服务工程和车辆工程等专业(方向)的教学起到促进作用。此外,本书也可以作为国内汽车相关专业人员学习和职工培训的教材或参考读物使用。

由于时间仓促及作者水平有限,书中难免有错误和疏漏之处,恳请读者和同仁批评指正,以便教材再版时修正。

编　者

2017 年 3 月

目录 CONTENTS

第一章 汽车服务信息系统概述	1
第一节 汽车服务业的形成与发展	1
第二节 信息化概述	7
第三节 汽车服务信息化	10
思考题	14
第二章 汽车服务信息系统的基础技术	15
第一节 计算机技术基础	15
第二节 计算机网络技术	19
第三节 数据库技术	37
思考题	47
第三章 汽车供应链管理	48
第一节 汽车工业生产方式的转型	48
第二节 汽车供应链管理的内涵及管理方法	57
第三节 SAP汽车行业解决方案	62
思考题	76
第四章 汽车信息服务采集技术	77
第一节 条码技术	77
第二节 RFID技术	88
第三节 物流信息采集技术应用	93
思考题	97
第五章 汽车整车销售管理系统	98
第一节 汽车销售与市场管理理论	98
第二节 整车厂汽车销售管理系统	108
思考题	122
第六章 汽车维修服务信息系统	123
第一节 汽车维修服务信息系统简介	123
第二节 车辆维修和索赔管理	136
第三节 汽车产品提前预警系统	143
思考题	145
第七章 零部件采购及供应管理	146

第一节　汽车零部件采购及电子化采购 146
　　第二节　零部件供应链的分析 164
　　第三节　汽车零部件供应链管理 177
　　思考题 188

第八章　车载 IT 及车联网的应用 189
　　第一节　车载 IT 189
　　第二节　车联网的技术 191
　　第三节　车联网行业的行业前景 196
　　第四节　汽车大数据与云计算 197
　　思考题 203

第九章　汽车信息服务系统设计 204
　　第一节　汽车信息行业的设计方案 204
　　第二节　车载终端设计 209
　　第三节　汽车远程监管系统 212
　　第四节　汽车信息安全 219
　　思考题 224

参考文献 225

第一章　汽车服务信息系统概述

第一节　汽车服务业的形成与发展

一、汽车服务及要素

汽车服务概念有狭义和广义之分。狭义的汽车服务是指汽车出厂后，在生命周期内若干环节所涉及的所有技术和非技术的各类服务和支持，如汽车销售、维护修理、零配件经营、保险、租赁、二手车交易、汽车文化、汽车媒体等。广义的汽车服务除上述服务等内容外，还包括汽车生产领域的有关服务，如市场调研、原材料供应、生产管理、物流与供应链管理等。

根据汽车服务的概念，其工作内容也十分广泛，涉及技术、贸易、金融、文化、培训、管理和劳务等相关领域。其中，技术型服务包括维护、检测诊断、维修、评估鉴定、美容装饰、改装等。贸易型服务包括汽车和零配件销售、物流、进出口贸易等。金融型服务包括汽车消费信贷、汽车生产融资、汽车保险理赔等。文化型服务包括汽车俱乐部、汽车传媒、汽车娱乐等。培训型服务包括汽车服务技能培训、汽车模特培训、汽车驾驶培训、汽车服务企业经营培训等。管理型服务包括产业政策与法律、行业咨询、交通安全与资源回收再利用等。劳务型服务包括汽车代驾、汽车租赁、洗车、停车服务等。按照汽车生产和使用的周期划分的汽车服务类型如图1-1所示。

由于汽车服务涉及的领域和工作内容广泛，本书汽车服务信息系统所涉及的内容，主要是指技术型、金融型和贸易型领域所包含的部分内容。

根据服务营销理论，汽车服务是由众多要素构成的一类特殊产品，其基本服务组合包括核心服务、便利服务和延伸服务。

（1）核心服务是揭示汽车服务进入市场的原因，体现服务的基本功能，根据服务业务性质、服务需求、服务内容和方式等各方面因素提供汽车商品化服务，如维护修理、故障救援、配件服务等。

（2）便利服务是为了让顾客能够获得核心服务而提供的其他服务，如轮胎充气、燃料应急供应等服务。

（3）延伸服务被称作辅助服务，是增加服务的价值或者使企业的服务同其他的竞争者的服务区分开来的服务。辅助服务是被作为差异化战略而使用的，如由"车"到"人"而提供的伴随汽车营销的服务、会员汽车服务、汽车会员服务（汽车俱乐部会员）和出行信息咨询服务等。

我国汽车服务业是伴随汽车制造业成长壮大起来的高附加值产业，是我国新兴的热点产业部门之一，对整个汽车制造业乃至国民经济的健康发展都起到决定性的支持作用。近年来,从我国汽车服务市场结构来看,汽车售前、售中和售后服务市场均得到不同程度的发展,其中汽车维护修理、汽车美容业等在发展中进一步整合。汽车改装、汽车租赁、汽车金融业等将成为汽车服务业新的发展热点,用户对汽车服务产品的个性化需求正逐步加大。目前,我国汽车服务市场正迎来新的发展机遇,尤其是在中高档汽车的个性化装饰、美容和改装领域更为明显,但汽车服务行业仍存在品牌优势不突出、企业规模较小等特点,竞争的马太效应将加速我国汽车服务业走向品牌集聚和整合。

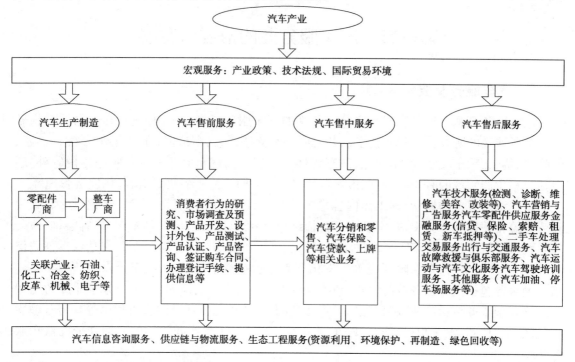

图 1-1　汽车服务类型

随着我国市场经济的深入发展、汽车工业快速发展和壮大、汽车消费需求的进一步扩大以及来自国际汽车市场竞争压力的加剧,在我国汽车服务业内,一批集约化程度高、技术含量高、人员素质高、市场占有率高、管理先进的汽车服务企业应运而生,成为我国汽车服务业的骨干力量,为我国经济和汽车工业发展做出应有的贡献。

二、汽车服务业的行程和发展

1. 国外汽车服务业发展历程

汽车作为普通的交通工具至今已有 100 多年的历史,国际汽车市场也已日臻成熟。

在美国,汽车人均普及率高达每千人 900 多辆,汽车服务业年产值高达 1500 亿美元,按照目前美国汽车保有量计算,美国人目前平均 5000mile❶就要更换机油和进行常规保养一次。如果将这一里程降到 4900mile(将汽车保有量的增加换算为等量保有量的保养里程),每年就可以增加 6500 万美元的市场容量。北美市场是全球最大的汽车零配件需求市场,仅

---

❶　1 mile = 1609.344m。

汽车零配件产品在美国的市场容量就有 600 亿美元,而且半数以上依赖进口。美国汽车市场用车车型繁杂(日本车占 50%,美国车占 30%,其他国家的车占 20%),这样的现实导致美国汽车服务业走向多元化。

20 世纪 80 年代以来,传统的汽车修理业在经历了大发展和空前繁荣之后开始走上萎缩和衰败之路。而汽车快修、养护连锁业则猛然兴起,汽车"以养代修"、"三分修七分养"的观念开始流行,致使一些汽车维修厂先后关门。快修、养护连锁企业逐渐占到了整个汽车维修行业的 80% 以上,一举取代了传统汽车维修业的霸主地位。

美国专业化的汽车维修服务连锁网络飞速发展,汽车零配件企业专业化程度高,竞争激烈最终带来了零配件厂与整车厂的脱离,成为独立公司并专业生产零配件,同时为多家汽车制造商生产配套零件。配件厂与整车厂之间形成了网络化、交叉化的关系。在专车养护行业中,连锁经营成为主要的发展形势。

1985～1995 年是美国汽车快速养护中心迅速发展的 10 年。1995 年,美国专业化的汽车养护中心增加到 31 万家。美国汽配连锁经营的代表性企业 NAPA、AUTOZONE 和 PEP-BOYS 旗下的汽车养护中心就超过了 1.3 万家。其中,NAPA 以特许加盟的方式发展汽车配件连锁店 6300 家,特约汽车维修中心和养护中心 9000 多家,1999 年的营业额达 39 亿美元;AUTOZONE 以直营方式发展汽配连锁店 2710 家,1999 年的销售额为 42 亿美元;PEPBOYS 发展了汽配销售与汽车维修服务一体店 858 家,1999 年的营业额达 20 亿美元。这几家代表性企业的背景是相同的,都是美国的大型汽车配件经销商,共同看好汽车服务连锁模式,并且获得了成功。

目前,从销售利润看,国外成熟汽车市场中整车的销售利润约占整个汽车业利润的 7%,零部件供应的利润约占 39%。33% 左右的利润是在服务领域中产生的。在汽车工业发达国家,汽车售后市场大多是以连锁方式运行的,它所带来的利润回报率要比销售整车高。知名的汽车销售公司一般都会有上千家的连锁店,极具竞争力和知名度。国外的汽车售后服务市场发展至今,已形成了一系列快修、连锁成熟的经营模式来满足消费者的需求,从而进一步促进其汽车工业的发展。

2. 国内汽车服务业发展历程

汽车服务业这一概念是近几年随着我国汽车工业的迅猛发展而出现的。快速稳定的汽车产销增幅和巨大的汽车保有量,不但给汽车厂商带来了丰厚的利润,也刺激着汽车服务业的快速增长。所以,要回顾我国汽车服务行业的发展历程,首先要回顾我国汽车生产销售服务的发展。我国的汽车生产销售服务发展大体经历了三个阶段。

1) 起步与建设阶段

1956～1984 年,作为国家的统配物资,汽车实行高度的计划分配。这个阶段的基本特征是汽车的生产、销售流通与维修服务,都是在国家的计划体制下运行的,分别属于国家不同的产业部门进行管理,生产、流通与维修服务的各项职能被人为分割,部门割据现象严重。各类企业缺乏自主经营权,只是国家计划和规定职能的执行者,服务类别单一,企业之间不存在竞争。

2) 发展阶段

1985～1993 年,从我国的城市经济体制改革,到国家全面进入市场经济体制的建设,是我国汽车服务产业的发展阶段。

这个阶段的基本特征是国家的改革开放不断深入,单一的计划经济体制被彻底突破,市场逐步成为配置资源的主要手段,企业的经营权限不断扩大,市场竞争不断强化。特别是国家明确了私人购买汽车的合法性,开放了汽车消费市场和汽车运输市场,使得汽车保有量(尤其是私人汽车的保有量)迅速增加。这些变化直接推动了汽车服务产业的发展。

3)全面形成和与国际接轨阶段

我国的汽车工业快速稳步发展,对外合作与交流更加充分,汽车买方市场大体形成,消费者私人购车逐步占据汽车市场的主导地位,社会汽车保有量继续快速增长。

在这种背景下,我国的汽车服务业表现出体系剧烈变革、服务内涵极大丰富、服务水准得以提高、整体服务体系基本形成和汽车服务产业国际化等特征。从 1998 年开始,一些中高档轿车品牌开始在国内引进品牌专卖方法,许多原来的汽车销售代理商也由厂家进行整顿,授权为"特许经销商"、"品牌专卖店"。与此同时,各地大型汽车交易市场规模逐步扩大,形成以流通、服务为主的经营模式,如汽车交易市场、汽车城之类。

2002 年,我国正式成为 WTO 成员方,会更深入、广泛地开放包括汽车服务业在内的有关产业。

我国的汽车工业,包括汽车服务业,在与国际汽车大公司开展深度合作的同时,也更加强调自主创新。轿车已成为汽车工业的主体,私人汽车消费已占据汽车市场的主导地位,成为拉动我国汽车工业发展和拉动内需的关键力量。社会汽车保有量,尤其是私人汽车拥有量将以更快的速度增加,充分满足广大汽车用户对各种汽车服务的要求,将是牵动我国汽车服务产业今后发展和走向深入的根本性因素和主要动力。在这种背景下,我国的汽车服务业将面临来自国际汽车服务业的广泛竞争,也将赢得更好的发展机遇,从而进一步向纵深层次演变发展。

当前我国汽车服务业要集中解决的两个问题:一是企业发展战略布局的问题,二是核心竞争力问题。对于我国汽车服务企业来说,在现阶段要抓紧进行观念更新,树立全方位服务概念、标准化服务的观念、人性化服务的观念和提高管理手段现代化和信息化。

三、我国汽车行业信息化发展历程

20 世纪 80 年代第一汽车制造厂以及广州标致汽车公司等先后从国外引进了 MRP Ⅱ 软件。20 世纪 90 年代(1990~1996 年)一汽大众集团根据汽车市场的需求将小品种、大批量的生产方式转变为多品种、小批量的生产方式。采用先进的 ERP 管理模式和工具后,企业从制度上规范了公司业务的各个环节,改善了企业的经营决策能力,实现了采购计划及时,库存量降低,生产计划安排合理,生产均衡,质量稳定,跟踪市场更加灵敏,企业的应变能力和竞争能力进一步提高,从而使企业在市场上获得了更高的声誉,整体运营水平大大提高。

1994 年 SAP 汽车行业的解决方案就签约一汽大众,SAP 汽车行业先进的解决方案也由此进入我国市场。如今,SAP 在我国汽车行业的用户已经超过 150 家。

(1)2001 年

①长安集团重新规划的基于 Oracle 技术平台的 ERP 系统正式启动,包括财务、销售和制造系统在内的三大模块先后上线,成为国内大型汽车集团信息化建设的领跑者。

②上海投资1亿元人民币成立了上海汽车信息产业投资有限公司。仅上海通用汽车有限公司一家,在建设信息管理系统上,就投资了8000多万美元。

(2) 2002 年

① 7月中国重汽自主开发了基于明细表延伸设计的集团级网络版工艺路线管理系统。目前该系统已成为集团公司信息化的核心系统,为各生产单位 ERP 系统提供了准确的基础数据。

② 吉利则从 2002 年开始先后三次启动 ERP 项目,其计算机中心也随着 ERP 项目建设的深入进行,变更为挂靠在经营管理办公室的信息系统部。5 年来员工人数超过 60 人。

(3) 2003 年

① 中国重汽完成了制造 BOM 管理系统的开发。该系统已成为模块化的设计数据根据订单信息转换为生产用唯一数据的桥梁,为生产计划 A 类件的生成和物料计划的准确排产提供了保障。

② 上海通用汽车建设协同管理供应链。

③ 北汽福田 2003 年建设了可支持 200 座席的呼叫中心。福田汽车信息化征程至此开始。经过 7 年的磨砺,目前福田汽车信息化建设已呈现出平台化、多元化的发展态势。根据业务侧重点不同,共分为研发工程平台、营销及售后平台、供应链平台等相关的平台系统。而这些已建成的基于价值链各主要环节的信息管理系统,无论是系统规模,还是效益产值均处于国内比较领先的地位。

④ 奇瑞公司在 2003 年开始实施 SAP/ERP 系统。

⑤ 神龙汽车在 2004 年进一步对其 SAP 系统进行了全面升级。

⑥ 东风公司正在实施 SAP 系统。

(4) 2004 年

① 中国重汽推出了集团级网络版试制计划管理系统和生产准备管理系统,建立了三维协同设计平台。

② 长安集团投资近 7500 万元,实施汽车工程研究院信息化建设项目,初步建立了以三维数字化设计为核心的计算机辅助设计/工程分析与数字仿真/逆向工程/辅助制造的汽车产品开发平台系统,涉及新产品开发项目的三维建模、总装布置、工程化设计、电子样车装配检查、性能仿真分析、冲压成型分析、样车试制及夹、模具开发以及生产线建设等数字化产品定义方面。利用产品设计平台,长安集团的汽车研发从原来的每年 3 个改进车型设计发展到 8 个新车型和改进车型的设计,取得了巨大的社会经济效益,并实现了全球化协同设计,可与意大利、德国等海外设计中心进行产品 24 小时不间断的联合开发。

(5) 2005 年

① 中国重汽开发了网络版机动车注册登记管理系统,将车型参数公告信息与下线车辆合格证信息有机结合,确保出厂车辆注册信息的准确性和合法性,有利于保证了销售工作的顺利进行。

② 华晨宝马在 9 月开始启动 SAP 项目,到 2006 年 4 月 27 日结束。

"十五"期间(2001~2005),江淮汽车结合商务车厂的建设,也先后引进了 BAAN 实施商务车、重卡、发动机等新建项目的 ERP 系统。

(6) 2006 年

①中国重汽网络备件管理系统的开发,结束了纸制编制备件目录的历史,它使产品设计数据与出厂车辆的每个参数信息紧密关联,方便了车辆的维修和服务以及服务备件订购等工作。

②中国重汽申报科技部"十一五"科技支撑计划课题《自主品牌重型卡车数字化设计制造集成平台研发与实施》项目并获通过。

③一汽集团为实现"管理数字化"的目标,制订了名为"251 工程"的企业信息化建设项目。该工程建成后,将实现集团公司和各个子公司的生产、采购、销售、财务等多个环节的全方位信息化。

(7) 2007 年

①中国重汽完成平台的搭建工作,同时 PDM 系统集成基本完成,相信它的实施会进一步提升中国重汽的信息化的管理水平。

②租车使用了基于自主研发的订车管理 ERP 系统,并运用精确的 GPS 全球定位系统以及全电子化的后台账单处理系统。

(8) 2008 年

我国大中型客车企业,在经历了地震引发国内局部地区销量下滑、奥运带来服务用车需求增长、国Ⅱ转国Ⅲ使大量用户提前消费等一系列事件后,呈现以新能源、大容量和农村客车市场成为行业发展最新方向,以结构调整为主,技术水平及配套环境逐步升级,加快客车企业间的并购重组,潜心研究消费者的需求,带动产业链共同做强做大等一系列新的特征。在客车行业信息化实践过程中,逐渐形成了具有行业特色的先进管理方法和经验。

客车厂商与客户签订销售合同时,订单中心能够通过 ERP 系统准确地描述基于标准车型配置基础上的客户所有选配信息。订单式生产决定了每个客户的订单都要按单设计,因此设计时间直接影响计划排产及交期,而且客户需求一旦发生变化,设计同时需要变更。通过配置接单信息的实时共享、PDM 和 ERP 的集成,保证设计 BOM 和生产 BOM 同步,客户选配需求得到准确响应。

(9) 2009 年

①我国市场汽车行业 PLM 产品销量就远高于 ERP 的销量。

②宇通客车把 PDM 定义成企业信息化平台的一个核心数据管理平台,形成了端到端的、覆盖整个运营模式的紧密系统。在这个系统里,以 PDM 为核心的 EBOM、MBOM、产品配置、订单 BOM 的管理,都是基于 PDM 来进行的,并且都是由研发中心来支持维护的。这套系统已经能支持比较稳定的面向订单的快速运营模式,可以满足产品研发、工程更改以及订单响应和制造等环节协同的诸多精益要求。

③2009 年 6 月 1 日上海通用汽车自主品牌的 GBOM 系统上线。上线后,系统中的产品数据就下传到上汽临港工厂生产系统中,拉动了荣威 550 的批量生产。这个系统还在不断完善中。

④2009 年 11 月中国移动和中国长安签约研发"3G 汽车"。

(10) 2010 年

中国联通和上汽合作推出了上汽荣威 350 智能网络行车系统 InkaNet。此系统依托中国联通 WCDMA 网络,实现了信息检索、实时路况导航、电子路书、股票交易和社群交流等应用。

"十二五"(2011～2015 年),福田汽车准备在"十二五"期间建立适应海外业务发展模式的高效信息平台,比如 OA 系统、全球化的财务管理平台、全球化的研发平台以及为国外工厂规划信息管理平台等。

第二节　信息化概述

信息化是指随着信息技术的广泛应用而出现的、以信息作为重要的生产和生活资源的一种持续的社会改造和进化过程,是指社会经济的发展从以物质与能量为经济结构的重心,向以信息与知识为经济结构的重心转变的过程。

一、信息与数据

信息(Information)是客观事物存在的形式,是客观世界运动的状态以及它的状态改变的反映,是可感知、可传递、可存储、可加工、可再生的自然属性,是有用的。广义地讲,"信息即事物运动的状态与方式"。这个定义具有最大的普遍性,不仅能涵盖所有其他的信息定义,还可以通过引入约束条件转换为所有其他的信息定义。

数据(Data)是对客观事实进行记录的物理符号或是这些物理符号的组合,只是记录事物的性质、形态、数量特征的抽象符号,是客观事物的属性记录。

信息是初态数据经过加工处理后所得到的另外一种数据,这种数据对接收者的行为有一定的影响。信息是事物运动的状态与方式,是物质属性。信息不同于消息,消息只是信息的外壳,信息则是消息的内核;信息不同于信号,信号是信息的载体,信息是信号所承载的内容;信息不同于数据,数据是记录信息的一种形式,同样的信息可以用不同的形式来表述,如文字或图像;信息也不同于情报和知识。

信息与数据既有联系,又有区别。区别在于信息是经过加工之后所得到的并对决策产生影响的数据,是逻辑性或观念性的;数据是记载客观事物特性的符号,是物理性的。联系在于信息是数据的内在逻辑关系的体现,是数据有意义的表示,是客观事物属性的反映,是经过加工处理并对人类客观行为产生影响的数据表现形式;数据是反映客观事物属性的记录,是信息的具体表现形式,任何事物的属性都是通过数据来表示的,数据经过加工处理之后,成为信息,而信息必须通过数据才能传播,才能对人类有影响。例如,数字 2、4、6、8、10、12、14、16 是一组数据,通过对它们进行分析便可以得出这是一组等差数列,人们可以比较容易地知道其后面的数字,那么它便是一条信息,是有用的数据。而对于数字 1、3、2、4、5、11、41 如果不赋予其实际属性意义,就不能分析出它的规律性,它就不能告诉人们任何东西,因此它不是信息。

数据经过处理后,其表现形式仍然是数据,处理数据的目的是为了更好地解释。只有经过解释,数据才有意义,才能成为信息。因此,信息是经过加工以后,对客观世界产生影响的数据。对同一数据,每个信息接收者的解释可能不同,对其决策的影响也可能不同。决策者利用经过处理的数据作出决策,可能取得成功,也可能得到相反的结果,关键在于对数据的解释是否正确,这是因为不同的解释往往来自不同的背景和目的。

二、信息系统

1. 概述

系统指在一定环境中,为了达到某一目的而相互联系、相互作用的若干个要素所组成的有机整体。这些要素可以是具体的物质,也可以是抽象的组织。它们在系统内彼此互相影响而构成系统的特性。由这些要素集合而成的系统有一定的目标,系统中的部件及其结构的变化可能影响和改变系统的特性。系统可以通过输入的改变来影响系统,经常应用的办法有分解、归并和解释三种方法。系统一般由输入部分、处理部分、输出部分和反馈机制组成。系统按其组成可分为自然系统、人造系统和复合系统三大类。自然系统包括血液循环系统、天体系统、生态系统等,这些系统是自然形成的;人造系统是指人类为了达到某种目的而对一系列的要素作出有规律的安排,使之成为一个相互关联的整体,如计算机系统、生产系统和运输系统,而且许多系统都有人参加,是人—机系统;复合系统是两者的结合。

信息系统(Information System)是基于计算机技术、网络互联技术和各种软件技术,集各种理论和方法于一体,提供信息服务的人—机系统。信息系统是一个人造系统,它由人、硬件、软件、数据资源和规章制度组成,目的是及时正确地收集、加工、存储、传递和提供信息,实现组织中各项活动管理、调节和控制。组织中的各项活动具体表现为物流、资金流、商流和信息流的流动。物流,是实物的流动过程,物资的运输,产品从原材料采购、加工直至销售都是物流的表现形式;资金流是指伴随物流而发生的资金的流动过程;商流是各项商务活动的工作流程。在一个组织的全部活动中存在着各式各样的信息流,而且不同的信息流用于控制不同的活动。若几个信息流联系组织在一起,服务于同类的控制和管理,就形成基于信息流的网络系统。一个组织的信息系统可以是企业的产、供、销、库存、计划、管理、预测、控制的综合系统,也可以是机关的事务处理、战略规划、管理决策、信息服务等的综合系统。信息系统一般具有以下特点。

信息性:信息是信息系统的主要构成要素,对信息加工处理是信息系统的主要功能,产生对外部系统有用的信息,与环境构成一个有机的信息网络是信息系统的目的。

综合性:信息系统综合了多种复杂的系统要素,并可以分为信息要素和物质要素两大类。信息要素是信息系统的主体,物质要素是存储信息和管理信息的必需部分。这两种要素在信息系统中并不是分立存在的,而是密切地交织在一起,从而构成复杂的信息系统。信息系统的综合性还体现在它与外部环境的关系上。

集成性:信息系统是以集成的方式构成的,其中包括系统集成和平台集成。系统集成是指信息系统由多个子系统集合而成。例如,企业信息系统就集成了生产、计划、供应、销售、人事、财务等多个子系统。多个相对独立的信息系统也可以集成为更大规模的信息系统,如国家信息系统、国际信息系统。

多样性:信息系统具有多种形式。从功能上可以把信息系统划分成为信息处理系统、管理信息系统、决策支持系统、办公系统和主管信息系统。根据信息系统所服务的应用领域,又具有不同应用类的信息系统,如地理信息系统、医院信息系统等。信息系统按规模也表现出了多样化,大的如国际信息系统、区域信息系统或信息系统等,小的如工资发放系统、税率计算系统等。

发展性：信息系统的内涵与外延处在急剧的发展变化过程之中建立在现代信息技术基础之上的信息系统，是近几十年建立和发展起来的。21世纪，信息系统将以更快的速度向纵深发展，整个世界形成一个综合的、一体化的信息系统将成为现实。

2. 信息技术

信息技术(Information Technology, IT)是指能拓展人的信息处理能力的技术。它一般包括传感技术(信息采集)、计算机技术(信息的存储与加工)、通信技术(信息的传递)和控制技术(信息的调控)。信息技术是研究信息的获取、传输和处理的技术，由计算机技术、通信技术、微电子技术结合而成，有时也称作现代信息技术。也就是说，信息技术是利用计算机进行信息处理，利用现代电子通信技术从事信息采集加工、利用以及相关产品制造、技术开发、信息服务的新学科。它既包括硬件技术，又包括软件技术。

3. 信息系统的结构与功能

信息系统一般由计算机硬件系统、计算机软件系统、数据资源系统、通信系统和工作人员等组成。而管理信息系统的框架结构一般由概念结构、层次结构、综合结构和物理结构几个部分组成。从概念出发，管理信息系统由信息源、信息处理、信息用户和信息管理者组成信息系统的总体结构。信息源是信息的产生地；信息处理器负责信息的传输、加工、存储；信息用户是系统的用户系统设计、实现、运行和维护。完整的信息系统具有以下几种基本功能：

(1) 信息的收集和输入。数据是信息系统处理的对象。在信息系统首先需要对数据进行收集和输入。

(2) 信息的传输功能。一般较大的信息系统都具有较大的规模分布，数据传输就成为信息系统必备的基本功能。在地理上有一定的分布，数据传输就成为信息系统必备的基本功能。

(3) 信息的加工处理。数据具有一定的抽象性、原始性，要使之成为有用的信息必须进行加工处理。

(4) 信息的存储功能。大量的经过加工处理得到相关信息数据要存储起来以备将来使用和更新。

(5) 信息输出功能。信息系统服务的对象是管理者，因此，它必须具备向管理者提供信息的手段和机制信息系统对加工处理后所得到的信息，可以根据不同的需要，以不同的方式输出。

(6) 信息的维护功能。对信息的变化不断地完善以及更新必要的信息和标准值的信息。

在信息的6种功能中信息的收集和输入以及信息的传输最为关键。

4. 信息系统的一般类型

斯蒂文奥尔特(Steven Alter)教授提出适用于任何企业的6种不同类型的信息系统。

1) 办公自动化系统(Office Automation System, OAS)

提供有效的方式处理个人和组织的业务数据，进行计算并生成文件，主要应用于经济订货批量计算、生产设施选址、运输成本最小化等的电子表格。

2) 通信系统(Communication System, CS)

帮助人们协调工作,以多种不同形式交流并共享信息,如通过计算机技术实现的虚拟会议语音识别。

3)交易处理系统(Transaction Procession System,TPS)

手机和存储交易信息并对交易过程的一切进行控制,如电子数据交换、条形码自动识别技术、销售点终端(Point of Sales,POS)系统。

4)管理信息系统(Management Information System,MIS)和执行信息系统(Executive Information System,EIS)

将 TPS 数据转换成信息以监控绩效和管理组织,以可接收的形式向执行者提供信息,如×××信息系统。其中 EIS 是信息系统科学中的一个比较新的领域,在我国,EIS 的研究和应用尚处于初始阶段,较完整的 EIS 架构应整合企业后端系统,如企业资源计划(Enterprise Resources Planning,ERP)、财务、配销、人事、供应链管理(Supply Chain Management,SCM)、客户关系管理(Customer Relationship Management,CRM)及电子商务(Electronic Business/Electric Commerce,EB/EC)等系统,并加上企业门户的功能和控管权限安全。

5)决策支持系统(Decision Support System,DSS)

通过提供信息、模型和分析工具来帮助管理者决策,如仿真、数据库管理、数据挖掘。

6)企业系统

产生并维持一定数据处理方法以及跨多种企业职能的集成数据库,如企业资源计划系统。

除此之外,从信息系统的发展和系统特点来看,还包括数据处理系统(Data Processing System,DPS)和专家系统(人工智能 AI 的一个子集)。

另外,由管理的层次性可将信息系统分为管理信息系统、营销信息系统、制造信息系统、财务信息系统、人力资源信息系统、信息资源信息系统。信息系统也叫组织信息系统。

第三节　汽车服务信息化

一、汽车服务业信息化的发展趋势

近年来,我国汽车行业取得了突飞猛进的高速发展,同时汽车及相关企业也面临不同阶段的发展障碍,为此,必须及时进行管理变革,进行管理模式创新以适合自身发展,增强竞争实力,赢得市场,在成长和竞争中保持优势。信息技术和信息系统能够为企业发展创造竞争优势,因此,成长性企业在每个发展阶段要相应采用灵活贴身的方案,以应对不断出现的管理症结。

由于汽车技术的进步和高新科技的应用,同等级汽车的性能、价格、外形等逐渐趋于同质,消费者的消费行为趋于理性,逐渐转向关注汽车的品牌、企业的形象及服务等附加价值。例如,汽车营销,需建立科学的销售体系,强调平台建设,实行品牌化经营战略。信息平台是消费者及时了解企业的重要途径。

另外,汽车营销需以用户为中心,建立一套完善的售后服务体系。良好的售后服务体系是提高企业产品竞争力和提高市场占有率的重要手段。因此,需建立"以人为本或以客户为中心"的售后服务体系,以提高售后服务质量。而建立客户关系管理离不开信息系统。

汽车金融信贷服务已经成为汽车产业价值链中最有价值的环节,这个最有价值的环节目前是我国汽车服务业最薄弱的环节,美国信贷购车比例为75%,而我国不足10%。除我国目前的分期贷款服务标准太高、利率偏高、首期付款额过高外,重要的是没有一套可靠的资信调查,没有信用记录体系,有关担保的法律也不完善,业务结构有很大的风险。因此,我们要进一步改革商业信贷体系,建立信用信息库,对个人和单位信用情况作出记录,作为评估依据,确定信用等级。这也需要建立信息系统加强与银行或汽车信贷公司合作,开展汽车信贷业务。

随着计算机网络的发展,汽车销售行业流行一种新的经营模式——网络营销。对于消费者而言,网上购车最大的好处是可以享受菜单式服务,完全实现个性化。对于厂商而言,网上购车可充分了解消费者的需求,降低库存压力,从而降低成本。目前,国际汽车工业已广泛采用网络销售和自助销售。美国 ComScore Media Metrix 最近公布的一项最新的市场调查表明,在美国境内,有 1/3 的互联网用户每个月访问汽车网站。美国三大汽车制造公司通用、福特、克莱斯勒公司各自的网站分别吸引了 570 万、420 万、320 万的访问者。目前,我国有许多汽车企业虽然已经建立了互联网,但多数仅在网上开设了主页和 E-mail 信箱,网页更新速度慢,很多信息还是通过报刊广告或企业产品广告图片等传统、落后的方式告知用户,企业网站不能起到应有的宣传作用,谈不上网络营销。因此,开拓网络营销,建立强大的营销网络,更需要信息系统的支持。

另外,网上营销,离不开网下服务。行之有效的客户关系管理(Customer Relationship Management,CRM)系统将帮助汽车营销企业在贯穿整车销售、零配件供应、售后服务、信息反馈过程中整体提升其盈利水平。CRM 对汽车销售和服务可以按流程顺序进行分解和分析,帮助企业建立满意度调查问卷,对数据进行自动统计,进行多维度统计和分析。随着私人汽车保有量的迅速增长,需要购买第二辆或者第三辆汽车的私人和企业会越来越多,决策支持系统(Decision Support System,DSS,CRM 系统的附加模块)可以帮助企业根据向上销售和交叉销售对客户再销售进行挖掘。老客户购买新产品将帮助汽车营销企业大大降低营销成本。建立快速高效的客户关系管理系统,帮助企业进行有效的客户管理,离不开信息系统。

因此,各企业要建立产品数据库、技术信息库以支持销售与售后等服务,方便各级客户查询;建立自有的具有一定数量的实体库存,借用社会专业力量,以企业联盟及其他方式建立覆盖当地市场的仓储、配送力量为支持,发展包括配件经销商、汽车维修、汽车养护中心为内容的连锁体系。在开放式信息平台的支持下,更大范围地联合行业内的企业,借助各自资源共享市场。因此,加强电子商务在汽车服务业中的应用,需要信息系统支持。

随着经济全球化和我国市场经济的不断深化,我国企业,包括汽车企业的经营管理也在发生着深刻的变化,"以客户为中心""注重提高客户的满意度",正在成为经营决策者思考的重点。

汽车服务信息系统应运而生,在于它能满足各类汽车服务企业内部管理的信息化应用需求,如基于客户关系营销管理、整车销售管理、维修服务管理、零配件供应管理、美容装饰业务管理、财务管理、日常管理等,引导汽车行业服务企业逐步走向国际化、规范化、品牌化,即建立标准的作业流程,统一的管理模式,个性和人性化的特色服务,真正使得管理成为效益之源。

二、汽车服务信息系统的结构和分类

汽车服务信息系统是为汽车服务行业服务的管理信息系统。汽车服务信息系统的开发包括建立汽车服务企业核心业务管理和应用系统,并针对汽车服务企业经营的三个直接增值环节来设计客户关系管理、供应链管理和服务产品研发管理或产品生命周期管理(Product Lifecycle Management,PLM)。

汽车服务信息系统的结构可分为企业内部信息系统(ERP)和外部信息系统(EC)两大部分。一个好的 ERP 包括了 CRM、SCM、PLM 的基本功能。尽管 ERP 中有销售订单的管理,但 CRM 会提供更强大的销售订单管理、分析功能,CRM、SCM、PLM 的应用为 ERP 更好、更有效地执行提供了必要条件,也完善了 ERP 的功能。

汽车服务信息系统的建设可分为三方面:第一方面是信息基础设施及网络系统建设;第二方面是企业的管理、财务、物流及服务系统建设;第三方面是企业客户管理系统(Enterprise Customer Management,ECM)建设。其中,第二方面和第三方面是建设的难点和重点。具体细分如下。

1. 汽车服务企业内部 ERP

ERP 是指建立在信息技术基础上,以系统化的管理思想,为企业决策层及员工提供决策运行手段的管理平台。ERP 是基于完善的管理思想和工作流程之上,将汽车服务企业内部原材料采购、经营计划、保养维修服务、订单处理与交付等环节有机地结合在一起,使汽车服务企业对服务流程的管理更加科学、规范和高效,同时由于它能够对零配件/产品库存的数量、金额进行及时监控,对于领导决策以及财务核算都将带来更高的效率,因此,它是汽车服务企业实施电子商务的基础和核心支撑系统,是开展服务业务的基础平台,所有用户、办事处、服务商的业务在经过审核后进入这个系统,系统输出的结果是一份业务计划和一份服务计划。其中业务订单计划确认结果,将直接反馈到每一个订单办事处、服务商和用户,并告之用户,服务商能不能提供相应的服务、服务的确切时间、地点和服务方式等信息,这些信息是系统根据预先制定的服务优先次序模型和一定的边界条件系统计算出来的。

2. 汽车电子商务

在目前的研究理论中,可以从广义 EB 和狭义 EC 两方面阐述电子商务的定义。现实所指的电子商务还主要指狭义的电子商务(Electronic Commerce,EC),通常是指在全球各地广泛的商业贸易活动中,在开放的网络环境下,基于浏览服务器应用方式,买卖双方非谋面地进行各种商贸活动,实现消费者的网上购物、商户之间的网上交易和在线电子支付以及各种商务活动、交易活动、金融活动和相关的综合服务活动的一种新型的商业运营模式。

汽车服务电子商务平台是汽车服务企业向外发布信息,实现与客户互动的外部网站。外部主页既是企业对外进行品牌宣传、信息和服务商发布的窗口,也是进行电子商务的必需工具。办事处、服务商或用户不可以从网站获取信息,同时也能通过网站向企业提供信息,从网上下载服务订单,对订单进行跟踪、获取服务和信息等。大量的业务订单从网上传递,可大大减少订单错误和审核时间、精力,提高信息传递效率。

3. 客户关系管理

客户关系管理(CRM),从字义上看,是指企业用 CRM 来管理与客户之间的关系,CRM

是选择和管理有价值客户及其关系的一种商业策略,CRM 要求以客户为中心的商业哲学和企业文化来支持有效的市场营销与服务流程。CRM 是一个获取、保持和增加可获利客户的方法和过程。CRM 既是一种新的、国际领先的、以客户为中心的企业管理理论、商业理念和商业运作模式,也是一种以信息技术为手段,有效提高企业收益、客户满意度、雇员生产力的具体软件和实现方法。如果企业拥有正确的领导、策略和企业文化,CRM 的应用将能为企业实现有效的客户关系管理。

CRM 的实质是通过对客户详细资料的深入分析,来提高客户满意程度,从而提高企业的竞争力的一种手段。它主要包含以下几个主要方面(简称7P):

客户概况分析(Profiling),包括客户的层次、风险、爱好、习惯等;客户忠诚度分析(Persistency),指客户对某个产品或服务或商业机构的忠实程度、持久性和变动情况等;客户利润分析(Profitability),指不同客户所消费的产品的边缘利润、总利润额、净利润等;客户性能分析(Performance),指不同客户所消费的产品按种类、渠道、地点等指标划分的金额;客户未来分析(Prospecting),包括客户数量、类别等情况的未来发展趋势、争取客户的手段等;客户产品分析(Product),包括产品设计、关联性、供应链等;客户促销分析(Promotion),包括广告、宣传等促销活动的管理。

4. 供应链管理

供应链管理(SCM)是在 ERP 基础上通过构筑客户、经销商、办事处的互动系统来实现产品供应的通畅、合理、高效,既能满足供应,又不会增大库存量而造成积压,保持供应的高弹胜。比如汽车经销商可以通过企业电子商务平台了解到当前汽车的供货周期、订单的执行情况、资金状况,而企业可以及时了解经销商、办事处的库存情况及销售情况,通过分析作出新的市场决策,大大提高了决策的准确性和时效性,同时使有限的资源得到更加合理的调配,缩短整个供应链的运作周期,降低交易成本。

SCM 的功能主要在于解决企业运行中的三个问题:第一是需求管理,企业依据千变万化的需求来合理安排供应链上各环节的计划和协调;第二是市场定位,企业确定最适合市场的产品,及时组织设计/生产;第三是企业要确定最佳的合作伙伴,保证供应链效益最大化。这样企业与外界关联的流程通畅,企业的采购、生产、销售和服务成为贯通的链条,从而解决好以客户为中心的生产与服务问题。

在与企业的配合问题上,因为 ERP 做前端市场需求预测时能力不够,它不能时刻跟踪市场的动态变化,最重要的是它无法使上下游之间紧密结合。对于生产企业如果很好地运用了供应链,就能运用电子商务平台来连接上下游,一边是采购生产,一边是销售服务,最后形成统一的数据信息。如果企业与企业之间产品的信息不统一,在这个平台上没有配对的关系,那么很容易造成客户找不到商家。SCM 提供了这样具有统一的数据信息的平台,它提升的不仅仅是一家个体的企业,而是一个产业。

5. 企业内容管理

随着 IT 应用的深入普及,各行各业都积累了大量的信息资源。科学管理和合理开发这些内部和外部信息资源已经成为企业正确决策、增强竞争力的关键,所有行业也都面临着管理各种格式信息的挑战。客户对数据管理的需求已经超出了传统数据管理的概念。研究部门调查发现,在企业存储的大量数据中,传统关系数据库管理系统(RDBMS)处理的结构化数据仅占数据信息总量的15%。而全球85%的信息点是非结构化的,包括纸质的文件、报告、视频和音频文件、照片、传真件、信件等。如何管理这些非结构化信息,成为传统结构化数据管理的一大难题。为了解决企业面临传统数据管理问题,企业内容管理应运而生。

"内容"一词源于出版媒体业,书报杂志、唱片、音像的创作,叫作内容,所以早期的内容管理(Content Management,GM),偏向出版产品的管理,以储存、流程、元数据(Metadata)为要件来制作系统。储存多以关联式数据库的方式,也有的以一般数据文件方式储存,或者是根据需要两种并存。内容从制作编辑到成品储存,都需经过或多或少的加工过程,有的是单线的简单流程,有的是分叉多线的并行操作,各种流程不同、相差甚远。至于元数据,是对内容的描述,如作者、日期、关键词、媒体种类、版权等,都以XML(Extensible Markup Language)标记的方式记录,来达到跨媒体出版的目标。

随着网络的普遍使用,企业内部信息的流通加速,文案与资料数量增加,如电子邮件、从Lotus Notes来的资料、网上讨论、实时简讯、Office文案,甚至是印刷资料的内容,即使不是出版媒体机构,也有加强管理这些资料的必要性。于是,"内容"就由原来的出版媒体内容,扩大成企业内部全部资料信息的内容了,同时也产生了"企业内容管理"(Enterprise Content Management,ECM)的新思想。

企业内容管理,是为客户提供的一种应用软件,它管理、集成和访问从音频、视频到扫描图像的各种格式的商业信息,对象范围比传统关系数据库管理系统处理的结构化数据更广,除了一般文字、文档、多媒体、流媒体外,还包括Web网页、广告、程序(如JavaScript)、软件等一切数字资产(Digital Asset),即所有结构化的数据和非结构化的文档。内容管理解决方案是重点解决各种非结构化或半结构化数字资源的采集、管理、利用、传递和增值,并集成到结构化数据的信息系统中,如ERP、CRM等,从而为这些应用系统提供更加广泛的数据来源。

企业内容管理ECM包括企业内部网(Extranet Web)的内容管理、电子商务交易和企业外部网(Internet)信息共享的内容管理(如CRM、SCM等)。

企业内容管理的对象,也就是"企业内容管理"中的"内容"泛指各类结构化和非结构化数据的数字内容,包括数据库中的信息,企业的各种文档、报表、账单、网页、图片、传真,甚至多媒体音频、视频等各种信息载体和模式。与业务信息系统中大量用于交易记录、流程控制和统计分析的数据相比,"内容"具有某种特定和持续的价值,这种价值在共享、检索、分析等使用过程中得以产生和放大,并最终对企业业务和战略产生影响。企业内容管理的功能覆盖内容采集、创建、加工、存储、发布(出版)以及检索、分析等,并随着技术的发展和业务的创新,不断演化。

思考题

1. 汽车服务的基本要素及各要素的特点有哪些?
2. 简述信息和数据的定义及二者关系。
3. 简述信息系统的特点、结构与功能。
4. 简述汽车信息服务系统结构与分类。
5. 简述客户概况分析的含义。

第二章　汽车服务信息系统的基础技术

第一节　计算机技术基础

自1946年诞生第一台电子计算机以来,计算机已经经历了几个发展阶段。计算机的发展速度之快,应用范围之广,是其他任何一个行业、任何一种产品所不能比拟的。例如,以计算机软硬件生产为主的信息技术(IT)产业是美国经济力量的重要源泉,在1995～1998年间,IT产业对经济的贡献平均占到实际经济增长的1/3。如今,不管计算机的更新程度有多大,计算机软硬件技术发展多么快,有一点却是相同的,即现代计算机仍都是建立在二进制运算基础上,按照数学家冯·诺依曼(Von Neumann)建立的程序存储和程序控制的模式运行的。

一、计算机运算基础

计算机的数据、信息采用二进制的表达方式。我们熟悉的数字、字符、符号和图像等在计算机内部都是以二进制的形式表达的。在二进制中,"0"和"1"两个数码,可以用计算机的电子元器件的饱和、截止两种稳定状态(电子元件的低电平和高电平)来分别表示。由于二进制的运算规则简单,在技术上很容易可靠地逻辑代数具有成熟的运算理论,因而长期以来,计算机系统一直采用二进制表示数据及信息。

在计算机中,指令和数据码,这也是计算机唯一能识别串由"0"或"1"的二进制数构成的图像在计算机中均被转化为一连串二进制代码。实际上,人们已习惯了使用十进制,这是因为二进制表示一个较大的数时,书写很烦琐,也不好记忆。为了更好地掌握计算机的运算算表示方法,有必要先学习一下二进制与十进制之间的转换关系。另外,大部分微型机的字长是4的整数倍,因而现代计算机中也普遍用十六进制。

计算机在信息处理方面的应用(如气象预报、办公自动化、企业管理、售票系统等)从来没有像今天这样广泛,所有这些应用都要用计算机来进行数据处理。计算机处理是用二进制的原码、补码和反码把符号位和数值位一起编码从而使符号数字化,并使用浮点数扩大数的表示范围,提高数的精度。

二、计算机硬件基础

计算机的种类很多,如微机、工作站、小型机、中型机、大型机等,无论是什么类型的计算机系统,其工作原理都是相同的。可以把计算机系统视为信息系统的特殊子系统,它包括硬件系统和软件系统,是管理信息系统的运行平台。

计算机硬件是指计算机的各种物理装置。它们是由电子的、机械的、磁性的等实实在在的元器件组成的,一般由中央处理器、主存储器、辅助存储器、输入设备、输出设备等组成,并由这些硬件共同组成了计算机软件的工作平台。一个计算机硬件系统如何配置,要服从于信息系统和任务的需要,同时要考虑到将来信息系统的需求和变化,使计算机硬件系统能及时升级或扩展,更好地支持更新后的信息系统。另外,还应考虑价格因素。

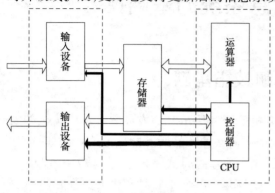

计算机硬件系统也可以归纳为5个部分:输入设备、存储器、运算器、控制器和输出设备,如图2-1所示。输入设备是计算机的重要组成部分,输入设备与输出设备合称为外部设备,简称外设。输入设备的作用是将程序、原始数据、文字、字符、控制命令或现场采集的数据等信息输入计算机。

存储器的功能是存储程序、数据和各种信号、命令等信息,也称内(主)存储器,简称内(主)存,并在需要运算器的功能时对数据

图2-1 计算机结构示意图

进行各种算术运算和逻辑运算,即对数据进行处理。

控制器是整个计算机的中枢神经,其功能是按程序规定的控制信息进行,根据其要求进行控制,调度程序、数据、地址,协调计算机各部分工作及与外设的访问等。

输出设备与输入设备同样也是计算机的重要组成部分,它把计算机的中间结果或最后结果、机内的各种数据符号及文字或各种控制信号等信息传输。

1. 中央处理器

中央处理器(Central Processing Unit,CPU)是计算机最重要的部件,它是任何计算机系统不可缺少的"大脑"。CPU由运算器、控制器两部分组成。如果中央处理器制作在一块集成电路芯片中,称为微处理器(Microprocessor)。微机或PC(Personal Computer)的核心是微处理器。人们常说的80486、80586、Pentium、Pentium IV等都是美国Intel公司生产的微处理器。

2. 存储系统

存储器(Memory)是计算机中用来存储程序和数据的部件,它主要用于在控制器的控制下按照指定的地址存入和取出信息。它由许多存储单元组成,每个单元有一个编号,称为地址。为了便于数据传送和管理,常把位数多的数据分成若干段,每段8位,称为一个字节。在计算机的存储器中,数据按字节编址,每个地址单元8位,即一个字节,因此,也称为字节单元。所有字节单元的总数称为容量,存储容量的单位是KB、MB与GB等。

存储器也是计算机的主要组成部件,它与中央处理器合称为主机。根据存储速度和使用要求不同,有多种存储器,如寄存器、Cache、存储器、辅助存储器、海量存储器等。

3. 输入输出设备

输入输出设备是计算机主要的外部设备。下面介绍几种常用的输入输出设备。

1) 输入设备

输入设备的功能是把程序、数据、字符、图形、图像和声音等输入到计算机中去,因此,输入设备是人与计算机的一个接口。常用的输入设备有键盘、鼠标、扫描仪、数码相机、光笔、触摸屏等。

2）输出设备

在计算机中，常用的输出设备主要有显示器、打印机和绘图仪等。

3）管理信息系统中的输入设备

管理信息系统中常用的输入设备有磁卡、IC 卡和条形码读入器等。

三、总线结构

在计算机工作时，内部流动着三类信息：第一类是数据信息，它把一些数据存储由输入设备送至运算器，再存于存储器中，当运算或处理数据时，再把数据从存储器读入运算器中进行运算，有些中间过程放入存储器备用，最后结果由输出设备输出；第二类是地址信息，是 CPU 存取数据的地址或外设端口的地址；第三类是控制信息，它由控制器经译码后变为各种控制信号，运算器的运算和处理，控制着存储器的读写，连接计算机内各个部件的一组物理信号线，控制输出设备输出结果。总线也是计算机内信息流通的公用通道，单总线结构如图 2-2 所示。

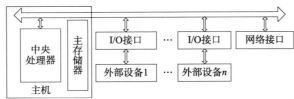

图 2-2　计算机的单总线结构图

四、计算机软件基础

1. 计算机软件的基本概念与结构

计算机软件指能指挥计算机工作的程序和程序运行时所需要的数据，以及与这些程序和数据有关的文字说明和图表资料。其中，文字说明和图表资料又称为文档。计算机软件是计算机系统的重要组成部分，我们把不装备任何软件的计算机称为"裸机"，一台计算机如果没有软件的支持是不能工作的。软件在计算机系统资源管理、语言编译及把数据和程序转换成用户所需要的信息的过程中发挥了越来越重要的作用。软件在信息系统中约占总价值的 75%，将来这个比例还会更大。从使用的角度来看，软件可分为两类：一类是用来管理计算机系统，协调其内部工作的程序，这一类程序称为系统软件；另一类是为解决某些应用问题，方便用户使用，或根据用户的需要而设计的程序以及建立数据库及其应用的程序，这一类程序称为应用软件。

依据系统软件和应用软件的功能类型，对它们进行进一步的划分，如图 2-3 所示。

硬件部分是计算机系统的核心，但从功能上说硬件的作用是有限的，而软件的作用是在硬件的基础上对硬件部分合理的调配和使用，软件的运行又要以另一部分软件的存在为基础，新增加的软件可以看作原有软件的扩展和完善。因此，计算机的硬件每增加一个软件层就变成一个功能更强大的机器，计算机的硬件和软件的层次结构关系如图 2-4 所示。从图中可以看出，操作系统是最里面的软件层，因此它是对硬件的首次补充，其他外面隔层相应是对里层的扩充和完善。

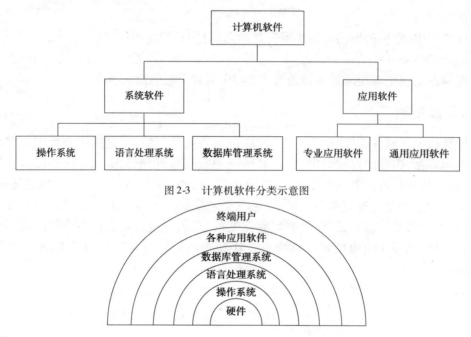

图 2-3　计算机软件分类示意图

图 2-4　计算机硬件和软件的层次结构示意图

2. 操作系统

操作系统(Operating System,OS)是计算机软件的核心,它为用户提供一个功能强大、使用灵活方便的操作环境。它是用户与计算机之间的一种特殊接口,用来管理计算机中的硬件和软件资源,使之最大限度地发挥作用。它为用户提供一个友好的界面,使用户不必知道计算机的内部结构与信息流向,仅利用操作系统提供的各种命令和交互功能,即可掌握计算机的使用方法,它合理地组织计算机系统的工作流程,以增强系统的处理能力。操作系统包括5个方面的功能,即CPU管理、作业管理、内存管理、设备管理和文件管理。如今操作系统的类型很多,规模有大有小,很难用统一的标准进行分类。常见的分类方式有以下三种:

(1)按使用环境不同,操作系统可分为批处理操作系统、分时操作系统和实时操作系统。

(2)按使用的用户数目不同,操作系统可分为单用户操作系统、多用户操作系统、单机操作系统和多机操作系统。

(3)按硬件结构不同,操作系统可分为网络操作系统、分布式操作系统和多媒体操作系统。

3. 程序设计语言与开发工具

程序设计语言是人和计算机交流信息的工具,是计算机能够接受和理解的全部指令的集合。程序设计语言种类很多,到目前为止,世界上公布的程序设计语言已超过千种,不同的语言涉及不同的领域,只有少数一部分得到了广泛应用。总的说来,程序设计语言可以分为机器语言、汇编语言和高级语言三大类。程序设计人员用高级语言编写出来的程序称为源程序。计算机不能直接执行源程序,而只能处理0和1,因此,必须有一套编译系统将源程序翻译成目标程序或可执行程序。计算机程序编译与运行的过程如图2-5所示。

目前,市场上流行的满足不同开发要求的软件开发工具主要有VFP、Power Builder、VC++、Visual Basic、Visual Basic for Application、Delphi、Visual interDev。此外,还有一些专

用开发工具,如网页制作工具 Frontpage、Homepage、Dream Weaver;多媒体制作工具 Flash、Authorware;基于 Web 的网页开发工具 ASP(Active Server Pages)、JSP(Java Server Pages)等。

图 2-5　计算机的程序编译与运行过程

4. 数据库管理系统

管理系统是管理信息系统(MIS)中很重要的部分。MIS 是以计算机为工具,管理为对象的人机系统。数据库管理系统是专门对数据记录进行综合管理的软件,现今的数据库系统能够实现数据共享,能使应用程序与数据相互独立,并且提供了对数据的安全性、完整性、保密性的统一。

第二节　计算机网络技术

现代管理信息系统要求不同地理位置的信息管理系统既能进行本地处理,又能彼此互连,进行数据交换和资源共享。物理上的分散性和逻辑上的统一性,使企业不仅能"运筹帷幄",又能"决胜千里"。这就必须使管理信息系统建立在计算机网络平台的基础之上,并实现文本、视频、音频等多媒体信息的交互、处理和传输。

一、计算机网络概述

计算机网络是计算机技术和通信技术不断发展和结合的结果,它们互相渗透、互相融合,促进了计算机网络的发展。

20 世纪 60 年代中期以前,计算机主机造价昂贵,而通信线路和通信设备价格相对便宜,为了共享主机资源和实现信息的采集及综合处理,普遍使用连机终端网络,如图 2-6 所示。

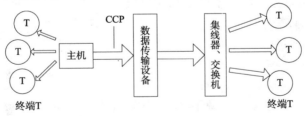

图 2-6　单机处理联机系统结构图

1. 以单计算机为中心的联机网络

单处理机联机网络是一个分时多用户系统。这种结构的主机负荷较重,既要承担通信工作,又要承担数据处理工作,效率较低,通信线路的利用率也较低,尤其是在远距离传输时,如果让多个终端用户都单独占用一条通信线路,造价就很高。所以,在终端集中的地方,采用远程线路集中器,以尽量减少通信费用。这种结构采用集中控制方式,可靠性较低。为了减轻主机的负荷,提高主机效率,可以在主机与通信线路之间设置通信控制处理器(Communication Control Processor,CCP)专门处理与终端的通信。

2. 计算机—计算机网络

利用通信线路将多个计算机连接起来为用户提供服务,形成以多处理器为中心的网络。这种网络最直接的形式是将多个主计算机通过通信线路连接起来,如图 2-7 所示。这种形式的主机既承担数据处理工作,又承担通信控制工作。

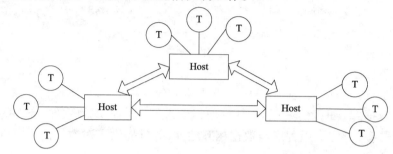

图 2-7 主机直接互联的网络

这种形式的计算机网络,在逻辑上可划分为两部分:通信控制处理器负责网上各主机间的通信控制和通信处理,它们组成的传输网络称通信子网,是网络的内层;网上主机负责数据处理,是计算机网络软、硬件资源的拥有者,它们组成了网络的资源子网,是网络的外层。资源子网上用户间的通信建立在通信子网的基础上。通信子网和资源子网的结合,组成了实现数据通信和资源共享的计算机网络。

若将网络通信子网建成公用数据通信网,或利用已有的公用数据网,就可以形成社会公用的计算机通信网。广域网,特别是国家级各部门建立的计算机网络大多是这种形式的。这种网络允许异种机入网,兼容性好,通信线路效率高,是广域网的基本形式。

3. 体系结构标准化网络

为了方便计算机联网以及网络互连,实现计算机的数据通信和资源共享,就必须有统一的标准。随着网络技术的发展,出现了网络体系结构标准化的概念。国际标准化组织 ISO（International Standard Organization）在研究、吸收各计算机厂家网络体系结构标准化经验的基础上,制订了计算机开放系统互连参考模型（Open Systems Interconnection/Reference Model,OSI/RM）作为国际标准。OSI 规定了可以互连的计算机系统之间的通信协议,遵循 OSI 协议的网络通信产品都是所谓的开放系统。这种统一的、标准化的产品给网络技术的发展带来了更大的繁荣。

4. 国际互联网（Internet）

从 20 世纪 80 年代末期以来,起源于美国的国际互联网（又称因特网）飞速发展,已成为世界上最大的国际性计算机互联网络。Internet 对世界的冲击,已渗入人们生活的各个方面。

Internet 仍然遵从分层的体系结构思想,称为 TCP/IP 体系结构（Transmission Control Protocol,传输控制协议/Internet Protocol,网际协议）。现在,在计算机网络中得到最广泛应用的不是国际标准 OSI,而是 Internet 的 TCP/IP 结构。这样,TCP/IP 常常成为事实上的国际标准。但是,应当承认 OSI 网络体系结构的思想在计算机网络发展过程中具有重要作用。

二、计算机网络的结构

计算机网络的结构可以从不同的角度划分为网络的体系结构、拓扑结构、逻辑结构和物理结构。网络的体系结构是网络通信和信息处理功能层次的描述,是概念上的抽象。拓扑结构是从几何的角度对网络结构的抽象,即抽象为节点和连线的集合。网络的逻辑结构是从网络工作原理考虑的逻辑组成,其内层是通信子网,外层是资源子网。网络的物理结构则是网络的物理实现。

1. 计算机网络体系结构

为了完成计算机间的数据通信和信息处理,把每个计算机的功能划分成为定义明确的层次,规定同层次进程通信的协议以及相邻层之间的接口和服务,将划分的层、同层进程通信的协议以及相邻层接口统称为网络体系结构。体系结构是系统功能层次的划分,是系统功能的抽象。

ISO 开放系统互连参考模型的概念。国际标准化组织 ISO 制定了计算机网络标准模型,即开放系统互连参考模型(OSI/RM),它为开放系统互连提供了一种功能结构的框架,作为开发各种网络协议标准的基础。该模型将每个连入网络的开放型计算机按通信和信息处理功能划分为 7 层,如图 2-8 所示。

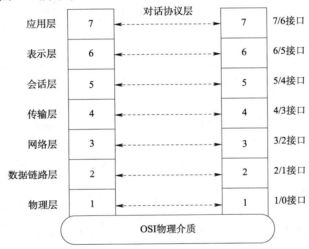

图 2-8　ISO/OSI 七层参考模型、协议和接口

该模型中,连入网络的计算机中的每一个层次都称为实体,两台计算机同一层次实体之间的通信称为对等层协议通信,执行对等层协议规范。同一层次实体之间的通信是通过上下层之间的接口,由上一层依次调用下一层的功能,下一层依次为上一层提供服务而实现的。对等层之间的通信是虚拟的,真正的通信实际是在计算机之间通过物理信道实现的。

以下为 7 层功能概述。

1) 应用层

这是 OSI 体系结构的最高层。这一层的协议直接为端用户服务,是开放系统与应用进程的接口,提供分布式信息处理环境。应用层管理开放系统互连,包括系统的启动、维持和终止,并保持应用进程间建立连接所需的数据记录,其他层都是为支持这一层的功能而存在的。

在应用层已经定义的协议主要有:

(1) 电子邮件协议,提供电子邮件服务功能;

(2)文件传输协议,提供各种文件类型(包括远程数据库文件)访问功能;

(3)目录服务协议,提供分布式数据库功能;

(4)虚拟终端协议,提供不同类型终端兼容功能;

(5)公共管理信息协议和公共管理信息服务,提供对网络中的资源、交通和安全进行管理的功能。

另外,还有许多其他应用服务协议正处于制定和标准化的过程中。

2)表示层

表示层的功能是提供用户信息的语法表示,它将要交换的数据从适合于某一用户的抽象语法转换为适合 OSI 内部使用的传送语法,即完成信息的格式转换,使得应用实体无须关心信息在"公共"表示方面的问题,为应用层提供语法的独立性。

各种计算机内部数据的表示可能不同。例如,整数、浮点数的格式可能不同,字节的顺序(高位字节与低位字节的位置)也可能不同,这些方面的差别在网络传输时需要统一。类似于用基本数据类型构造复杂数据结构的方法,可以用一种抽象语法表示用户的数据。应用层的协议数据单元向下传送到表示层时,表示层用抽象语法表示它的结构;传送到对方的表示层时,也用同样的抽象语法解释它。

表示层提供的服务有:统一的数据编码(整数、浮点数的格式以及字符编码等)、数据压缩格式、加密技术等。后两种是数据传输过程所必需的。

3)会话层

会话层在两个表示层实体之间交互时,组织和同步它们的会话过程,以及为管理它们的数据交换提供必要的手段。它提供的会话服务可分为以下两类:

(1)会话管理服务,把两个表示实体结合在一起,或者把它们分开;

(2)控制两个表示实体间的数据交换过程,即对话服务。

4)传输层

传输层的功能是在两个端系统之间可靠、透明地传送报文。当会话实体要求建立一条传输连接时,传输层就为其建立一个对应的网络连接。如果该传输要求较高的吞吐率,传输层可能为其建立多个网络连接(分流)。如果要求的传输速率不很高,单独创建和维持一个网络连接不合算,则传输层就可以把几个传输连接多路复用到一个网络连接上。这样的多路复用和分流对传输层以上是透明的。

传输层的服务可能是提供一条无差错按顺序的端到端的连接,也可能是提供不保证顺序的独立报文传输或多目标报文广播,即所谓面向连接的服务和面向无连接的服务。这些服务可由会话实体根据具体情况选用。传输连接在其两端进行流量控制,以免高速主机发送的信息流淹没低速主机。传输层协议是真正的源端到目的端的协议,它由传输连接两端的实体处理。

传输层和下面网络层的界面是用户和通信子网的界面。传输层以下的功能层协议都是通信子网中的协议。

5)网络层

网络层的功能在通信子网内完成的,它在源、目的节点之间选择一条最佳路径,将分组正确地传送到目的地,并提供流量控制功能。交换过程中要解决的关键问题是路径选择,路径可以是固定不变的,也可以根据网络负载情况动态变化。另一个要解决的问题是流量控制,应防止网络中出现局部的拥挤以致全面的阻塞。此外,网络层还拥有记账功能,可以根据通信过程中交换的分组数(或字符数、比特数等)计费。

6)数据链路层

数据链路层的功能是建立、维持和释放网络实体之间的数据链路,保证网络中相邻节点之间数据的有效传输,其表现为一条无差错的信道,传送数据链路服务数据单元(称为帧)。一个数据链路连接建立在一个或多个物理连接上。相邻节点之间的数据链路控制的主要功能有:

(1)组织数据帧,以帧为单位进行传输、校验和应答。

(2)流量控制,对发送数据的速率进行控制,以免发送过快,接收端来不及处理而丢失数据。

(3)差错控制,接收端对收到的数据帧进行校验,发现差错则要求重传。

(4)数据链路管理,发送端与接收端之间必须通过某种形式的对话,建立、维护和终止一批数据的传输过程。

数据链路控制功能由数据链路层协议实现,要求数据链路层协议能适应各种数据链路配置,如点对点链路、多点链路、半双工链路和全双工链路等。数据和控制信息在同一线路上传输,因而数据链路协议应能区分数据帧和控制信息帧。

最常用的数据链路协议是高级数据链路控制协议(HDLC)。

7)物理层

在 OSI 参考模型中,物理层的功能为"在数据链路实体之间提供激活、维持和释放用于传输比特的物理连接的方法,这些方法有机械的、电气的、功能的和过程的特性"。这种物理连接可以是单工或是双工的,它可以是串行的或是并行的按位传输。

机械特性描述连接器的形状、几何尺寸、引线数、引线排列方式、锁定装置等。电气特性规定信号线的连接方式、驱动器和接收器的电气参数,并给出有关互连电缆等方面的技术指导。功能特性对接口连线的功能给出确切的定义,如数据线、控制线、定时线和地线,有的接口可能需要两个信道,因而接口线又可分为主信道线和辅信道线。过程特性则规定了使用接口线实现数据传输的操作过程。

2. 计算机网络的拓扑结构

拓扑结构是计算机网络的重要特性。所谓拓扑,是一种研究与大小、形状无关的点、线、面(构成图形)特性的方法,由数学中的图论演变而来。图是由线所连接的点的集合。从网络拓扑学的观点看,网络是由一组节点和连接节点的链路组成的。节点可分为两类:一类是转换节点,支持网络线路连续,通过所连接的链路转发信息,如电话交换机、集中器和通信控制处理器(CCP)等;另一类是访问节点,它除可以连接链路外,还可以存储、处理信息并作为信息的发送点和接收点,一般处在通信子网的末端,所以访问节点也称为端点。

计算机间或通信子网中通信控制处理器(CCP)之间的通信信道连接形式有两种:

(1)点—点信道,通信双方处于信道的两端,以点—点连接形式互连计算机构成的网络称为链路形网络。

(2)多点信道,也称为广播信道,即多个计算机连接到一条通信线路的不同分支点上。

实际上,广播信道的网络仅有一个通信信道,此信道为网上所有计算机所共享。当广播信道用有线介质实现时,则变为总线结构或多点线路。

1)点—点信道构成的网络拓扑结构

点—点信道构成的网络拓扑结构如图2-9所示。

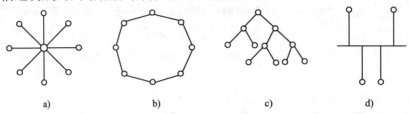

图2-9 网络拓扑结构
a)星形;b)环形;c)树形;d)总线形

(1)星形结构。星形结构由一个功能较强的转接中心S以及一些各自连到中心的节点(从节点)组成。这种网络各个节点间不能直接通信,从节点间的通信必须通过中心节点转接。星形结构有两类:一类的转接中心只起连通从节点的作用;另一类的转接中心是一个很强的计算机,从节点一般是计算机或终端,这时转接中心有转接和数据处理的双重功能。强的转接中心也称为各个节点共享的资源,转接中心也可按存储转发方式工作。

(2)环形结构。环形结构是局域网常用的拓扑结构。它由通信线路将各节点连接成一个闭合的环,数据在环上单向流动,每个节点按位转发所经过的信息,可用令牌(Token)协调控制各节点信息的发送和接收,环上任意两节点都可通信。

(3)层次结构或树形结构。层次结构中联网的各计算机按树形结构连接,树的每个节点都为计算机。一般说来,越靠近树根,节点的处理能力就越强。底层计算机的功能和应用有关,一般都有明确的定义和专门化很强的任务。越靠近树根的计算机则有更通用的功能,以便控制协调系统进行工作。

层次结构信息的传输在不同级上垂直进行,这些信息可以是程序、数据、命令或以上三者的组合。

层次结构适用于相邻层通信较多的情况,底层节点解决不了的问题,请求中层解决,中层计算机解决不了的问题请求顶部的计算机解决。底层的计算机一般处理烦琐的重复性工作,如数据采集和变换;而数据处理、命令执行(控制)、综合处理则由上层处理,如共享的数据库放在顶层而不分散在各个底层节点。

层次结构如果只有两级,就成为星形结构。

(4)总线形结构。总线形结构网络把联网的计算机分别连接到通信线路的不同分支处,通信线路成为共享总线。总线网也是局域网最常用的拓扑结构。在IEEE 802局域网中,总线网有IEEE 802.3争用总线网和IEEE 802.4令牌总线网两种。

2)广播信道构成的网络拓扑结构

广播信道网络可以是总线拓扑结构、环形拓扑结构,也可以是无线(如卫星)广播拓扑结构。广播式信道局域网中的所有节点都共享同一信道,信道的分配方法可以有多种,如时分多路复用(TDM)、频分多路复用(FDM)适合均匀传输的传统分配方法。信道分配既可由控制中心节点采用轮询方式分配信道或动态分配时间片等方式集中控制,也可采用信道上节点争用信道的方法。局域网中,由于共享信道,信道的分配或接入控制也就成了局域网要解决的关键技术。这就是所谓的媒体(介质)访问控制协议。

3. 计算机网络的逻辑结构(组成)

计算机网络的逻辑结构也就是网络的组成,它是从网络的工作原理考虑的网络结构。网络上互连的计算机,各自是一个独立的计算机系统,具有自己的软、硬件资源,可以完成信息处理功能。要实现资源共享和数据通信,必须通过网络通信控制处理器和通信信道,因此计算机网络在逻辑上可分为资源子网和通信子网,如图2-10所示。

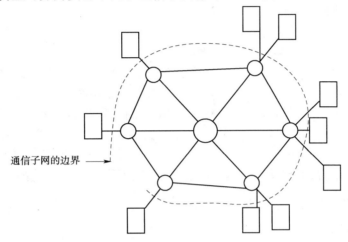

图2-10 通信子网和资源子网

图2-10中,外层是资源子网,内层是通信子网。资源子网中主要包括拥有资源的用户主机和请求资源的用户终端,它们都是端节点,也与通信的源节点和宿节点相连接。拥有资源的用户主机具有信息处理的功能。

通信子网的任务是在端节点之间传送由信息组成的报文,它主要由转接节点和通信线路组成。转接节点指网络通信过程中起控制和转发信息作用的节点,如程控交换机、集中器、接口信息处理机等。通信线路是指传输信息的信道,可以是电话线、同轴电缆、无线电线路、卫星线路、微波中继线路以及光纤缆线等。

广域网中,一个报文从源节点到宿节点,在通信子网中需经过多个转接节点的转发,即先将报文接收存储,然后按通信协议的规定,以一定的方式选择路径转发出去,这就是存储转发。局域网中,转接节点简化为一个微处理芯片,每台主机(或工作站)都设定一个微处理芯片(在网卡中),以广播方式进行报文信息传送,唯一的信道为网络中所有主机共享。任何主机发出的信息所有主机都能收到。信息包中的地址信息则可指明通信双方的源地址和目标地址,也可使用特定的地址说明该信息包是发送给所有站的。

4. 计算机网络的物理结构

计算机网络的物理结构是指网络的物理实现,包括硬件和软件的物理集成。具体的实现与网络的功能、性能有关。

1) 通信子网

通信子网的一般组成如下:

分组交换器:为报文分组选择路由,形成传输的"连接"。

多路转换器:多路到一路或一路到多路的转换,实现信道的共享(信道多路复用)。

分组组装/拆卸设备:组装是指接收终端字符流,将其组装成网络传输协议规定的报文格式"帧"或"分组";拆卸是指将网络来的报文分组拆卸为字符流,送至目标地址规定的响应终端。

网络控制中心:管理和检测网络的运行,对网络用户进行注册、登录和记账,对网络故障进行检测。

2) 资源子网

资源子网的一般组成包括:

(1) 网络上全部计算机硬、软件资源。

(2) 硬件,包括主机(HOST)/外设(终端)。

(3) 软件,主要指网络操作系统,它是建立在各主机操作系统之上的一种操作系统,实现不同主机系统之间的用户通信、资源共享以及提供统一的网络用户接口。

(4) 网络数据库系统,是在网络操作系统支持下的一种数据库系统,可以是集中式网络数据库,也可以是分布式网络数据库,向网络用户提供数据服务,实现网络数据共享;网络应用软件,是实现网络应用的各种软件的集合,如电子邮件服务软件、文件传输服务软件等。

(5) 网络互联设备,实现网络与网络的互联,实现不同协议层次上的连接,如中继器、网桥、路由器、网关等。

三、局域网技术

局域网(Local Area Network,LAN)泛指将小区域范围内各种数据通信设备互联在一起以高的数据传输速率互相通信的一种数据通信系统。所谓小区域可以是一个建筑物、一个校园或扩大至几十公里的一个区域。而数据通信设备是广义的,包括计算机、终端、各种外围设备等。数据通信设备有时也称为站或站点。局域网是一个通信网,若要组成计算机局域网,还要将连接到局域网的数据通信设备加上高层协议和网络软件。在实际使用中,一般认为局域网就是计算机局域网,并不加以区分。

1. 局域网概述

计算机网络是自主互连的计算机系统的集合,而计算机局域网是局部某一范围的计算机网络。它是为在一个相对独立的局部范围内实现大量微机相互通信,共享外部设备、数据信息和应用程序而建立的。

局域网尚无严格的定义,一般的叙述是:在较小的地域范围内,利用通信线路将众多微机等设备连接起来,实现相互数据传输和资源共享的系统称为计算机局域网络。局域网有以下主要特点:

(1) 传输速率高且误码率低。局域网传输速率一般为 1～1000Mb/s;因为传输距离短,所以误码率很低,一般在 10^{-8}～10^{-11} 内。

(2) 地域覆盖范围小,一般在 10km 以内,至多不超过 100km,属于某一单位内部。

(3) 以微机为主要建网对象。大部分局域网没有中央主机系统,只有多种微机和外设。可以说,局域网是专为微机而设计的网络系统。

2. 局域网基本技术

局域网是计算机通信网络,其基本技术涉及拓扑结构、传输形式和信道的访问控制方法

(介质访问控制或媒体接入控制方法)。

1)局域网的拓扑结构

已如前述,网络的拓扑结构是指网络节点及其连线的几何布局,它描述了各节点的逻辑位置。就局域网而言,它的拓扑结构就是连至网络的数据通信设备之间的互联方式。

局域网具有 4 种典型的拓扑结构:星形(Star)、环形(Ring)、总线形(Bus)和树形(Tree)。

星形拓扑结构中的集中控制方式较少采用,而分布式星形结构在现代局域网中采用较多。环形结构是一种有效的结构形式,也是一种分布式控制形式,它控制简便,结构对称性好,传输速率高,应用较为广泛。总线形拓扑结构可以实行集中控制,但较多采用的是分布式控制。总线形拓扑的重要特征是可采用广播式多路访问方法,它的典型代表就是著名的 Ethernet 网(以太网)。总线形结构是局域网采用最多的结构形式,可靠性高,扩充方便。树形结构在分布式局域网中较流行的是完全二叉树,这种结构的扩充性能好,寻址方便,较适用于多点检测的实时控制和管理系统。也可以将星形、环形、总线形等基本拓扑形式组合构成混合形拓扑结构。

2)传输形式

局域网的传输形式有两种:基带传输和宽带传输。基带局域网在传输媒体上传输的是单一传输率的数字信号,而宽带局域网在传输媒体上传输的是经过高频调制的模拟信号。同一个媒体上可传输多个不同的频道。

局域网中常用的传输媒体有双绞线、同轴电缆和光缆。双绞线又分为无屏蔽双绞线(UTP)和屏蔽双绞线(STP)。由于局域网的传输率已达到 10Mb/s 以上,甚至 100Mb/s,因而,必须选用数据级双绞线。以 UTP 为例,选择 UTP3、UTP4 和 UTP5 这三种类型的双绞线可分别适应以太网的 10Mb/s 环网、16Mb/s 环网和光纤分布式数据接口网(或快速以太网的 100Mb/s)三种使用环境。同轴电缆常用于以太网,它的频宽与抗外界电磁场干扰能力均比 UTP 强。在基带或宽带以太网中分别选择 50Ω 或 75Ω 的同轴电缆作为传输媒体。光缆作为局域网传输媒体,可获得很高的传输率和很强的抗外界干扰能力,极小的电磁辐射及较长的网络段跨距等。由于光缆内的光信号有单向性和不宜分流的特点,因此以光缆作为传输媒体的局域网的拓扑结构常选择星形、环形或簇形。簇形拓扑是环形和总线形拓扑的复合结构。

3)媒体访问控制方法

在局域网中,由于多个站点往往共享一个传输媒体,因此,必须要确定哪个站点能访问这一共享媒体,即允许它往信道上交换报文信息。也就是说,必须要有一种方法或规定对媒体的访问进行控制,以免在媒体上由于并发传输而造成碰撞,这就是媒体访问控制协议。

基带局域网采用时分复用技术的媒体访问控制方法,以太网采用 CSMA/CD 方法,令牌环网与光纤分布式接口网络采用令牌传递方法。在宽带局域网上,媒体访问控制方法采用频分复用技术,即将媒体的频带划分为若干频道,经过调制的数字信号如果在不同频道上传输,就不会发生碰撞。但如果它们在同一频道上传输,就有可能发生碰撞。因此,在同一频道上往往还要采用基带局域网上常用的媒体访问控制方法。

访问控制方法对网络吞吐率、实时性以及优先访问机制等性能有很大影响。

3. 局域网协议标准（Protocol Standard of Local Area Network）

为了使多个主机系统互联成局域网，它的层次结构也应该参考和采用 ISO 组织关于开放系统互连 OSI 的参考模型，遵循 OSI 参考模型的层次结构。任何一个层次的设计，只需涉及与其上下两层之间的接口和该层所要完成的协议即可，不再需要考虑与其他层之间的关系。采用层次结构的设计方法，可以给设计提供很大的灵活性。由于局域网的迅速发展，产品的种类和数量急剧增加，因而为了适应这种发展，也必须在传输形式、媒体访问控制方法和数据链路控制等方面制定标准。

IEEE 802 委员会制定的 IEEE 802 标准发展很快，而且比较完全，许多已被国际化组织 ISO 采纳作为 ISO 的国际标准。

1）局域网的协议层次

局域网由于共享信道，它的体系结构只包含 OSI 参考模型的最低两层，即物理层和数据链路层。由于局域网中的介质访问控制（Medium Access Control，MAC）比较复杂，且在节点间传输数据之前首先要解决有哪些设备可以占用传输媒体，为此数据链路层要有介质访问控制功能，并提供多种介质访问控制方法。为了使数据帧传输独立于所采用的物理媒体和媒体访问控制方法，IEEE 802 标准把数据链路层划分为两个子层次，即逻辑链路控制子层（Logical LinkControl，LLC）和介质访问控制子层（MAC）。LLC 子层为高层提供一个或多个服务功能和逻辑接口，与高层（网络）联系，而与物理介质及介质访问控制无关。它具有帧的接收、发送功能，发送时要把发送的数据加上地址和循环冗余校验 CRC 字段等构成 LLC 帧；接收时把帧拆封，执行地址识别和校验功能，并且有帧顺序、差错控制和流量控制等功能。LLC 子层还包括某种网络层的功能，如数据报、虚电路和多路复用等功能。MAC 子层则根据网络的不同拓扑结构和介质特性而有不同的介质访问控制标准。这样，物理介质和介质访问控制方法对高层的影响在 MAC 子层与 LLC 子层的界面是一致的。或者说，LLC 子层与所用的物理信道、介质访问控制方法无关，而 MAC 子层却和媒体密切相关，从而形成（制定）各种不同协议标准的局域网。

由于 IEEE 802 局域网的拓扑结构简单，网络层的很多功能如路由选择等是没有必要的，而如流量控制、寻址、排序、差错控制等功能可在链路层完成，因此，IEEE 802 标准不单独设立网络层。但考虑到多个 IEEE 802 局域网需要互连，IEEE 802 标准的实现模型中在 LLC 之上设立了网际层。网际层也是网络层的一个子层，有时 LLC 的上层也称为网际层。局域网协议层次与 OSI 参考模型的关系如图 2-11 所示。

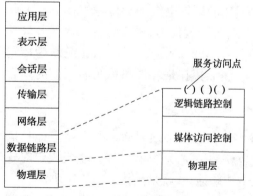

图 2-11　局域网协议层次与 OSI 参考模型的关系

2）IEEE 802 系列

IEEE 802 委员会及 ISO 制定的局域网系列标准如图 2-12 所示。

各标准的含义解释如下：

IEEE 802.1 高层接口（包括 MAC 网桥与局域网管理）；

IEEE 802.2 逻辑链路控制（LLC）；

IEEE 802.3 带碰撞检测的载波侦听多址访问(CSMA/CD)方法和物理层规范；
IEEE 802.4 令牌总线访问方法和物理层规范(包括宽带和载波两种方式)；
IEEE 802.5 令牌环访问方法和物理层规范；
IEEE 802.6 城域网(MAN)标准；
IEEE 802.7 宽带局域网技术；
IEEE 802.8 光纤局域网技术；
IEEE 802.9 综合语音和数据(IVD)局域网；
IEEE 802.10 互操作局域网的安全标准；
IEEE 802.11 无线局域网的 MAC 协议；
ISO 9314 光纤分布式数据接口(FDDI)；
ISO 8802-7 分槽环访问方法和物理层规范；
IEEE 802.12 100VG-AnyLAN 访问控制方法和物理层规范。

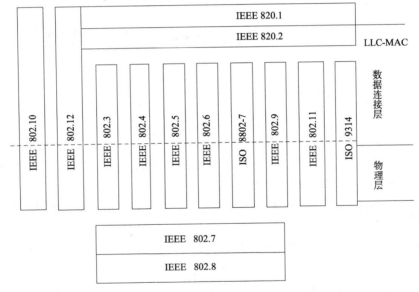

图 2-12 局域网系列标准

随着局域网发展,还会有新的局域网标准出现。

3)IEEE 802 局域网实现模型

将 IEEE 802 标准用一个模型形象地表示,如图 2-13 所示。

(1)物理层由 4 部分组成:物理介质、物理介质连接设备(PMA)、接口电缆和物理收发信号(PLS)。

物理层提供了编码、解码、时钟提取、发送、接收及载波检测等功能,并为数据链路层提供服务。协议中规定了物理链路操作的电气和机械特性参数。

(2)数据链路层包含了两个子层:逻辑链路控制(LLC)子层和介质访问控制(MAC)子层。

介质访问控制子层的主要功能是控制对传输介质的访问。不同类型的局域网所使用的介质访问控制方法是不同的,有 CSMA/CD、Token-Bus、Token-Ring、FDDI 等方法。

逻辑链路控制子层提供了面向连接的服务和无连接的服务。其中，面向连接的服务能够提供可靠的通信。逻辑链路控制子层提供的主要功能是数据帧的封装和拆卸，为高层提供网络服务的逻辑接口。

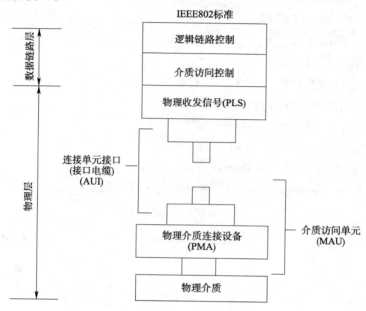

图 2-13　IEEE 802 LAN 实现模型

4. IEEE 802.3 标准总线局域网（以太网 Ethernet）

IEEE 802.3 国际标准是在 Ethernet 标准的基础上制订的，根据不同的物理介质又发展了多种子标准，形成了一个 IEEE 802.3 标准系列。

IEEE 802.3 标准定义了 Ethernet 的技术规范，它由物理层和介质访问控制（MAC）层技术规范组成。

Ethernet 采用的是争用型介质访问控制协议，即 CSMA/CD。它在轻载情况下具有高的网络传输速率。Ethernet 组网非常灵活和简便，既可使用细、粗同轴电缆组成总线形网络，也可使用 3 类无屏蔽双绞线（UTP）电缆组成星型网络（即 10BASE-T 技术），还可以将同轴电缆的总线型网络和 UTP 电缆的星形网络混合连接起来。Ethernet 是目前国内外应用最为广泛的 10Mb/s 网络。

1）物理层

（1）传输介质

IEEE 802.3 定义的传输介质可以是粗同轴电缆（10BASE5）、细同轴电缆（10BASE2）、UTP 双绞线（10BASE-T）、光纤（10BASE-F）以及宽带同轴电缆（10BROAD3）。这些介质形成了一个物理层标准系列，如图 2-14 所示。

粗、细同轴电缆是基带同轴电缆，它们的电气特性是相同的，特性阻抗均为 50Ω。宽带同轴电缆的特性阻抗为 75Ω。使用同轴电缆可以构成总线形网络，在总线的两端，要分别与具有相应特性阻抗的终端器相接，以吸收总线上的能量，减少电磁波反射的干扰。

UTP 双绞线的特性阻抗为 100Ω，常用点到点的连接方式。光纤一般为多模光纤，也采用点到点的链路连接方式。

图 2-14 IEEE 802.3 标准系列

（2）介质访问单元

介质访问单元（Medium Access Unit，MAU）包括介质相关接口（Media Dependent Interface，MDI）和物理介质连接设备（Physical Media Attachment，PMA）两部分。它是连接传输介质的物理接口，具有以下功能：

①发送功能：向传输介质上发送串行二进制数据位流。

②接收功能：从传输介质上接收串行二进制数据位流。

③冲突检测功能：检测传输介质上是否发生冲突。

④监控功能（可选）：在保持接收和冲突检测功能继续有效的同时，禁止向介质上发送信号。

⑤载波监听功能：监听介质上载波活动的变化。

⑥信号质量检测功能：检测介质上信号质量的改变。

MAU 与传输介质相关，不同传输介质的 MAU 规定了不同的电气和机械特性。尽管它们的信号收发速率均为 10Mb/s，但对介质的驱动能力各不相同，习惯上将 MAU 称为收发器。

（3）访问单元接口

访问单元接口（Access Unit Interface，AUI）是物理收发信号（Physical Signaling，PLS）子层和 MAU 之间的接口。PLS 子层可以通过 AUI 选择 MAU，去驱动相应的传输介质。也就是说，AUI 将使得 PLS、MAC 和 LLC 等各层均与传输介质无关，可以自由地选择所需要的传输介质。

在具体实现上，10BASE2 和 10BASE-T 的 MAU（收发器）集成在网卡的内部（称为内部收发器），PLS 和 MAU 之间通过网卡内部连线（AUI）来实现连接。10BASE5 和 10BASE-F 的 MAU 则是一个独立于网卡的收发器（称为外部收发器），它们的 PLS 和 MAU 之间通过一条长达 50m 的 AUI 电缆实现连接。

（4）物理收发信号子层

物理收发信号（PLS）子层是物理层和 MAC 子层之间的接口，主要完成复位、识别以及输出、输入、操作方式选择、冲突检测和载波监听等功能。各个功能介绍如下：

①复位和识别：在接通电源或接收复位请求时执行，它将复位并启动所有的 PLS 功能，并决定 MAU 连接到 AUI 的能力。

②输出：将 MAC 的数据传送给 MAU 发送出去。

③输入：将 MAU 接收到的数据传送给 MAC。

④操作方式选择：提供正常和监控两种操作方式。监控方式可选，用于隔离故障和操作验证。这时，MAU 发送器在逻辑上与介质隔离，MAU 作为一个介质监视器而工作。

⑤冲突检测：将 MAU 检测到的信号质量改变报告给 MAC 子层。

⑥载波检测:将 MAU 监听到的载波状态报告给 MAC 子层。

⑦数据的编码和解码:采用曼彻斯特编码技术,对输出的数据进行编码,对输入的信号进行解码。

2)CSMA/CD 介质访问控制方法

IEEE 802.3 的 MAC 子层主要定义了数据帧的封装与拆卸,以及数据帧发送与接收的 CSMA/CD 介质访问控制方法。

CSMA/CD(Carrier Sense Multiple Access/Collision Detect)即载波监听多路访问/冲突检测方法,它是一种争用型的介质访问控制协议,采用分布式介质访问控制方法,网中各个站(节点)都能独立地决定数据帧的发送与接收。每个站在发送数据帧之前,首先要进行载波监听,只有介质空闲时,才允许发送帧。这时,如果两个以上的站点同时监听到介质空闲并发送帧,则会产生冲突现象,这使得发送的帧都成为无效帧,发送帧即宣告失败。每个站都必须有能力随时检测冲突是否发生,一旦发生冲突,则应停止发送,以免介质带宽因传送无效帧而被白白浪费。然后,随机延迟一段时间后,各站点再重新争用介质,重发该帧。

CSMA/CD 协议简单、可靠,相应的网络系统以太网(Ethernet)被广泛使用。

IEEE 802.3 的 CSMA/CD 协议中定义了帧的格式,如图 2-15 所示。MAC 子层协议在上一层 LLC 子层的协议数据单元 PDU 的外面加上帧头和帧尾,组装成完整的帧,然后经物理层传送。

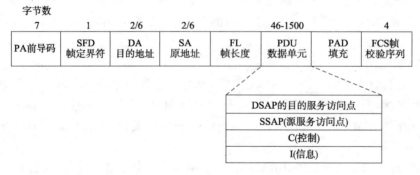

图 2-15 CSMA/CD 协议帧格式

其过程如下:

(1)上层的数据信息 I 经过 LLC 子层封装时,加入 DSAP(目的服务访问点)、SSAP(源服务访问点)两个服务访问点地址。服务访问点 SAP 是负责各层间联系的逻辑接口,以便在源节点和目的节点对等协议层之间建立通信关系,目的节点将根据 DSAP 把收到的信息 I 提交给上层协议。

(2)LLC 子层经过 MAC 子层又被封装成 MAC 帧,由 DA(目的地址)、SA(源地址)在两个节点间建立通信关系。

信息帧就是这样经过层层封装,实现它的传输任务的。

数据到达目的站后对信息帧进行拆封,其过程与上述过程相反,一层一层地取掉附加的地址信息和辅助信息,最后只有数据信息 I 送入高层软件。

5. IEEE 802.5 标准令牌环网

令牌环网络(Token-Ring)是采用环形网络的分布式介质访问控制方法。这种访问控制方法通过一种称为令牌(Token)的特殊帧来控制网络各个站点有序地对介质进行访问,不会产生任何冲突。Token-Ring 的主要优点是:介质访问方式具有确定性和可调整性,即各个站点具有同等的介质访问权,但也可以有优先级。它采用分布式优先级调度算法来支持站点的优先级,以保证优先级较高的站点有足够的传输带宽。Token-Ring 的另一个重要特点是采用点到点的信号传输方式,传输距离要比采用广播式信号传输方式的总线形网络远得多。Token-Ring 的缺点是令牌维护算法比较复杂,可靠性要求高,这就使得 Token-Ring 的组网费用和硬件价格都高于 Ethernet。

Token-Ring 的国际标准是 IEEE 802.5 协议,它定义了 Token-Ring 的技术规范,该规范由物理层和介质访问控制子层(MAC)规范组成。

1)物理层

物理层规范定义了传输介质、数据的编码与解码、符号定时及可靠性等。

(1)传输介质。Token-Ring 是一个环形网络,各个站点通过干线耦合单元(TCU)与主干电缆介质连接。主干电缆是基带 150 屏蔽双绞线,点到点地将 TCU 连接成一个环路。每个站点使用介质接口电缆与 TCU 连接,其体系结构如图 2-16 所示。

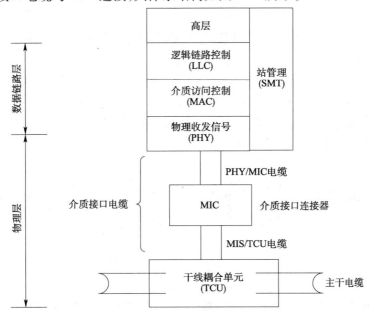

图 2-16 Token-Ring 的体系结构

(2)符号编码与解码。Token-Ring 的物理层采用差分曼彻斯特编码来传输基带信号。为了便于帧定界,MAC 子层向物理层提供了 4 种符号,即 0、1、J、K。在差分曼彻斯特编码中,用信号的极性来标识数据符号 0 和 1,即起始位有跳变(极性改变)则表示为 0,起始位无跳变(极性不变)则表示为 1,但在每一位的中间要跳变一次。非数据符号 J 和 K 也是用信号的极性来表示的,J 符号表示与前一符号极性相同,而 K 符号表示与前一符号极性相反,但它们每一位的中间无跳变,即极性不变。

非数据符号 J 和 K 主要用在帧起始位定界符(SD)和帧结束定界符(ED)之中,用它们组合成特殊的位,以标志一个帧的开始和结束。

符号编码是将 MAC 提供的符号用差分曼彻斯特码编制成基带信号发送出去；而符号解码则是将接收到的信号编码还原成符号提交给 MAC 子层。

（3）符号定时。符号定时信息包含在所接收信号电平的跳变中。物理层需要提取符号定时信息并进行恢复，使定时信号中的相位抖动减至最小。发送符号的速度需要连续地进行调整，以求与接收信号保持同相（同步）。

在正常操作中，环上有一个担任工作监视器的站，环上所有其他站的符号定时信息都将和监控器同频同相。这可以利用锁相环从接收到的数据中提取定时信息来实现。

2）Token-Ring 介质访问控制方法

IEEE 802.5 的 MAC 子层主要定义了数据帧的封装与拆卸，以及数据帧发送与接收的 Token-Ring 介质访问控制方法。

（1）Token-Ring 基本原理。Token-Ring 是适用于环形网络结构的分布式介质访问控制方法。令牌控制技术中的令牌作为一种特殊的控制帧沿着环网循环。当一个站点发送信息帧时，必须等待空令牌通过本站，然后将空令牌改为忙令牌，紧跟忙令牌之后，把数据帧发送到环网上。由于令牌是忙状态，其他站只能等待而不能发送帧，因此，在环路上不可能发生任何冲突。

信息帧在环上循环一周后，再回到发送站，由发送站将该帧从环上移去，同时将忙令牌改为空令牌，传给下一站，使之获得发送帧的机会。

当信息帧绕环通过各站点时，各站都将帧的目的地址与本站地址相比较。如果地址符合，说明该帧是发送给本站的，则将帧拷贝到本站的接收缓冲器中，同时将帧送到环上，使帧继续沿环传送；如果地址不符合，则将信息帧重新送到环上即可。

令牌环的工作原理如图 2-17 所示。

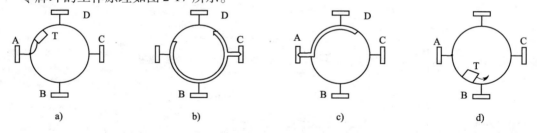

图 2-17　令牌环的工作原理

a）令牌在环路中流动，A 站截获了令牌；b）A 站发送数据给 C 站，C 站接收并转发数据；c）A 站收回所发的数据；d）A 站收完所发数据后重新发出令牌

在轻载时，由于一个工作站在发送前必须等待空令牌到来，故效率很低；在重载时，各站访问机会均等，因此效率较高。由于空令牌是一种特殊的控制标记，不能出现在用户数据中，一般采用插入的方法来实现透明传输。此外，采用发送站从环上收回帧的策略，使帧具有广播特性，即多个站可以接收同一个数据帧，同时接收站应具有对发送站自动应答的功能。

令牌环可采用分布式优先调度算法来支持工作站的优先级访问，以保证为优先级较高的站点提供足够的传输带宽。令牌环的主要缺点是有较复杂的令牌维护要求。空令牌的丢失将降低环网的利用率，而令牌的重复也会破坏网络的正常运行，故必须选择一个工作站作为监控站，以保证环网中只有一个令牌绕行。如果该令牌被丢弃，则再插入一个空令牌。

(2)令牌环协议的主要内容。IEEE 802.5 令牌环协议的主要内容如下：

①单令牌协议。已经发送完成的工作站，在忙令牌返回之前，不能发出新的令牌。对短帧来说，这不如多令牌策略在一帧结束时就发出一个空令牌的效率高，然而单令牌系统简化了优先级的设置及纠错处理。

②优先级位。这些位指示令牌的优先级，进而指明那些被允许使用该令牌的工作站。在多种优先级方式中，各种优先级可由工作站或报文来设置。

③监控位。如果采用了中央环监控器，就可能用到监控位，但监控的工作情况不包含在标准中。

④预约指示器。使用预约指示器允许拥有高优先级报文的工作站在一个信息帧中指明下一个令牌应根据所要求的优先级来发送。

⑤令牌持有计时器。该计时器在数据开始传送时开始计时，控制工作站在发送令牌之前可以占有介质的时间长度。

⑥应答位。环路中一般设置有三个应答位，即错误检测（E）位、地址识别（A）位和帧拷贝（C）位。任何工作站都可以置 E 位，被寻址的工作站可以置 A 位和 C 位。这些位最后由发送站重新置。

(3)令牌环的一般工作过程。不使用优先级时，要发送的工作站必须等待空令牌（令牌帧的 AC 字段中 T 位为 0 表示为空）经过本站，然后将令牌位 T 位由 0 置成 1，表示获取该令牌，并将数据紧接在忙令牌后发送出去。数据帧绕环一周返回后，若发送站还有数据要发送且令牌持有计时器未超时，则可以继续发送数据；否则，该站便发出一个空令牌。

处于接收状态的各个工作站对环路进行侦听，每个站都可以校验帧的传输错误。如果检测到错误，则置 E 位；如果工作站检测到自己的地址，则将 A 位置 1，如果它还拷贝了该帧，则将 C 位置 1。这样就使得发送站都能区别下面三种情况：目的工作站不存在或未工作、目的工作站存在但未拷贝帧、目的工作站存在且拷贝帧。

(4)令牌环的优先级调度算法。IEEE 802.5 令牌环提供了优先级操作，并允许优先级嵌套操作。在访问控制字段中，PPP 表示优先级，RRR 表示预约优先级。现行环上数据帧的优先级在帧的访问控制字段的 PPP 中，以 Pm 表示，其预约的优先级在 RRR 中用 Pr 表示。

当站收到令牌帧的优先级为 Pm，且待发数据帧的优先级为 Pt 时，该站将比较 Pm 和 Pt。若 Pt 大于 Pm，该站就可以发送数据帧；否则该站不能发送，应将令牌帧转到下一站。

如果该站待发数据帧的优先级 Pt 大于经过该站的数据帧的 Pm，则该站将 Pt 的值置入环上数据帧的 RRR 中进行预约，以期下一次获得发送权。当该帧返回源发送站时，由于预约的优先级 RRR（即 Pr = Pt）大于现行环上数据帧的优先级，源发送站就必须暂停数据帧的发送，而发送一个令牌优先级等于 Pr 的新令牌帧，并在 RRR 中保存 Pm 的值。当新令牌发出后，低优先级的站不能得到该令牌，原来预约站很快获得了令牌，就可以发送数据了。如果在数据帧传送中还有更高优先级的站预约，令牌将很快被更高优先级的站所获得而发送数据帧。如果没有比现行环上数据帧的优先级更高的站预约，且数据帧已发送完毕后，则发出一个当前优先级（即保存的 Pm 值）令牌帧。这样，该令牌就可由源发送站（以优先级 Pm 发送数据帧的站）获得。该源发送站在发送数据帧完毕后，还要负责将令牌的优先级降下来,以便低优先级的站有获得令牌的机会。

6. IEEE 802.4 标准令牌总线网

总线网接入方便,可靠性较高,但当网络负载增加时,冲突急剧增加,网络吞吐量急剧下降,且因每个工作站的发送和响应时间不确定,所以实时性差。令牌环网不存在冲突问题、实时性好、负载能力强,但管理复杂、可靠性差。如果将总线网和令牌环网结合起来,综合两者的优点便产生了令牌总线网。令牌总线网是一种物理上为总线网,逻辑上为环形网的局域网。IEEE 802.4 标准制定了令牌总线网的媒体访问控制方法和协议标准,它规定了令牌总线网的 MAC 子层和物理层的服务规范、帧结构格式、媒体访问控制方式等。

从物理结构上看,令牌总线网是一种总线形局域网,各站共享总线传输信道;但从逻辑结构上看,它又是一种环形局域网,接在总线上的各站组成一个逻辑环。这种逻辑环通常按工作站地址的递减顺序排列,与站的物理位置无关。因此,令牌总线网上的每个站都设置了标志寄存器来存储上站(前趋站)、本站及下站(后继站)的逻辑地址或序号,上站地址和下站地址可以动态地设置和保存。如图 2-18 所示,该令牌总线网共有 8 个工作站,站 C 出故障,站 G、站 H 未工作。剩余的 5 个站按逻辑顺序组成一个令牌环,它们的逻辑顺序是 A→D→B→E→F→A(如虚线所示),即按站地址从大到小 8→6→4→3→2→8 的顺序链接,而它们的物理连接却是 A、B、C、D、E、F、G 和 H 都接到总线上。其逻辑连接与物理连接两者是截然不同的。

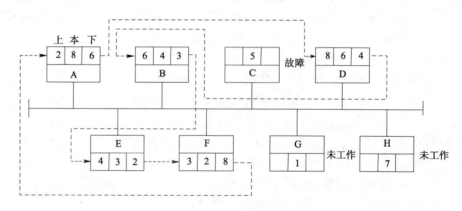

图 2-18 令牌总线局域网

令牌总线网将总线网与令牌环结合起来,其工作原理如下所述:

(1)通过在网络中设置令牌来控制各站对总线的访问。只有得到令牌的工作站才有权向总线上发送数据,而其余没有得到令牌的站只能监听总线或从总线上接收信息。由于在总线上只设置了一个令牌,在任一时刻只可能有一个工作站访问信道,因此不会出现冲突。

(2)令牌按逻辑顺序传递。当逻辑环路建立后,令牌便在逻辑环上不断地轮转,即令牌从高地址的站传递给较低地址的站。当令牌到达最低地址的站后,又返回去传递给最高地址的站。

(3)各站有公平的访问权。当一个站得到令牌后,若有一个数据要发送,则立即向网上发送数据,数据发送结束,将令牌传递给下一个站。由于站点接收到令牌的过程是按逻辑顺序进行的,因此网上各站都有平等的发送数据的机会,即都有平等的访问权。

除总线网外,树形网、星形网等其他拓扑结构的网也可以组成逻辑环路。事实上,网络中令牌的传送是按逻辑环路进行的,而数据的传送却是在两站之间直接进行的,所以这样的网络有时称为逻辑环网。与之相对的,称令牌环网为物理环网。

四、广域网技术

广域网是指覆盖范围广,传输速率相对较低,以数据通信为主要目的的数据通信网。随着社会信息化的迅猛发展,很多通信发达国家数据通信业务的增长率已超过电话业务的增长率,特别是 Internet 逐步实用化和商业化,大大促进和刺激了数据通信网技术和数据传送业务的发展。

通常,公用数据通信网是由政府通信部门来建立和管理的,这也是它区别在于局域网的重要标志之一。随着光纤通信、帧中继、宽带综合业务数字网(B-ISDN)等新一代通信技术的成熟和应用,数据通信网将以更快的传输速率,更大的网络带宽、更好的技术性能和更高的可靠性为多媒体信息传输提供高质量的服务。

局域网和广域网之间,既有区别,又有联系。在技术上,局域网要领先于广域网,但随着 ATM 技术的发展和应用,通过提供统一的网络平台,会使这种技术上的差异越来越小。在应用上,局域网强调的是资源共享,广域网强调的是数据通信。对于局域网,人们更多关注的是如何根据应用需求来规划网络,并进行系统集成。对于广域网,所侧重的是网络能提供什么样的数据传输业务以及用户如何接入网络等。

五、网络互连

网络互连的目的是使各个局域网能够相互连通,使不同网络上的用户能够互相通信和交换信息,在更大的范围内共享网络资源。

由于网络分为局域网(LAN)和广域网(WAN)两大类,因此网络互连形式有 LAN-LAN,LAN-WAN 和 WAN-WAN 三种。不同的互连形式所采用的互联协议和互联设备是不相同的。

局域网之间互连,主要采用中继器(Repeater)、网桥(Bridge)、路由器(Router)以及交换机(Switch)等技术,它们在互连协议和实现技术上是各不相同的。

第三节 数据库技术

一、数据库技术概述

建立信息化汽车服务系统必须有数据库技术作为主要的支撑技术。数据库系统的功能和技术水平决定整个汽车服务系统的功能和效率。

1. 数据库与数据库技术

数据库是为特定目的而组织和表示的信息、表和其他对象的集合。数据库中的数据是结构化的,没有不必要的冗余,可为多种应用提供服务。数据的存储独立于使用数据的应用程序。对数据库插入新数据,修改和检索原有数据都能够按一种可控制的方式进行。数据库可以用于搜索、排序以及重新组合数据等目的。数据库中的数据分为系统数据和用户数据两类。

数据库技术是信息系统的一个核心技术,是一种计算机辅助管理数据的方法。它研究如何组织和存储数据,如何高效地获取和处理数据,是通过研究数据库的结构、存储、设计、管理以及应用的基本理论和实现方法,并利用这些理论来实现对数据库中的数据进行处理、分析和理解的技术。数据库技术是研究、管理和应用数据库的一门软件科学。

数据库技术是现代信息科学与技术的重要组成部分,是计算机数据处理与信息管理系统的核心。数据库技术研究和解决了计算机信息处理过程中大量数据有效组织和存储的问题,在数据库系统中减少数据存储冗余、实现数据共享、保障数据安全以及高效地检索数据和处理数据。数据库技术研究和管理的对象是数据,所以数据库技术所涉及的具体内容主要包括通过对数据的统一组织和管理,按照指定的结构建立相应的数据库和数据仓库。利用数据库管理系统和数据挖掘系统设计出能够实现对数据库中的数据进行添加、修改、删除、处理、分析、理解、报表和打印等多种功能的数据管理和数据挖掘应用系统。利用应用管理系统最终实现对数据的处理、分析和理解。

数据库技术是一个统称,它是数据库(Database,DB)、数据库管理系统(Database Management System,DBMS)及数据库系统(Database System,DBS)的总称,是计算机系统中存储和处理数据的重要工具。其中,数据库管理系统是对数据库中的数据进行统一管理和控制的软件系统,它位于用户和计算机操作系统之间,是用户与数据库之间的接口,它的主要任务是按照一定的格式定义、操纵数据,将数据存放在数据库中并进行高效处理,保证数据安全性、完整性,并确保多用户对数据的并发使用和发生故障后的系统恢复,它是数据库的中枢。数据库系统是指在计算机系统中引入数据库后的一个人机系统,是用来组织和存取数据的管理系统,一般由数据库、数据库管理系统及其开发工具、应用系统、数据库管理员和用户构成。

近年来,数据库技术和计算机网络技术的发展相互渗透、相互促进,已成为当今计算机领域发展迅速、应用广泛的两大领域。数据库技术不仅应用于事务处理,并且进一步应用到情报检索、人工智能、专家系统、计算机辅助设计等领域。

2. 数据模型与关系型数据库

数据模型按不同的应用层次分为概念数据模型、逻辑数据模型和物理数据模型 3 种类型。

(1)概念数据模型(Conceptual Data Model)。简称概念模型,是面向数据库用户的实现世界的模型,主要用来描述世界的概念化结构,它使数据库的设计人员在设计的初始阶段,摆脱计算机系统及 DBMS 的具体技术问题,集中精力分析数据以及数据之间的联系等,与具体的数据管理系统(DBMS)无关。概念数据模型必须换成逻辑数据模型,才能在 DBMS 中实现。

(2)逻辑数据模型(Logical Data Model)。简称数据模型,这是用户从数据库所看到的模型,是具体的 DBMS 所支持的数据模型,如网状数据模型(Network Data Model)和层次数据模型(Hierarchical Data Model)等。此模型既要面向用户,又要面向系统,主要用于数据库管理系统(DBMS)的实现。

(3)物理数据模型(Physical Data Mode),简称物理模型,是面向计算机物理表示的模型,它描述了数据在储存介质上的组织结构,它不但与具体的 DBMS 有关,而且还与操作系统和硬件有关。每一种逻辑数据模型在实现时都有其对应的物理数据模型。DBMS 为了保证其独立性与可移植性,大部分物理数据模型的实现工作由系统自动完成,而设计者只设计索引、聚集等特殊结构。

在概念数据模型中最常用的是 E-R 模型、扩充 E-R 模型、面向对象模型及谓词模型。在逻辑数据类型中最常用的是层次模型、网状模型和关系模型。

目前数据库领域采用的数据模型以关系模型应用最为广泛,支持关系模型的数据库通常也称为关系型数据库。关系型数据库在表中以数据行和数据列的形式存储信息,并通过使用一个表的指定列中的数据在另一个表中查找其他数据来执行搜索。在关系型数据库中,数据是以行和列的形式存储的。这些行和列组成了表,一组表和其他对象一起组成了数据库。在关系型数据库中,数据分别存储在不同的表中。每个表包含某个特定主题的数据,表中的一列通常又称字段,每个字段用于存储某种特性的数据。表中的一行通常也称为一条记录,每条记录包含表中一项的相关信息。

3. 常用的数据库管理系统

数据库管理系统是对数据库进行管理的系统软件,它提供了用户与数据库之间的软件界面,可用于创建、处理和维护数据库。数据库管理系统具有数据库定义、数据库操作、数据控制、数据安全控制、数据完整性控制、数据库恢复和数据库并发控制的功能。常见的数据库管理系统有 Microsoft Access、Visual FaxPro、MySQL、Microsoft SQL Server、ORACLE、Informix、INCREs 和 DB2 等。

(1)Microsoft Access

Microsoft Access 是关系型桌面数据库管理系统,属于中小型数据库系统,它充分体现了面向对象的思想,并提供了可视化的编程手段。Access 是第一个面向 Windows 操作平台的桌面数据库管理系统,它充分利用了 Windows 操作平台的优越性,采用与 Windows 完全一致的风格,使得界面非常友好。

(2)Visual FoxPro

Visual FaxPro(简称 VFP)是 Microsoft 公司从 Fox 公司的 FoxBASE 数据库软件经过数次改良,并且移植到 Windows 之后得来的应用程序开发软件。VFP 是 Microsoft 公司推出的最新可视化数据库管理系统平台,是 32 位数据库管理系统。

(3)MySQL

MySQL 是一个多用户、多线程的 SQL 数据库服务器。MySQL 是具有客户机服务器体系结构的分布式数据库管理系统,它由一个服务器保护程序 MySQL 和很多不同的客户程序与库组成,主要运行于 Linux 系统。

(4)Microsoft SQL Servcr

当前,客户机/服务器模型被广泛应用于分布式系统的设计与实施。MS SQL Server 是个适合客户机/服务器需要的关系数据管理系统,使用 Transact SQL 语言在客户和 MS SQL Server 之间发送处理请求。

二、SQL 与 Transact-SQL 概述

SQL(Structured Query Language,结构化查询语言)是一种数据库查询和程序设计语言,用于存取数据以及查询、更新和管理关系数据库系统。SQL 是一种标准化的数据库语言,它使得数据库存储、更新和存取信息变得更容易。

SQL 是高级的非过程化编程语言,允许用户在高层数据结构上工作。它以记录集合作为操作对象,所有 SQL 语句接受集合作为输入,返回集合作为输出。这种集合特性允许一条 SQL 语句的输出作为另一条 SQL 语句的输入,所以 SQL 语句可以嵌套。这使它具有极大的灵活性和强大的功能,在多数情况下,在其他语言中需要一大段程序实现的功能只需要一个 SQL 语句就可以达到目的。这也意味着用 SQL 语言可以写出非常复杂的语句。

SQL 语言是介于关系数据库与关系演算之间的一种结构化查询语言。虽然 SQL 是一种查询语言,但实际上它的功能并非查询信息那么简单,主要功能包括数据查询(Data Query)、数据操纵(Data Manipulation)、数据定义(Data Definition)和数据控制(Data Control),是一种通用的关系数据库语言。SQL 语言主要包含数据定义语(DDL)、数据操作语(DML)、数据查询语言(DQL)和数据控制语言(DCL)4 个部分。SQL 语言完成核心功能只用了 9 个动词,即数据查询语句 SELECT,数据定义语句 CREATE、DROP、ALTER,数据操纵语句 INSERT、UPDATE、DELELE 和数据控制语句 GRANT、REVOKE。

SQL 语言提供两种工作方式:一种是交互式命令方式,另一种是嵌入式程序方式。第一种方式是用户可以在终端键盘上输入 SQL 命令,对数据库进行操作,能够独立地用几联机交互的使用方式,所以称为自含式语言;第二种方式是将 SQL 语句嵌入到高级程序设计语言(如 C 语言、C++语言、FORTRAN、PowerhBuilder 等)程序中,供程序员设计程序时使用,因此又称为嵌入式语言。而在以上两种不同的使用方式下,SQL 语言的语法结构基本上是一致的。这种以统一的语法结构提供两种不同的使用方式的做法,具有极大的灵活性和方便性。

SQL 最早是 IBM 的圣约瑟研究实验室为其关系数据库管理系统 SYSTEMR 开发的一种查询语言,它的前身是 SQUARE 语言。SQL 语言结构简洁、功能强大、简单易学,所以自从 IBM 公司 1981 年推出以来,SQL 语言得到了广泛的应用。如今,无论是像 ORACLE、Sybase、DB2、Informix、SQL Server 这些大型的数据库管理系统,还是像 Visual FoxPro、PowerBuilde 这些 PC 上常用的数据库开发系统,都内嵌 SQL 语言作为查询语言。SQL 是用于访问和处理数据库的标准的计算机语言,与数据库程序协同工作,比如 MS Access、Visual FoxPro、DB2、Informix、MS SQL Server、ORACLE、Sybase 以及其他数据库系统,都进行了扩充。这些系统都兼容标准 SQL 语言,但为了增强自身的功能,在此基础上如 SQL Server 使用的就是一种扩充的 SQL 语言,被称为 Transact-SQL。

三、SQL Server 概述

SQL Server 是一个关系数据库管理系统。它最初是由 Microsoft、Sybase 和 Ashton Tate 三家公司共同开发的,于 1988 年推出了第一个 OS/2 版本。在 Windows NT 推出后,Microsoft 与 Sybase 在 SQL Server 的开发上就分道扬镳了,Microsoft 将 SQL-Server 移植到 Windows NT

系统上,专注于开发推广 SQL Server 的 Windows NT 版本。Sybase 则较专注于 SQL Server 在 UNIX 操作系统上的应用。

SQL Server 包括 SQL Server 服务器组件、SQL Server Management Studio、SQL Server 配置管理器和 SQL Server Profiler 4 个主要组件。

(1) SQL Server 服务器组件包括数据库引擎、分析服务、报表服务和集成服务 4 个部分。

(2) SQL Server ManagementStudio(SSMS)是一个集成环境,用于访问、配置、管理和开发 SQL 的组件。

(3) SQL Server 配置管理器用管理与 SQL Server 相关联的服务、配置 SQL Server 使用的网络协议以及从 SQL Server 客户端计算机管理网络连接配置。

(4) SQL Server Profiler 是用于从服务器捕获 SQL Server 事件的工具。SQL Server Profiler 提供了一个图形用户界面,用到监视数据库引擎实例或 Analysis Services 实例。

四、Visual FoxPro 9.0 概述

Visual FoxPro 9.0 简称 VFP 9.0,是一个强大的快速关系数据库应用程序开发工具,它是微软公司于 2004 年推出的 VFP 系列中的最新版本,主要应用于 Windows 操作环境。它不仅可以创建和管理数据库,而且可以创建各种应用程序。由于它使用面向对象的编程语言,同时提供了可视化的编程方式,因此用户在编写程序的时候不必输入烦琐的程序代码就可以建立一个面向对象的数据库应用程序,大大简化了系统的开发过程,并提高了系统的模块性和紧凑性。

VFP 9.0 为数据库开发人员提供了一种以数据为中心、面向对象的开发语言环境,面向对象程序设计提供了重用性和兼容性很高的应用程序。它不仅可以创建桌面数据库应用程序,还能创建 Web 数据库应用程序等其他类型的数据库程序。

VFP 9.0 作为微软公司推出 VFP 系列产品中的最新版本,增加了许多新功能,集成开发系统、数据处理方式以及报表设计器等都有了不同程度的增强,使得开发者可以进一步提高软件开发效率。

(1) VFP 9.0 的集成开发系统

VFP 9.0 项目管理器中的字体以及属性列表框中的字体都可以进行设置。属性列表框的另一项增强就是可以根据不同类别的属性,对不同的属性元素选择不同的颜色;新增了数据浏览器工具,使得用户基于客户机/服务器(Client/Server,简称 C/S)模式的开发变得更方便,对程序编辑窗口也做了很大的增强。当 VFP 在代码中发现一处语法错误时,它会为相应代码画上下划线。这节约了开发者纠正漏洞的时间,并且不必非要等到编译完成才发现错误。

(2) VFP 9.0 的数据处理方式

VFP 9.0 取消了很多硬编码的限制,增强了子查询和关联查询的支持,支持更复杂的表达式,增强了对 Union 的支持;引进了二进制索引,它可在任何逻辑表达式中被使用,同时增强了过滤型索引的性能,增强对 SQL 中 Showplan 的支持;支持新的数据类型,并提供相应的类型转换函数;增强了现有函数对数据类型的控制和转换能力;增强了事务控制的能力,游标(Cursor)机制使得代码逻辑更加清晰,开发者只需几行代码就可以方便地访问远程视图。

(3) VFP 9.0 的报表设计器

VFP 9.0 增加了报表监听器处理显示和输出的事务,可以非常方便地与报表进行交互操作,兼容旧的报表引擎运行报表,可以指定报表监听器和指定报表样式。报表监听器是提供新式报表行为的对象。为了让 VFP 9.0 使用报表指定的监听器,需要建立自己的监听器类对象。可以提供更多的报表输出类型,提供 HTMI 和 XML 格式的报表输出。可以改变字段的外形,在报表监听器中执行自己需要的任何事务,还可以用重载的方法来实现各式各样的输出,真正实现报表自定义显示。

(4) VFP 9.0 的其他功能与辅助编程工具

VFP 9.0 为了适应软件发展的需要,增强了向导功能、支持 Windows XP 主题、智能感知脚本、新的 North Wind 样例数据库等。使用这些新功能可以使开发出来的应用程序具有更加强大的功能、更加方便的操作。同时 VFP 9.0 提供了向导、设计器和生成器等辅助设计工具,使用这些工具可以加快应用程序的开发。

(5) VFP 设计器

VFP 的大多数工作都是与设计器密不可分的,每个设计器都有一个或者多个工具栏,方便用户使用大多数的常用工具,如表单设计器中就有表单控件、布局以及调色板等工具栏。

设计器具有比向导更强大的功能,为用户创建特定类型对象提供了很好的开发环境,也可以用来创建或者修改 VFP 应用程序所需要的构件。

(6) VFP 生成器

VFP 提供了高度的可自定义的交互式的开发环境(Interacaive Development Environment,IDE)。可以通过修改菜单,安装新的生成器和向导,实现开发工具条,修改项目管理器,不熟练 VFP 的开发者也可以按自己的方法定制开发环境。生成器又称构造器,VFP 中大多数控件的创建和修改都可以使用生成器。每个生成器显示一系列选项行,用于设置选中对象的属性。生成器的主要功能是在 VFP 应用程序的构件中生成并加入某类控件。

(7) VFP 9.0 的系统配置

VFP 9.0 安装完成以后,系统中的所有配置都是采用系统的默认配置。用户可以根据个人的习惯,对这些系统默认配置进行调整,以满足特殊下工作的要求。系统设置的优劣直接影响到系统的运行效率和操作方便性。

五、数据库的创建与管理

1. 数据库概述

每个 SQL Server 数据库至少具有两个操作系统文件:数据文件和日志文件。数据文件包含数据和对象,如表、索引、存储过程和视图。日志文件包含恢复数据库中的所有事务所需的信息。为了便于分配和管理,可以将数据文件集合起来并放到文件组中。

SQL 数据库所对应的操作系统文件可分为主要数据库文件、次要数据库文件和事务日志文件三种类型。每个数据库有一个主要文件组。此文件组包含主要数据文件和未放入其他文件组的所有次要文件,所有系统表也都被分配到主要文件组中。也可以创建用户定义的文件组,即用户定义文件组。

每个 SQL Server 数据库都具有事务日志,用于记录所有事务以及每个事务对数据库所做的修改。事务日志是数据库的重要组件,如果系统出现故障,则可能需要使用事务日志将数据库恢复到一致状态。

系统数据库包括 Maste、Model、Msdb、Resource 和 Tempdb。

2. 创建数据库

创建数据库就是确定数据库的名称、所有者、大小、增长方式以及存储该数据库的文件和文件组等信息的过程。创建数据库一般可使用 SSMS 创建和使用 SQL 语句创建两种方法。

3. 数据库修改

(1) 扩展和收缩数据库

默认情况下,SQL Server 根据创建数据库时指定的增长参数自动扩展数据库。通过为现有数据库文件分配更多的空间或创建新文件,也可以通过手动方式来扩展数据库。如果现有的文件已满,则可能需要扩展数据或事务日志的空间。如果数据库已经用完分配给它的空间且不能自动增长,则会出现错误。

(2) 分离和附加数据库

在 SQL Server 中,可以分离数据库的数据文件和事务日志文件,然后将它们重新附加到另一台服务器或同一台服务器上。

(3) 更改数据库所有者

在 SQL Server 中,可以更改当前数据库的所有者。任何拥有连接到 SQL Server 的访问权限的用户都可以成为数据库的所有者,但无法更改系统数据库的所有权。

(4) 删除数据库

当不再需要用户定义的数据库,或者已将其移到其他数据库或服务器上时,即可删除该数据库,但不能删除系统数据库。数据库删除之后,文件及其数据都会从服务器土的磁盘中删除。

六、数据库备份和还原

备份是数据的副本,可用于在系统发生故障后还原和恢复数据。

七、表的创建与管理

在关系数据库中,每一个关系都体现为一张二维表,使用表来存储和操作数据的逻辑结构,表是数据库中最重要的数据对象。

在设计数据库时,必须先确定数据库所需要的所有表、每个表中数据的类型以及可访问每个表的用户。合理的表结构可提高数据查询效率。在创建表及其对象之前,先制订出规划并确定表的特征,如表要存储什么对象,表中每一列的数据类型和长度等。

数据库设计规则:表应该有一个标识符,表应只存储单一类型实体的数据,表应避免可为空的列,表不应有重复的值或列。

SQL 中的数据类型包括数字数据、字符串、日期和时间以及其他数据类型。

八、索引与视图

索引是与表或视图关联的在磁盘上的结构,可以加快从表或视图中检索行的速度。索引包含由表或视图中的一列或多列生成的键。这些键存储在一个 B 树结构中,使 SQL Server 可以快速有效地查找与键值关联的行。

SQL Server 使用扫描表和使用索引两种方式访问数据。SQL Server 首先确定表中是否存在索引,然后查询优化器根据分布的统计信息来生成查询的优化执行规划,以提高数据访问效率为目标,确定使用表扫描还是使用索引来访问数据。

索引的类型包括聚集索引、非聚集索引、其他索引类型、唯索引、包含性列索引、索引视图、全文索引、XML 索引等。

九、应用程序开发

初学者由于没有项目开发的经验,面对一个项目课题时常常不知如何下手,或者接到项目就急于动手开始编程,把复杂的项目开发看成了简单的程序编制。这种做法往往只会事倍功半,开发出来的项目也难以满足用户对系统的要求。

现实中数据库应用程序系统的开发是相当复杂的一个过程,必须严格按照软件工程的有关标准和规范,循序渐进地进行开发,从而保证系统的可读性和系统的合理性。

1. 数据库应用程序开发步骤

数据库应用系统可以分成两类,即以数据为中心的应用程序和以处理为中心的应用程序。前者以提供数据为目的,重点在于数据采集、整理和储存等工作;后者虽然也包含上述内容,但重点在于操作数据,包括数据的查询、统计、打印报表等工作,其数据量比前者小得多。

企业的数据库应用程序一般都属于以数据处理为中心的应用程序。

2. 需求分析

需求分析就是确定用户对软件系统的全部需求,包括对数据的需求和对功能的需求等,并以"需求说明书"的形式表达出来,其目的是明确该软件项目是用来"做什么"的。

需求分析是整个开发活动的开始,是最重要、最困难、最耗时的第一步。作为项目开发的基础,需求分析是否做得准确和充分,直接决定了构建数据库、应用程序的效率和质量。需求分析做得不好有时甚至会导致整个系统作废。

3. 系统设计

系统设计就是设计应用系统的模块层次结构以及模块控制流程等,并完成"设计说明书"的编写,其目的是明确该软件项目是"如何做"的。系统设计可以分成概要设计和详细设计两部分。前者完成软件系统模块的划分以及层次结构和数据库结构的设计;后者完成每个模块的具体控制流程设计。

(1) 数据库设计

在 VFP 中是通过设置数据库来统一管理数据的,这样既能提高数据的可靠性,又便于系统的开发。创建数据库是实现数据集成的有效手段,数据库按照一定的结构集中了应用程序中的所有数据,使之便于统一管理。设计数据库可以定义数据字典,如表的属性、记录规则、参照完整性等;又可以建立表间的关联,如在查询或者视图中自动建立联结条件等。

(2) 数据结构设计

数据结构设计包括概念结构设计、逻辑结构设计以及物理结构设计。概念结构设计是整个数据结构设计的关键,通过对用户需求进行分析、综合和归纳,抽象成一个概念性的模型;逻辑设计是将概念性的模型转换成 DBMS 所支持的数据模型,并对其进行优化;物理设计是为数据模型设计一个适合的物理环境,包括定义数据库表以及建立表间关系等。

4. 系统编程开发

系统开发阶段是按照特定的程序设计方法将"设计说明书"中各个功能模块的控制流程编写出相应的程序,从而形成软件系统的源程序,并完成"开发说明书"的编写。在 VFP 中,主要的程序设计方法是面向对象的程序设计方法,其重点在于对象的设计。面向过程的程序设计方法作为前者的基础也是不能少的,两者相辅相成。

(1) 建立数据库和数据表

按照系统设计阶段编写的"设计说明书"中设计的数据库,利用具体的数据库工具建立数据库结构,包括数据字典、数据表、表间关系等。

(2) 创建风格一致的类

作为一个软件系统,应该尽量用具有统一风格的界面形式来提供互交的操作方法。用户可以使用 VFP 系统提供的类设计工具,在此基础下设计出子类,如表单、控件等,并将这些子类添加到控件工具栏中供整个项目开发使用,这样既方便创建风格统一的软件界面,又便于维护和修改。

(3) 系统界面的建立与编程

VFP 应用系统的用户界面主要包括表单、菜单、工具栏等,它们所包含的控件与菜单命令都能实现应用程序的功能,即通过用户界面来表现应用程序的功能。实际上用户所能见到并能进行操作的仅仅是软件的用户界面,而应用程序的代码、算法都是不可见的,因此用户对应用系统是否满意在很大程度只取决于系统界面的设计是否完善而已。

(4) 编译源程序

系统开发的最后阶段就是对源代码进行编译,生成应用程序(Application)或者可执行程序(Executable Program),应用程序以. app 扩展名结尾,它的运行必须依赖 VFP 系统的程序环境,不可以独立运行;可执行程序以. exe 扩展名结尾,并能在 Windows 系统下脱离 VFP 程序环境独立运行。

5. 系统测试

软件测试是在软件正式投入运行前,对软件各个功能模块的测试和调试,通过系统测试可以找出软件中不完善的地方,并通过调试来纠正错误,以使其达到预期的功能。这是保证软件质量的关键步骤。系统测试阶段完成"测试报告"的编写,用于记录测试的对象、过程以及结果等。

6. 系统管理与维护

软件测试结束标志着系统开发的基本完成,软件正式投入运行以后,应该注意纠正系统在使用过程中发现的隐含错误,及时跟踪用户在使用过程中提出的新功能要求,其目的是为了更好地管理与维护软件系统的正常运行。

十、应用程序的编译

当一个 VFP 项目的各个模块组件编写完毕并通过测试运行以后,还应该对这个项目进行连编。因为没有经过连编的应用程序是必须依赖 VFP 开发环境来运行的,如果用户计算机上没有安装 VFP 程序,则不能打开并运行下面开发的"汽车服务信息系统",只有经过连编的项目才能脱离 VFP 开发环境而独立运行。

1. 设置项目信息

项目开发完毕后,可以通过设置项目的"项目信息",为应用程序设置作者信息、程序图标等。默认情况下,项目连编所生成的应用程序文件(.exe)的图标是 VFP 系统提供的狐狸头像图标,要更改的话可以在"项目"选项卡中的"图标"处进行修改。

2. 文件的包含与排除

在发布应用程序时,有些文件是不想被使用者更改的,有些文件则是可以被更改的。这时就应该为这些文件设置包含或者排除。如果在系统执行的时候,此文件将变成只读(不可修改)的,那么就称这些文件是被包含到系统中的。

如果要修改某些文件,则必须在连编之前先排除这些文件。在默认情况下,项目的可执行文件,如表单、菜单、报表等都应设置为"包含",向数据文件,如数据库、数据表等则应设置为"排除",因为系统的界面一般不允许使用者修改,而系统中的数据则可以随时添加或者删除。

3. 连编应用程序

设置了文件的包含与排除后,即可对项目进行连编。单击"项目管理器"右边的"连编"按钮,即可打开 VFP 的"连编选项"对话框,该对话框允许用户创建一个自定义的应用程序或者刷新现有的项目。

1)"建立操作"单选选项

(1) 重新连编项目:该单选按钮对应于 Build Project 命令,用于编译项目中的所有文件,并生成.pjx 和.pjt 文件。

(2) 应用程序(app):该单选按钮对应于 Build App 命令,用于连编项目并生成以.app 为扩展名的应用程序,注意.app 文件必须在开发环境中运行。

(3) Win32 可执行程序/COM 服务程序(exe):该单选按钮对应于 Build Exe 命令,用于连编项目并生成以.exe 为扩展名的应用程序。注意,.exe 文件可以脱离开发环境在 Windows 中独立运行。

(4) 单线程 COM 服务程序(dll):该单选按钮对应于 Build Dll 命令,用于连编项目并生成以.dll 为扩展名的动态连接库文件。.dll 文件可以被其他应用程序调用,这种.dll 文件是单线程的。

(5) 多线程 COM 服务程序(dll):该单选按钮对应于 Build Mtdll 命令,用于连编项目并生成以.dll 为扩展名的动态连接库文件。.dll 文件可以被其他应用程序调用,这种.dll 文件是多线程的,这是实现多任务的有效手段。

2)"选项"复选选项

(1) 重新编译全部文件:用于重新编译项目中的所有文件,并对每个源文件创建其对象文件。

(2) 显示错误:用于指定是否显示编译时遇到的错误。

(3) 连编后运行:用于指定连编生成应用程序后是否马上运行,在系统集成测试时可以

使用该选项。

（4）重新生成组件的ID：用于指定是否重新生成项目各个组件的ID。

1. 简述计算机硬件的含义、组成及各部分的功能。
2. 简述计算机软件的概念、操作系统的分类以及程序语言的分类。
3. 简述计算机网络机构及特点。
4. 简述局域网的特点、传输形式及特点。
5. IEEE 802.3 标准总线局域网物理层的各子层有哪些功能？
6. IEEE 802.5 标准令牌环网优点有哪些？
7. IEEE 802.4 标准令牌总线网特点有哪些？
8. 简述广域网及其与局域网的关系。
9. 数据模型按不同的应用层次分为几种类型？
10. 简述 VFP 9.0 的数据处理方式。

第三章　汽车供应链管理

第一节　汽车工业生产方式的转型

一、汽车生产方式的转型

纵观世界汽车产业发展历史,曾经发生过两次热点地区转移。第一次发生在20世纪20年代,伴随着福特汽车革命,全球汽车产业重心从欧洲转移至北美洲。第二次发生在20世纪70年代,日本汽车产业的崛起使得世界汽车产业发展热点又从美国转移到了日本。这两次转移,都与生产方式的转型密切相关。

1.汽车工业诞生之初的单件生产方式

汽车工业首先源自欧洲,在以福特制为代表的大规模生产方式的带领下,在美国得到了迅速的发展。在此之前,汽车工业的发展还处于单件生产的原始状态。这种单件生产方式具有以下特征:

(1)以现在所谓的"工艺式"生产方式进行生产,普遍采用"学徒—工匠—技师"和行会等形式进行技术传递和交流,工人在设计、机械加工和装配等方面都有着高度的技艺。

(2)组织结构极为分散,汽车的大部分设计和大多数零部件都来自小的机械作坊,业主通过直接和所有相关人士(顾客、雇员和供应商)的接触来协调生产过程。

(3)采用通用的机床设备进行加工,每辆车的零部件在组装前后都是独一无二的,装配过程中的修正工作意味着零部件之间的现场匹配,结果是在按照同一设计制作的两辆汽车之间,零部件也不可能互换。

(4)尽管有许多企业从事这一行业,但产量很低。以1906年为例,北美和西欧有数百家这种小作坊,但全年的产量只有8万辆。

单件生产的优点和缺陷都是很明显的。由于客户能明确提出所需要的汽车的技术细节,厂商也无须每次生产相同的产品,零部件也不必满足可互换的要求,因此每当厂商有了新的创意,就可以马上在一种车型上研制,而不必担心任何售后服务。事实上,目前所能看到的许多常见的技术和思路都诞生于这一阶段,如四冲程汽油发动机、独立前悬置系统、铝制发动机机身和活塞、自动传输、助力转向盘、盘式制动等。图3-1为早期的汽车工作室。

图3-1　早期的汽车工作室

在大规模生产时代仍然保存下来的单件生

产,其目标市场主要集中在上层阶级豪华的、数量微小的车型,客户希望追求独特的形象并能在订购汽车时直接与制造厂联系。在这一特定的消费领域,单件生产仍有其顽强的生命力。但是,由于汽车工业技术的快速发展,单件生产的汽车厂商必须与大的汽车公司联合,共享诸如尾气排放和撞击安全等一系列的专业经验。另一方面,单件生产也同样受到了大的汽车厂商的威胁。目前,一些掌握了精益生产方式的日本企业开始追逐单件生产厂商所占有的那一部分特殊订购的产品市场,这对于专门生产"冷门"产品的单件汽车生产商无疑是一个迎头痛击。

2. 第一次转型:早期的大规模生产方式

面对着单件生产方式出现的种种问题,福特制的出现使汽车工业进入了一个全新的时代,在此可称之为早期的大规模生产方式,其特点可以概括为"大量生产、市场无限、对数量的需求巨大"。大规模生产方式的关键是所有的零部件全部可以互换、始终如一且相互连接非常方便。正是由于在制造工艺上的这些革新,才有可能采用装配流水线。除此之外,福特还改良了汽车设计,减少零部件数量,从而使汽车装配更加容易,使提高和控制质量成为可能。在福特的大力倡导下,大规模生产方式推动了汽车工业的进步长达半个世纪以上,最终几乎被北美洲和欧洲的每一项工业活动所采纳。图3-2为福特T型车的装配流水线。

图3-2 福特T型车的装配流水线

然而,早期的大规模生产方式是以汽车厂商自身的利益为出发点的,对客户和供应商的利益极端轻视。虽然谁都清楚生产制造的真正起因是客户,但是实际上,即便是大规模生产方式下的市场经济对客户也没有足够的认识。大规模生产方式的成就,在于它极为强调制造和设计过程中的产品标准化、工厂专业化、设备及工具专业化和作业的简单化等要求,将单件生产方式下的"制作"变为了"制造",其核心理念是"大即是好,多即经济",或称为"规模经济",而把客户放在了相对次要的地位。

在大规模生产时代,福特制订了对自己十分有利的销售规则:要求经销商根据其经销地区的大小,按比例预先从工厂买走汽车,并且在提车时付全款,而自己却以托销方式购买零部件和原材料,这样就能做到在生产经营中没有因为库存而积压的资金。或许这种业务模式在福特的年代是最好的,因为福特只生产单一产品,客户别无选择。即便当车型大量增加、汽车结构越来越复杂时,这种体系的改变也是十分缓慢的,甚至在有的年代还会部分倒退(如在经销商的畅销车型订单中硬性搭配滞销车型,一度取消最终客户直接订货等),客户始终处于被动和受轻视的地位。

此外,为了更多地攫取利润和加强控制,福特和通用公司相继建立了纵向一体化的零部件供应体系。不但福特自行生产了T型车的几乎所有零部件,甚至包括玻璃、钢材和轮胎,通用公司的众多部门生产的零部件也完全可以组装成一辆整车。但是,由于缺乏竞争,纵向一体化制约了供应商的创新能力,将原本由供应商承担的技术变革限制在公司范围内,使得北美生产的汽车品种单一,并不适应北美以外的市场。尽管通用公司提出了"全方位"的产品线概念,后来也得到了克莱斯勒和福特公司的仿效,但由于缺乏富有创新力的供应商的支持,实际上这一概念更多地成为产品的营销手段。因此,在大量生产方式下的垄断厂商都不愿在技术设计方面充当领导者,整个行业缺乏充满活力的竞争。

3. 第二次转型:修正的大规模生产方式

第二次转型是对早期大规模生产方式的修正,所面临的环境可以概括为"市场巨大,渴求产品多样化"。这一转型最早源自欧洲对美国版大量生产方式的接纳。欧洲与北美洲不同,并不是一个单一的大市场,不同国家的消费者的风格和要求各不相同,特别是由于欧洲的汽车企业众多,缺乏真正意义上的规模经济,零部件供应商向总装厂提供支持时表现出更高的创新力,导致了汽车的多样化特征,也产生了一系列全新的概念,如后置/中置/横置发动机、前轮驱动和喷油系统等。驱动创新的三大因素——环境变换、众多厂商的激烈竞争、其他行业的创新,都在发挥作用。

特别是第二次世界大战以后,随着世界各国经济从战后重建中复苏并迅速增长,全球市场从短缺型经济时代的卖方市场转向过剩型经济时代的买方市场,作为福特理论根基的"单一产品原则"受到严重挑战:客户作为市场的主体,不断追求新产品,使得产品生命周期日趋短暂,产品的品种也日趋多样化。相应地,制造业已不能单纯地追求"规模生产"以降低成本,制造业的生产方式也已经不再是由少数制造商所能决定。

这一阶段的里程碑是欧洲生产的汽车大量涌入北美洲,成功地在小型轿车和豪华轿车市场树立了其市场地位,代表厂商如大众、梅塞德斯—奔驰公司等。结果是,以通用公司为首的北美汽车厂商开始重新考虑更多地从企业外部采购汽车零部件,鼓励独立供应商加大投入,要求附属的零部件企业在技术和营销上同独立供应商展开竞争。

值得补充的是,近几十年来,随着一系列的企业购并,汽车厂家的数量逐渐集中,欧洲式大量生产的局限性也日益突出,产品设计也开始大同小异。

在这一阶段,20世纪70年代以后,作为大规模生产方式的延续,欧美国家率先提出了信息时代的构想,而物料需求计划(Material Requirement Planning, MRP)事实上主宰了这一阶段信息化的潮流。MRP是20世纪40年代提出的一种重要的管理思想,它改变了传统的以产品组织生产的方式,而将零部件生产与面向客户订货的产品装配分离,按零部件生产的提前期组织生产,有效地缩短了存货周期,保证及时供货,并且大大降低了库存,特别适合在大量生产方式下应用。虽然MRP也有诸多缺点,如提前期和工艺路线必须固定、假设生产能力无限大、计划结果僵硬等,但这些对于大量生产方式都不是什么大的问题。在大量生产方式下的汽车厂,其供货关系、产品设计和工艺路线在较长的时间里相对稳定,而追求生产能力的最大利用也是汽车厂的主要目标。简而言之,MRP是在IT领域里对大量生产的最好诠释。

一段时间里,以MRP为源头的大量生产方式下的IT技术达到了极致,直至出现了以"自动化无人工厂"为理想,以计算机辅助设计/制造/工艺和制造资源计划(MRPⅡ)等单元技术集成的计算机集成制造系统(Computer Integrated Manufacturing System, CIMS)为目标的道路,并在汽车行业得到迅速的发展和实践。图3-3为现代化汽车生产中高度自动化的装配过程。

图 3-3　汽车自动化装配过程

4. 第三次转型：精益生产

正如"市场巨大，渴求产品多样化"的欧洲市场推动了早期大量生产方式的修正，"市场细小，却又渴求不同类型的汽车"的日本市场孕育了一个全新的生产体系——精益生产。

第二次世界大战之后，日本的国内市场容量很小，资源有限，却需要各种不同型号的汽车。为此，精益生产的创始人丰田英二和大野耐一必须采取一种更好的做法，即以越来越少的投入、较少的人力、较少的设备、较短的时间和较小的场地，来获取越来越多的产出，同时也越来越接近客户，提供客户真正需要的东西。这些努力最终导致了第三次转型——精益生产的诞生。

在生产模式领域，精益生产的主要目的是通过改善生产活动来消除隐藏在企业里的种种浪费现象，从而降低成本。为了实现这个目标，丰田公司将各种浪费进行详细的分类（7种）和分层（4层），逐一溯本追源、无止境地追求将这些浪费消除殆尽，以提高生产效率。与此配套，丰田公司提出了一系列对应的方式和手段，如保障准时生产的"看板方式"，适应需求变化的"均衡生产方式"，防止不合格品流入下一环节的"目视管理方式"，为了推进全公司质量管理的"职能管理方式"，为了缩短生产过程时间的"作业转换时间的缩短"，实现生产线同步化的"作业标准化"等。

如果精益生产方式仅仅局限于日本，那么仅靠出口也无法在全球市场上与大规模生产方式抗衡。事实上，精益生产的公司战略模式必须以全球化经营为基础，在每个地区开发、设计、制造各种型号的汽车，以满足不同细分市场的需要。丰田、本田、日产等公司在美国相继设厂，取得了惊人的成绩。时至 20 世纪 80 年代，当福特公司赢利锐减并失去大部分市场份额，当通用公司在 1992 年出现史无前例的 235 亿美元亏损时，美国人猛然醒悟过来——日本人以一种简单的方式重组了他们的汽车工业，且一一击败了他们。日本人没有追求"无人工厂"，反而"以人为本"，追求全体员工团队精神的"持续改进"，创建了被称为"精益生产"的生产组织。20 世纪 90 年代，丰田公司以通用公司一半的规模，生产了同样多的车型，成为世界第三大汽车公司。2004 年，丰田公司终于赶上了福特公司，成为仅次于通用和戴姆勒—克莱斯勒公司的世界第三大汽车公司，并且当年利润超过了通用、戴姆勒—克莱斯勒和福特三家公司之和。图 3-4 给出了总装厂在一些重要的可比参数的平均效益差异，从中可以看出精益生产领先于欧洲和美国的程度。

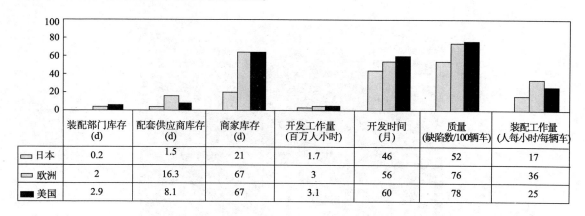

图3-4 以日本车为基础的美日欧效益对比

于是，欧美人修正了大量生产方式下"技术至上"的做法，热衷于学习日本人的团队工作法、适时生产、无仓库管理、持续改进等管理方法。一时间，日本人借以传递信息的"目视管理工具"——"看板"，得到了广泛的应用。精益生产方式改变了大量生产中人和人之间在物质利益上冲突的关系，取消了在还不知道客户是谁之前就事先生产汽车的做法，转为根据订单适时组织生产，建立了一种人与人（组织与组织）之间，建立在共同物质利益基础之上的联盟，彻底改变了大量生产方式下制造商与客户的对立关系。三种生产方式特性的比较表3-1。

三种生产方式特性的比较　　　　　　　　　　　　　　　　　　　表3-1

特点	单件生产方式	大量生产方式	精益生产方式
工艺	简单，应用标准的零部件和同通用的工具设备	复杂，应用标准间和专用机床在改制新产品时要花费很多时间与资金	高度柔性化生产，应用标准尺寸的零部件系统总成，相当容易改型生产新的产品
劳动力	高度熟练的技工	非常专门的熟练设计人员，非熟练与半熟练的可更换的生产工人，每个人有单一的任务	小组组织，多面手工人，不仅可以操作多台、多种设备，还可胜任简单维修。人人对产品负责，工人参与管理
与供应商之间的关系	与客户和供应商关系紧密，与大多数供应商位于同一个城市	松散关系，在总装厂内有大量库存，以便在供应关系发生变化时使生产连续进行	与客户和第一层配套厂的关系密切，共同开发，应用适时化送货系统，尽量靠近供应商与客户
产量	非常低	极高	极高
产品品种	非常宽，产品按照客户的特殊要求制作	标准设计，品种少，变形小	大大增加变型车的范围
技术创新	客户需求直接推动了技术创新，而手工艺式生产的无序状况又推动了新技术的多产	由于产业趋于集中、新产品开发过程大量采用了按部门划分功能的方式，而总装厂对所有设计和技术决策不断加强控制，创新资源受到制约	在客户和供应商之间存在着和谐的协调关系，将大部分开发工作交给零部件供应商，共同实施技术变革

5. 下一轮转型的前奏:供应链管理及其信息化手段

富有独创精神的欧美汽车工业虽然一时折服于日本人的高效精益,学会了日本人的"适时生产"的组织方式,但他们还是要把"适时生产"与信息技术结合起来使用,因为他们坚信,计算机网络化集成的"网状"结构无论如何是胜过人际的"链状"结构。进入20世纪90年代,管理信息技术在欧美的不断发展终于结出硕果。在经历了单元管理信息系统(MIS)阶段、企业内部集成 MIS 阶段、企业间电子数据交换(EDI)阶段后,量变导致了质变,开始步入供应链管理时代:企业内部的 MIS 变成了互联网,企业间的 EDI 系统及其他专线连接系统发展成为符合互联网标准的企业外部信息系统。这样,整个企业的一切管理都变成以互联网方式为模型;从任何一个部分都可以顺利地进入公共网络,而在公共网络的任何角落也能看到权限允许范围内的企业信息,供应链的概念及其信息化工具逐步开始深入人心。

1999 年11月,福特和通用公司,完成了向供应链及电子商务的初步转型,正式将他们庞大的采购部门转移到互联网上,并吸引了克莱斯勒公司的参加。以福特公司为例,每年通过网上进行的交易金额达到 800 亿美元。不仅如此,由于福特公司的零部件供应商多达3万多家,他们每年的销售总额在 3000 亿美元左右,通过福特公司建立的网站,这些公司之间可以互通有无,建立业务联系,在为福特公司节省 20% 成本的同时,由此带来的商机可以说是无法估量的。汽车工业又一次在世人面前展示了变革生产方式的先驱地位。

二、汽车行业供应链的演变

按照现在的观点,如图 3-5 所示的网状汽车供应链似乎是天经地义的事情。但事实上,汽车行业供应链的出现和演变有一个发展过程,它并不是伴随着汽车的诞生而出现的。可以想象,如果汽车厂完成了所有的制造工作,并直接销售给最终客户,在这种模式里只存在企业内部的物流关系,是没有任何供应链的概念的。

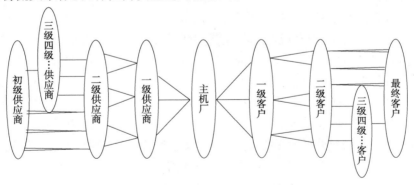

图 3-5 网状汽车供应链

但是到了今天,人们已经很难不把汽车与供应链联系在一起了。很多汽车企业已经摒弃了过去那种从设计、制造直到销售都由自己负责的经营模式,转而在全球范围内与供应商和销售商建立最佳合作伙伴关系。例如,福特公司在推出新车 Festiva 时,就是采取新车在美国设计,在日本的马自达公司生产发动机,由韩国的制造厂生产其他零部件和装配,最后再运往美国和全球市场上销售的方式。整车厂这样做的目的显然是追求低成本、高质量,最终目的是提高自己的竞争能力。Festiva 从设计、制造、运输、销售,采用的就是"横向一体化"的全球制造战略。整个汽车的生产过程,都是由福特公司在全球范围内选择最优秀的企业,形成了一个企业群体。在体制上,这个群体组成了一个以整车厂为龙头的利益共同体。在运行形式上,构成了一条从初级供应商、二级供应商、一级供应商、总装厂、分销商、经销商到最终客户的物流和信息流网络。显然,整车厂之间的竞争,已经成为其背后供应链之间的竞争。因此,竞争力不仅表现在整车厂的性能指标,同样取决于供应商和销售渠道的绩效水平,只有整条供应链上的全局优化,才能达到提高竞争力的效果。在目前的汽车行业里,整车厂的库存水平实际上已经达到了很低的水平,而大量的库存囤积在供应商和销售渠道。因此,加强对销售供应链和采购供应链的管理,降低整条供应链上整个产业的总成本,已经成为目前汽车行业的当务之急。

1. 销售端的汽车行业供应链

供应链的销售端,或者说是销售供应链是汽车工业最早出现的供应链形态,如图 3-5 所示。从一开始,亨利·福特就让经销商去与客户打交道,并通过操纵经销商,使他们保持小规模、孤立。在合同中,经销商不仅被要求只能销售福特公司的汽车,而且还要预先从工厂全款提车,这样经销商就可以有一定数量的库存,以便随时满足客户的需要。但是,福特公司的体系也开创了不良先例,表明工厂的生产需要是第一位的,而经销商和客户应该做出任何必要的让步。但是,当产品种类越来越多,汽车结构越来越复杂时,亨利·福特用来处理客户关系的方法就变得越来越不能适应需要了。

在 20 世纪 40 年代末,美国最高法院终于取消了汽车厂对经销商规定的排他性销售条款的权利。按照这些老的条款,如果经销商试图通过同一销售渠道销售该汽车厂竞争对手的产品,汽车厂会有权取消经销商的经销特许权。由于那时三大汽车厂已经控制了整个汽车工业并建立了各自的经销渠道,因此这一判决在当时已经没有太大的意义。目前,美国汽车销售模式主要由三大渠道构成:

①排他性特许经销商,只销售一个厂家的某个品牌;

②非排他性特许经销商,销售不同厂家的几个品牌;

③还有就是厂家直销。与欧洲不同,在美国几乎没有独立经销商。

在欧洲,汽车经销商有超过 40 个品牌、250 个车型和 4000 个版本,汽车经销商必须为顾客展示介绍各种汽车型号,因此必须具备较强的财务资金实力。多年来,汽车厂商一直使用传统的排他性经销体系来进行汽车的销售,其特点是:

(1)欧洲的汽车销售体系的建立是以生产厂家为中心的。无论哪种销售体制,分销商、代理商和零售商的一切经营活动都是为生产厂家服务,它们之间的关系一般通过合作或产权等为纽带,依靠合同把销售活动与双方的利益紧密地系在一起。

(2)销售网络一般都是由一级销心网点和二级销售网点两个环节组成。由汽车厂商发货到分销商为一级网点,由分销商到零售商为二级网点,但是在很多分销渠道的环节中又存在几个小环节,这样多的分销环节只会带来低效和高成本,所以目前的大多数汽车分销渠道趋向于少环节、多直销的方式。

(3)分销商和零售商制度分工严密。分销商主要负责从汽车生产厂进货,然后批发给零售商,只负责汽车的中转和运输业务,不具备零售功能;汽车零售业务由代理商或零售商完成。也就是销售体系中的一级网点负责批发业务,二级网点负责零售业务,这种分工严密的功能是为了维护各级经销商的利益和长久的合作关系。

(4)实行市场责任区域分工制。在一些国家,汽车厂家把全国划分为若干市场区域,每个区域选择一个分销商,各区域内又被进一步划分为若干市场小区,每个小区设有一个零售商。通过这样的划分明确其经销的责任区域范围。

(5)零售商销售的多功能一体化。大多零售商都具备新车销售、旧车回收式销售、零配件供应、维修服务和信息反馈功能,简称为"5S"功能。这是建立现代汽车销售流通体制必须具备的条件,只有这样,汽车销售体系才能称为完整的、规范化的和畅通的体系。

(6)专销店与兼销店并存。国外大型汽车生产厂家销售体系中的零售店绝大多数都是专销店,即只经营单一汽车厂家的产品,但是从20世纪80年代开始出现较多的兼销店,同时经营其他厂家的产品,兼销店的产生适应了汽车生产方式的变化和市场的激烈竞争。

2002年10月,欧盟委员会加强了对汽车销售的管理,决定取消特许经营,在经销商之间引入竞争机制,彻底打破汽车市场的行业垄断。其目的是促进市场竞争,普遍降低汽车销售、维修和服务价格。根据该计划,汽车生产商必须给予经销商更多的自由,经销商可以在任何一个欧盟国家设立经销网点,并且可以同时销售不同品牌的汽车,形成"汽车超市"经营。新规定允许汽车交易不必提供维修和售后服务,以便使独立的汽车维修商以竞争价格提供服务。这一改革改变了汽车生产厂家严格规定经销商的销售区域和限制竞争及售价的现状,并使消费者拥有更多的选择。欧盟的这一举措,势必给其他国家和地区的汽车销售供应链带来深远的影响。

2.采购端的汽车行业供应链

与销售供应链不同,采购供应链并不是从一开始就出现的。现代汽车一般由一万多个零部件组成,每个零部件都要有人设计和制造。组织这一庞杂的工作可以说是制造汽车所面临的最大挑战。但是,亨利·福特认为他在第一次世界大战时已经解决了这一问题:所有的工作都在本公司里自己干(纵向一体化),甚至开始自行生产玻璃和钢铁。但是又产生怎样组织和协调数百个工厂和技术部门中工作的成千上万的雇员的问题,及当市场发生变化或经济恶化时怎样对待那些专门为自己的公司生产特定零部件的机器和工厂的问题。

20世纪20年代,阿尔弗雷德·斯隆为亨利·福特的新问题找到了答案,就是仍然把所有的工作都交给公司内部来完成,但同时把这些零部件生产部门变为独立的利润中心,在公司内部引入竞争,在保持整个公司内部的协作优势的同时利用市场机制降低成本和提高效率。在实践中,为了实现"生产满足不同消费层要求和不同用途的汽车"的目标,通用公司逐渐开始越来越多地向其他供应商购买零部件,利用购得的通用型零部件组装了不同款式和型号的汽车。而到了20世纪50年代,福特公司也终于放弃了完全纵向一体化的做法,将一些以前在公司内部协作配套的零部件向完全独立的供应商招标。到了20世纪80年代,这两种做法都被各国的汽车厂商采用。通用公司的自制率最高,每辆轿车和载货汽车中约70%的零部件由其内部的零部件部门供应。而瑞典的绅宝公司则正好相反,只生产约25%的零件,仅保留那些客户看来最明显的零部件——车身和发动机。

3.面向大规模定制的汽车集成化供应链

大规模定制(Mass Customization)是为了满足客户的多样化需求从大批量生产方式发展而成的一种现代生产模式。在汽车行业,定制并非是一个新的概念。汽车企业所面临的挑战是如何在实行批量定制的创新活动中,使灵活性和运营效率同大规模生产的实践相结合。

这一方法要求整车厂和上下游合作伙伴保持高度的同步。

1)大规模定制成为当今汽车企业的重要竞争战略

在当今复杂多变的市场环境下,汽车企业为了取得成功做出了很多改变。其中最困难、风险最大、也是最重要的改变是将注意力从自身转移到客户身上。在日本企业的带动下,许多汽车企业在经营方式上都采取了一些共同的手段。例如,评价客户的满意度,实施质量功能配置(Quality Function Deployment,QFD),成立跨越市场、制造和开发部门的跨部门团队等。但是这些措施实际上都是以面向市场、提高自身经营效率为目标,而不是面向最终客户。即便针对单个的客户,这些企业在产品开发中也常常只是提供更好的而非定制的汽车。这样做的结果是,每一家企业都提供了包括所有相同特征的全部生产线,类似的配置一再出现在不同品牌的汽车上,导致了不同企业在产品和经营方式上的竞争趋同。所有的竞争对手变得越来越相似,并越来越依赖于一些世界级的零部件供应商。当竞争对手们在产品、质量、周转和供应商关系等方面相互模仿时,竞争变成了沿着同一条道路的没有赢家的赛跑。生产率的提高所带来的好处会很快被顾客和供应商攫取,而汽车企业自身并没有留下更多的利润。近十年来,汽车尤其是作为消费品的轿车的价格和利润不断下降就说明了这一问题。

然而,相对轿车而言,载货汽车特别是重型载货汽车却一直保持了比较高的价格和利润。其中很重要的原因在于生产批量较少的、作为生产资料的重型载货汽车必须满足诸如矿山、码头等集团客户的较为苛刻的定制化要求。作为定制的代价,满意的客户也愿意在价格里支付更多的利润。目前,这种定制方式也开始在轿车领域受到重视。如克莱斯勒公司提出了28个模块的产品定制思想,通用公司开发出了拥有模块化车身和其他构件的轿车,日产公司提出了"五个A"的远景规划——任何批量(Any Volume)、任何时间(Any Time)、任何人(Anybody)、任何地点(Anywhere)、任何车(Anything)。大规模定制由于体现了面向客户的创新精神,成为汽车企业新一轮战略竞争的重要手段。图3-6对汽车企业传统的大规模生产方式和新型的大规模定制生产对比。

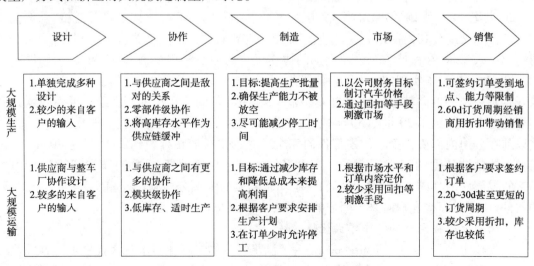

图3-6 大规模生产方式和新型的大规模定制生产对比

2）面向大规模定制的汽车行业供应链管理

大规模定制覆盖了从开发、生产、销售到服务的整条价值链的关键环节，其控制焦点是：开发出可供定制的产品和服务，通过灵活性和快速响应实现产品的多样化和定制化。汽车企业的大规模定制者更多地表现为按订单生产的模式（Build-to-Order,BTO），即以汽车行业的"平台战略"为表现形式，在汽车底盘平台的基础上，根据客户的需求，开发出各种派生产品（Design-to-Order,DTO），同时对各种派生产品准备尽可能多的模块选装件，为客户提供在交货点的定制手段。在客户下达可选制造订单时，通过供应链的快速响应，实现定制装配的目的（Assemble-to-Order,ATO）。汽车行业的大规模定制对传统生产涉及的价值链进行了延展，从原来的"制造订单"为起点延伸到从"开发订单"为起点。

产品与工艺的协同设计平台、供应链的协同规划与响应平台和分布协同的售后服务平台构成了大规模定制下的汽车行业信息系统，如图3-7所示。

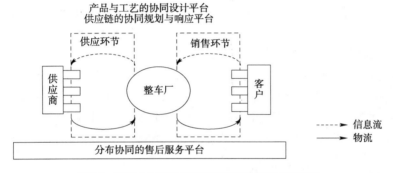

图3-7　面向大规模定制下的汽车行业信息系统模型

整车厂的各种协同应用的功能，将企业内部部门、供应商、经销商、维修站和最终客户的全部系统通过网络加以互连，基于Web方式提供集中式的应用，直接表现为面向企业内部部门、供应商、经销商、维修站和最终客户的综合门户。

第二节　汽车供应链管理的内涵及管理方法

"供应链管理"一词由两位咨询人员首创。1982年，Oliver R Keith 和 Michael D. Webber 发表了"Supply-chain Management: Logistics Catches Up with Strategy"；1983年，《哈佛商业评论》（Harvard Business Review）发表了"Purchasing Must Become Supply Management"，这是最早出现的涉及SCM概念的论文。Oliver 和 Webber 认为，供应链管理提升了物流管理的作用，使之成为高层管理者的关注点，因为"只有高层管理者能够协调、平衡供应链上各部门之间的冲突……最终一体化的系统战略可以减少发展和实施中的脆弱性"。他们认为协调大型跨国公司内部的实物流、信息流和资金流非常具有挑战性可是也有很多收获。但很明显，在一群各自独立的企业中进行供应链管理使其能像整体一样运行就更加困难了。

一、供应链和供应链管理的定义

供应链是用过程观对企业活动的一种描述，即企业从最初获取原材料到转换成最终产品直至交付给最终用户的整个生产、销售过程是由若干"供"—"需"环节作有序链接成的。

供应链包括了在企业内、外制造产品和提供用户服务的增值链中的全部功能。因此,供应链涉及两个以上通过物流、信息流和资金流关联在一起的法律上独立的组织。由于目前的企业往往是多产品的,供应链实际上是以自身企业为核心的全部增值过程(或活动)的网络。

供应链管理则是对供应链所涉及组织的集成和对物流、信息流、资金流的协同,用户的需求和提高供应链整体竞争能力,也就是以满足用户的需求和提高供应链整体竞争能力。简言之,供应链管理就是优化和改进供应链活动,供应链管理的对象是供应链的组织(企业)和它们之间的"流";应用的方法是集成和协同;目标是满足用户需求,最终是提高供应链的整体竞争能力。

二、供应链管理的理念

供应链是新的管理哲理的基础,认为从供应商到企业自身、到分销商、到最终用户之间的关系是合作、协同、信息共享、全程优化、相互利益的认同和共同赢利的。供应链的观点是对生产和销售活动的一种认识论,每个企业或组织的供应链或供应网络是客观存在的。应用供应链观点来分析生产—销售,就会发掘出企业过去不曾认识到的问题,应用供应链管理的方法和软件就是对企业现有的供应链进行改造,使企业的增值流更流畅和更有效。

供应链管理采用信息技术给包括交货运输、分销中心、工厂和原材料供应等各方面构成,供应链中的每个环节都能利用最新和最好的相关信息来管理业务,实现产品从起点开始就以尽可能快的速度、最少的成本和更为完美的供需平衡流向客户的目标。

三、供应链管理的延伸与发展

根据 Gartner 机构的定义,需求链管理(Demand Chain Management,DCM)是企业通过多种渠道和手段保持与客户、渠道和合作伙伴之间需求和供应同步的商业策略,是企业多种应用系统以需求链为核心的集成化策略。

需求链管理是供应链管理的延伸与发展。需求链是在供应链管理的基础上发展而来的,两者有很多相似之处,但同时两者存在着显著的不同。以汽车行业为例,主要表现在以下方面。

(1)需求链管理中客户处于主动地位

在供应链管理发展过程中,供应链管理的核心是汽车厂,客户处于被动接受的地位。然而,随着现在市场竞争的日趋激烈,信息技术的不断发展,客户服务需求的不断提高,客户的地位开始逐渐提升,客户需求在供应链中占据了主导地位,左右着供应链,导致了需求链的产生。

(2)需求链管理中客户需求为关注焦点

在传统的供应链管理中,汽车厂关注的焦点是产品渠道的流动,如信息共享、存货周转时间、总装厂的产销率、成本、库存、配送等。而在需求链管理中,汽车厂更多关注的是客户的需求,将满足客户需求放在第一位。

(3)需求链管理上每个节点企业都是客户需求的监控者

在传统的供应链管理过程中,经销商是离客户"最近"的组织,它承担了客户需求调研、产品满意度反馈等责任。而在需求链管理中,需求链上的每个成员,包括汽车厂的网站、经销商的网站、汽车厂和经销商的呼叫中心都是客户需求的监控者,都承担着了解有关购买趋势和产品方面信息的责任,这使得各成员更容易对产品进行改进、开发新产品和实现营销手段,更好地满足客户。

（4）需求链管理是拉式管理

传统的供应链运作管理方式是推动式的,即以总装厂、分销商、经销商为核心,产品生产出来后从分销商逐级推向客户,客户处于被动接受的末端,其模式为"供应商—总装厂—分销商,经销商—客户"。而需求链管理变推动为拉动,启动供应链流程的不再是汽车厂而是最终客户,整个供应链的集成度较高,信息交换迅速,可以根据最终客户的需求实现一定程度上的定制化服务,最大化地满足客户的需求。

（5）需求链管理和供应链管理中企业间合作关系的基础不同

根据 Bernard J. Lalonde 博士在《供应链管理评论》中的阐述,形成牢固的供应链关系需要 5 项基础:信息共享、利益风险公担、经济实体间广泛联系、跨职能的管理流程和面向长远的合作流程。如果缺少任何一项,供应链各企业之间的牢固关系将会瓦解。而在需求链中,除了上述的五项基础以外,需求链上的各企业更多的是共享客户的需求信息,从而降低需求链上的库存,为需求链上的各企业带来较大的经济效益。

四、供应链运作参考模型

供应链运作参考模型（Supply-Chain Operations Reference-model,SCOR）是一家独立的、非营利性的全球组织——供应链协会（Supply-Chain Council,SCC）的产品。该协会于 1996 年由两家咨询企业 Pittiglio Rabin Todd&McGrath（PRTM）和 AMR Research 牵头成立,其会员数已经从建立初期的 69 家增长到接近 1000 家,会员资格向所有有兴趣于应用和推进先进的供应链管理系统和实践的企业和组织开放。该组织的使命是通过 SCOR 来推动下一代的供应链管理,支持 SCOR 成为企业之间进行供应链管理实践交流的标准流程参考模型。SCOR 提供了一套公共的供应链框架、标准术语、衡量标准以及相关的标杆比较和最佳实践,可用来作为评估、定位和实施供应链应用软件的公共模型,其最新的选择条件,如零件价值（高、中、低）、需求特征（恒定、季节性、突发性）、生产提前期（长、中、短）等,用来对零件进行分类,对应到不同流程组合无疑是十分有意义的工作。

五、供应链管理软件

如图 3-8 所示,Gartner Group 给出的从广义上供应链管理涉及的软件和技术的范畴,从中可以看出人们对供应链管理涉及的软件和技术的范畴的认识不断发展的过程。

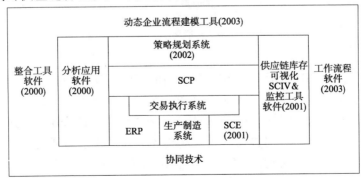

图 3-8　供应链管理设计的软件和技术范畴

从狭义角度,供应链管理根据不同应用范围分为两大类:供应链计划软件(Supply Chain Planning,SCP)和供应链执行软件(Supply Chain Execution,SCE)。通常用于公司内部和公司之间计划的系统被认为是前者,而用于数据管理和交流的被认为是后者。

1. 供应链计划软件

供应链计划软件(SCP)包括决策流程和分析工具、预测算法、数据过滤工具和其他决策支持技术,帮助企业找到未来行动的各种方案,并挑选出比较好甚至是最好的方案来支持决策。SCP运用独特的数学算法,并完全依靠精确的数据来运行。例如,一个制造厂商如果不能提供最新的客户订单信息、分销商的库存信息、工厂制造能力信息、配送能力给SCP,就不要期望SCP能跑出所期望的精确结果。供应链计划软件适用于先前提到的SCOR模型第一层的5种流程类型(计划、采购、生产、交付、退货),其核心在于需求计划——企业究竟生产多少产品来满足不同的客户需求。目前在SCP市场上,除了一些专业厂商之外,一些ERF厂商也通过在现有的产品中加入高级计划排程APS等模块进入这个市场。图3-9给出了SCP软件所能支持的不同时段计划的分类。

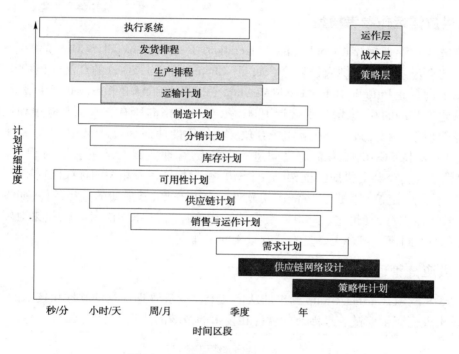

图3-9　SCP软件所能支持的不同时段计划

2. 供应链执行软件

供应链执行软件(SCE)包括用来沟通并实施由SCP软件得出决策的流程和技术。由于不同的行业需要有十分专业化的SCE解决方案,因此这个市场高度细分(如EXE,Manhattan,Mark Global等公司)。这些公司的解决方案必须能够与多种ERP系统相连接,这样才能够获得正在处理或处理过的专门数据。如果这些数据只是松散地通过文件传递进行沟通,将无法实现与业务流程的实时集成,而这却是供应链管理最迷人之处。因此,许多ERP厂商也进入了这一市场。但是,虽然ERP软件商在实现接口方面有先天的优势,但对于一些具有行业特性的情况,也存在一定的风险。

3.SCM软件常见的模块组成

目前所说的供应链管理软件(SCM)则按照过程进行供应链组织间的计划、安排进度表和供应链计划的执行与控制,着重于整个供应链和供应网络的优化以及贯穿于整个供应链计划的实现。好的SCM软件的供应商提供的套件包括了从订单输入到产品交付等并行于制造业务流程的全部业务过程,其中包括预测、供应链和生产计划、需求和分销管理、运输计划以及各种形式的业务智能。一般SCM软件都由5个主要的模块组成:需求计划、生产计划和排序、分销计划、运输计划和企业或供应链分析。

(1)需求计划模块:用统计工具、因果要素和层次分析等手段进行更为精确的预测。用包括Internet和协同引擎(Collaboration Engines)在内的通信技术帮助生成企业间的最新和实时的协作预测。

(2)生产计划和排序模块:分析企业内部和供应商生产设施的物料和能力的约束,编制满足物料和能力约束的生产进度计划,并且还可以按照给定条件进行优化。各软件供应商根据不同的生产环境应用不同的算法和技术,提供各有特色的软件。

(3)分销计划模块:帮助管理分销中心并保证产品可订货、可赢利、能力可用。分销计划帮助企业分析原始信息。然后企业能够确定如何优化分销成本或者根据生产能力和成本提高客户服务水平。

(4)运输计划模块:帮助确定将产品送达客户的最好途径。运输计划模块对交付进行成组并充分利用运输能力。

(5)企业或供应链分析:一般是一个整个企业或供应链的图示模型,帮助企业从战略功能上对工厂和销售中心进行调整。有可能对贯穿整个供应链的一个或多个产品进行分析,注意和发掘到问题的症结。

六、汽车供应链管理

供应链管理是对供应链上从最初的供应商到最终用户之间的关于物流与信息流的流动和转变的所有活动的集成,以达到一个持续的竞争优势。现代供应链管理主要涉及供应、生产计划、物流、需求四个领域,供应链管理中主要有物流和信息两个主要组成部分,其中信息是供应链上各环节、节点的沟通载体。

从系统的角度而言,汽车供应链由外部供应链和内部供应链的若干子系统组成;从管理实践的角度而言,应该围绕供应链核心企业的经营战略框架,对汽车供应链的全价值链实施分段集成研究,在实现共同目标的前提下,通过子系统的持续改善,实现供应链管理目标。

汽车供应链管理的原则和目标是满足客户的实际需求,通过控制和协调供应链中的各个企业实体及其行为,保证物流和信息流保持畅通和协调,最大限度地发挥供应链的整体实力,以实现供应链群体利益为目的。因此,供应链管理包含四大部分:需求分析、生产计划、供应保障和物流。

需求分析是以"顾客需求为导向",分析顾客需求,准确预测市场,以需求拉动生产;生产计划是以需求分析为导向,控制工业资源配置,协调生产组织,精益指导供应保障和物流运作;供应保障是以生产计划为指导,平衡资源库存水平,保障生产领域的正常运行;物流是通过准时配送和合理化仓储,使供应链在流动中增值。

汽车供应链是最典型的供应链组织结构模式,具有以下特点:

(1)以汽车制造企业为供应链的核心企业。汽车制造企业作为供应链的物流调度与管理中心,担负着信息集成与交换的作用,在产品设计、制造、装配等方面具有强大优势。汽车制造企业不但可以拉动上游供应商的原材料供应,也可以推动下游分销商的产品分销及客户服务。

(2)汽车供应链管理的重点在于:核心企业对供应链的整合、协调,战略合作伙伴关系的构建,供应链物流模式的创新,核心企业对供应链的整合、协调,战略合作伙伴协调与控制等。

(3)供需商的关系十分密切。汽车制造商和供应商伙伴间形成共同开发产品的组织,持久合作。供应商提供具有技术挑战性的部件;伙伴成员共享信息和设计思想,共同决定零部件或产品以及重新定义能够使双方获益的服务。

(4)物流配送功能的专业化。原材料及汽车零部件供应商、汽车制造商的物流配送体系与其主业剥离,社会化、专业化的物流体系逐步完善,以汽车物流为纽带整合供应链,第三方物流配送中心完成汽车供应链物流配送功能。

(5)利用计算机网络技术全面规划汽车供应链中的物流、商流、信息流、资金流,构建电子商务采购和销售平台,通过应用条码技术、EDI技术、电子订货系统、POS数据读取系统等信息技术,做到供应链成员能够及时有效地获取需求信息并及时响应,以满足客户需求。

第三节 SAP 汽车行业解决方案

随着IT技术的不断发展和业务的日益复杂化,企业客户对企业应用软件公司提出了越来越高的要求,体现在"深度"和"广度"两个方面:

(1)在"深度"上,要求软件公司在提供通用型的企业应用软件的同时,能够结合行业的具体情况,提供切实针对行业特点的、基于行业最佳实践的解决方案。

(2)在"广度"上,随着企业应用软件的种类不断增多,应用的范围从企业内部逐渐扩展到企业外部,要求软件公司提供灵活、开放的应用开发和集成平台。

在汽车行业,这一趋势则表现得更为明显。汽车行业的IT系统可能是所有的制造行业里最为复杂的应用系统,不但种类多(一家典型的整车厂所有的软件种类可能达到数百个),涉及面广(覆盖产、供、销以及供应商、经销商、最终客户等),从车辆和客户的全生命周期来看,数据量巨大,数据处理的流程异常复杂。为此,近年来汽车行业的一些代表厂商纷纷将目光从专有IT系统的角度移开,转向基于通用的企业应用软件商,寻求构筑于通用的企业系统集成和应用开发综合平台之上的、具有行业特点和最佳业务实践的方案。而SAP凭借其基于R/3的ERP套装软件在汽车行业的广泛应用,融合了PLM、SCM、CRM中与汽车行业相关的功能模块,经过多年发展,形成了SAP的汽车行业解决方案(Industry Solution-Automotive,IS-Auto)。

一、SAP 汽车行业解决方案

1. IS-Auto 的发展历史

图 3-10 描绘了 SAP 在汽车行业解决方案上走过的发展历程。多年来,汽车行业很多领先的整车厂和供应商一直在使用 SAP 来管理人力资源、财务和物流流程。为了更好地满足汽车行业的特是需求,SAP 从 1997 年开始开发汽车行业的解决方案。如图 3-10 所示,SAP IS-Auto 的第一个版本发布于 1999 年,基于 SAP R/3 的 4.0B 版本。随着 R/3 的发展,IS-Auto 也在逐年增强。2000 年发布了 2.0 版本,为整车厂提供了处理大量订单的特殊功能。2001 年发布了 3.0 版本,基于 SAPR/34.6C,为汽车行业的售后服务市场提供了与 CRM 的相关的一些功能。目前的 IS-Auto 版本是 4.0,被打包到一张单独附加的 CD 中,用来与 SAP R/3 的 4.7 版本一同使用。此外,IS-Auto 4.0 还使用了 APO 4.0,CRM4.0 以及 Netweaver 中的很多方案,使得 IS-Auto4.0 不仅是对 ERP 功能的增强,并且还涵盖了 PLM、SCM、CRM 等范围(图 3-11),使其成为真正意义上的较为完整的汽车行业解决方案。SAP IS-Auto 的这样一种模块化设计,使得客户可灵活的选择所需的系统构件,快速部署系统,从而迅速取得投资回报。

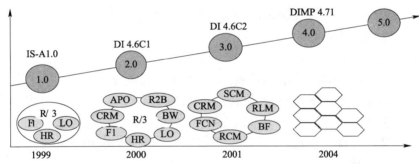

图 3-10　SAP 汽车行业解决方案 IS-Auto 的发展历程

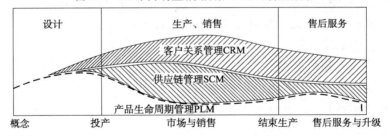

图 3-11　汽车产品生命周期与对应的解决方案

SAP IS-Auto 号称能够提供从供应商、整车厂到销售与服务企业的整个汽车行业的整体解决方案。SAP 把整个汽车业划分为三部分:

(1)供应商,如德尔福、博世、伟世通等公司。

(2)整车厂,如通用、戴姆勒—克莱斯勒、大众、福特等公司。

(3)销售与服务企业,如大众销售公司、通用销售公司及其 3S 或 4S 经销商。无论全球汽车业如何变化,汽车行业的体系结构却建立在这个基本模式之上,这种模式遵循了汽车本身的生产与市场的发展规律。根据这种规律,汽车工业形成了从专业的汽车零部件加工、零部件配套、整车装配到汽车分销乃至售后服务的一整套制造—销售—服务体系结构。

SAP IS-Auto 是专门针对汽车行业标准、生产流程及面临的挑战而推出的专用系统，可以满足大部分汽车行业的业务要求。SAP IS-Auto 能够满足汽车工业特定的需求，因为它将复杂的业务流程和逻辑流有机地连接起来，最大限度地增强了效率和满足了客户的期望。SAP IS-Auto 可以实现各种不同的机构和遍及多个企业的业务支持的无缝集成和协作。

2. IS-Auto 覆盖了汽车的整个产品生命周期

汽车行业的所有需求都可以归纳到汽车产品的生命周期的不同阶段。如图 3-20 所示，在设计阶段、生产/销售阶段和售后阶段，需求不同，对应的解决方案以及所占据的比例也不同。在设计阶段，无疑 PLM 是重点，而 CRM 和 SCM 所占比例很小；在生产/销售阶段，对于 CRM、SCM、PLM 都有大量的需求，而在售后阶段，SCM 的需求则较少。因此，对于不同的阶段，除了传统的 R/3 和相应的汽车行业的增强部分外，也有不同的解决方案，以下给出了一些汽车行业 SAP IS-Auto 特征。

1）新产品开发和新产品导入

与新品开发（New Product Development，NPD）和新产品导入（New Product Introduction）阶段对应的是 mySAP PLM 和 my SAP SRM 方案，提供的功能有：

(1) 覆盖企业的完整一致的产品数据。

(2) 集成的产品与工艺工程 IPPE。

(3) 允许跨越企业边界的协同（供应商、第三方开发机构）。

(4) 完整的环境，健康和安全管理，支持法律法规的要求。

(5) 质量管理（包括适用于汽车行业的先期产品质量策划、失效模式与效果分析）。

(6) 供应商关系管理（包括战略采购定点、具有行业特点的 RFx 流程以及集中的合同管理）。

2）供应链管理与物流

与供应链管理与物流阶段对应的是 IS Auto 和 mySAP SCM，可以实现的功能有：

(1) 协同的能力需求计划。

(2) 不同的供应策略（如供应商管理库存 SMI，JIT 交付、排序供货以及看板供货）。

(3) 采购操作业务及入厂物流。

(4) 供应链的事件管理。

(5) 供应商门户。

(6) 可循环使用的料箱料架管理。

3）制造

与制造阶段对应的是 IS Auto 和 mySAP SCM，提供的功能有：

(1) 计划与预测（基于选装）。

(2) 基于约束的排程与订单排序。

(3) 多配置项的产品的快速需求计划。

(4) 高产量消耗提交和成本的集成。

(5) 外协加工。

(6)CKD装配操作。

4)销售与服务

与销售与服务阶段对应的是mySAP CRM,提供的功能有:

(1)通过所有的接触渠道实现完整的客户服务。

(2)将客户关系管理扩展到客户、车辆、经销商和整车厂。

(3)市场管理与市场行动计划。

(4)客户和车辆的生命周期管理。

(5)多级索赔。

5)配件管理

与配件管理对应的是mySAP的业务套件,提供的功能有:

(1)配送网络中配件的计划与优化。

(2)全局的配件物流。

(3)客户服务管理。

二、IS-Auto 的一些行业功能

以下给出了在IS-Auto中提供的一些具有汽车行业特点的功能点。这些功能与SAP的ERP、SCM、CRM、PLM等通用产品,构成了完整的具有汽车行业特点的解决方案。为了叙述的方便,以下从产品数据、物流、生产、采购与结算、供应商、销售、系统之间的通信、系统管理等几个部分分别介绍。

1.产品数据

1)配置管理上的增强

产品在生命周期的不同阶段(如研发、销售、生产、售后),可以有不同的配置。考虑到在SAP中的汽车除了包括车身、底盘、发动机等零部件信息外,还会有其他各种类型的信息,如图样、文档等,因此一个"配置"包括了许多对象(如文档物料、BOM或其他对象),用来描述处于不同生命周期阶段的产品。

通过SAP的配置管理功能,可以确定用哪些对象描述处于某一特定阶段的产品,并将这些对象打包成一个元对象——"配置文件夹"。由此,通过在不同的阶段里定义和使用不同的配置文件夹,客户就可以跨越不同的阶段管理产品的配置。

显然,配置管理可以用于以下各种业务流程当中。

(1)协同工程与项目管理:允许在不同地点、不同的项目组之间交换信息。

(2)基线:当产品进度到达了某一里程碑,可以在某一基线时间冻结所有的处理状态,从而获得该产品在某一时刻的"快照"。

如图3-12所示,可以建立不同阶段配置文件夹之间的继任关系,也可以建立同一阶段里"配置文件夹"的多个版本,也可以针对任何一个"配置文件夹"创建基线。

配置管理在汽车工业等复杂制造业中有着广泛的应用。从传统的以BOM为核心来组织产品数据并加以静态管理的阶段,到把各种类型的对象集成到一体,进行动态管理(记录不同阶段的多个版本,并通过"快照"技术保存基线以及基于基线上的各种变更),是一个质的飞跃。

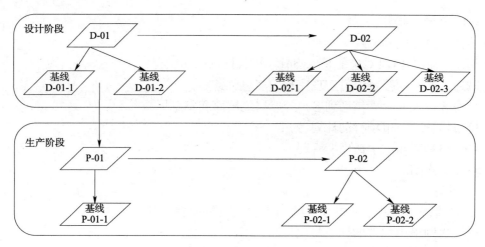

图 3-12 配置管理举例

2）集成的产品与工艺工程（IPPE）

IPPE 可能是 IS-Auto 中最重要的技术特征。

2. 物流

1）包装物流

2）入厂交货的计划、跟踪与运行

该模块主要实现整车厂对入厂零部件的交货流程，同时也涉及零部件供应商的发货处理。主要功能包括：

（1）整车厂可以通过使用常规路径（Regular Routes）来控制入厂发运，该工具可以用来避免在交货点的瓶颈。

（2）供应商可以使用订单里的跟踪功能为整车厂提供入厂交货和发运的当前状态，可以给入场交货的到达时间捆绑承诺。整车厂可以使用跟踪功能检查入厂交付的位置、估计到达时间并监控运输公司的可靠件和性能。

（3）多层次收货（Muti-level Goods Receipt）是一个当载货汽车到达门口时用来注册和输入初步的收货数据的工具，这样货物就可以被认为可以使用。随后货物在系统中被真正地收货和进行实际的收货过账。

（4）整车厂可以使用交货单（Proof of Delivery）来给供应商确认货物已经收到。

3）入厂 JIT

供应商可以使用该组件接收整车厂的 JIT 命令和履行供应。

4）出厂 JIT

作为整车厂的系统供应商，使用该组件接收来自整车厂的 JIT 入厂命令并履行供应，可使用该组件将收到的 JIT 入厂命令直接传给下一层供应商。

3. 生产

1）对汽车行业看板的增强

看板是一种基于生产中的实际库存量进行生产和物流控制的方法，在汽车工业中得到了广泛的应用。在使用看板进行生产管理时，上下游工序间的补充是通过下游供需（需求方）向上游工序（供给方）传递看板卡触发的。

2)零部件的替换

在汽车行业中,经常会碰到使用一种零部件替换另一种零部件的情况。零部件的替换通常由整车厂发起,对零部件的设计、外观或功能加以改进,由此波及供应链的所有环节,需要对库存、采购、生产、物料需求计划、销售过程中过时零部件的代替。

SAP 专门为汽车行业提供了替换链(Supersession Chain)的功能。假设零部件 A 必须被零部件 B 替代,于是系统就会在零部件 A 和 B 之间建立联系。今后 B 也可能被 C 代替,C 也可能被 D 替代。这一切都会用替换链记录下来,对于零部件的替换,可以设置为自动执行,也可以预先设置一些规则。

零部件的替换通常会用于以下几个场合。

(1)销售和分销:按照通常的销售订单处理流程,客户或经销商从厂家采购某一零部件的前提是从厂家发货的就是这一零部件。但有可能厂家已经替换了更新版本的零部件,而客户或经销商却还未得到通知。因此,当销售订单进入厂家的 SAP 系统后,系统将会识别出所订购的物料是否属于某一替换链,以及替换链中所有物料的可获得情况。最终,客户或经销商订购了 A,收到的可能是 B,或者既有 A 又有 B。

(2)MRP:简单地说,MRP 输入的是产品的需求,输出的是物料的计划,而无论是 MRP 输入还是输出都有可能出现替换的可能。因此,在运用 MRP 逻辑展开物料进行计算时,可以同时考虑可能出现的替换情况。当某一物料数量不足或多余时,可以用替换链上的其他物料加以替换。

(3)采购:在采购时,如果输入了可以被替换的零部件,系统将出现一条警告消息,通知客户新的替换零部件已经可以使用,以保证客户所采购的总是最新版本的零部件。

3)生产反冲

生产反冲多用于这样一种情况,即"订单数量大,每单数量小(通常仅为 1)"的情况,这在汽车行业里十分常见。

SAP 的反冲通常是在 R/3 里进行,速度较慢。现在可以将反冲放到 SAP APO 里执行,其速度要比在 R/3 里快得多,其主要原因是反冲在 APO 的内存中执行,而反冲数据的处理则是在 R/3 中执行,当然前提是在 APO 和 R/3 之间需要建立数据接口。

4. 采购与结算

在汽车行业,上下游企业之间往往建立了比较稳定和可靠的长期供货关系,特别是在整车厂和一些第一层供应商之间,双方合作的历史常常十分悠久。因此,在处理日常的采购和结算业务时,为了减轻工作量、加快资金流转速度,往往可以采取一些"加速"的做法。例如,下面将要介绍的自助账单、估价收据结算、框架协议等。

1)自助账单

自助账单(Self-billing)(又称为自开票)流程允许整车厂将自助账单发给供应商,内容包括交付物和已经结算或支付的款项。自助账单通常是通过 EDI 方式传输。接收方的系统,即供应商的系统,会比较自助账单和实际交付物和收到的款项。如果自助账单的内容和供应商的内部发票不匹配,系统将自动生成一个清算单据,即使用进一步的销售发票来消除两者的差异。如果差异超过了规定的误差限制,系统就必须为此创建未完成项目。

自助账单实际上是整车厂与供应商之间的内部流程中的一部分。整车厂通常都是在收到货物以后才发出自助账单。图 3-13 所示为整车厂和供应商之间的自助账单处理流程。

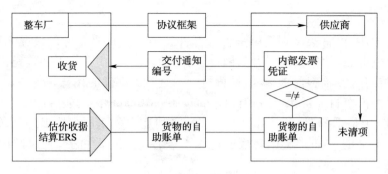

图 3-13 自助账单处理流程

2）估价收据结算

与自助账单一样，估价收据结算（Evaluated Receipt Settlement，ERS）主要用来帮助整车厂简化与供应商的结算过程。

ERS 以估价进行收货结算，允许整车厂在没有收到发票时结算收货，以采购订单指定的订单价格和收货时输入的数额为基础，系统可以确定正确的发票价值。像众所周知的货到付款（Pay on Receipt）方式一样，使整车厂避免了收集供应商的发票以及把收据和订单进行匹配的烦琐过程。利用这一特性，可以选择根据收据自动创建供应商发票，或使用差额选项，设置在自动创建一张发票之前系统允许等待的天数。这样可以提供更大的灵活性，有充裕的时间进行必要的纠正、调节或退货。前提条件是采购订单的价格相对准确，否则只能手动发票校验。

3）框架协议

在 SAP 电框架协议（Scheduling Agreement）是一种交易双方签订的一种特殊的长期订货协议，它的内容包含交货数量与日期。当遇到交货日期时，只要根据此协议开出交货单，作业流程如同标准订单流程。出货流程完成以后，系统将更新协议中的交货数量。

为了进一步简化整车厂与供应商之间的交易，在汽车行业里正在使用一种新的流程——物料信息系统（Material Information System，MAIS）。这里描述的就是处理 MAIS 的框架协议，如图 3-14 所示，包括以下功能。

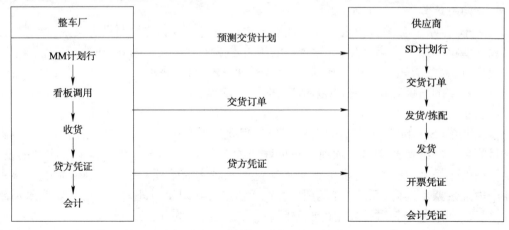

图 3-14 处理 MAIS 框架协议的过程

(1)整车厂在 SAP 系统中创建计划独立需求和物料需求计划,在这些需求的基础上,创建物料的框架协议计划行,并作为预测交货计划传给供应商。

(2)供应商通过 EDI 接收交货计划。

(3)在整车厂的 SAP 系统中,将来自生产的看板容器设置为空,将信息以汇总型 JIT 请求的形式发送给供应商,而供应商则将信息作为 MIS 检配单(Pick-Up Sheet,PUS)输入交货订单。

(4)供应商为每个交货订单执行交货,将检配单 PUS 编号转移至外部交货编号,执行检配,之后过账发货并执行开票。

5.供应商

1)供应商工作区间

作为电子商务应用的一种形式,供应商工作区间(Supplier Work Place,SWP),允许供应商也能进入到整车厂的 SAP 系统,以此作为对 EDI 通信的补充或替代。对于一些小的供应商,这种做法是一种节约成本的方式。

图 3-15 给出了供应商的具体流程运作。物料采购流程的必需数据被存放在整车厂的系统中,并通过互联网被供应商访问。供应商可以浏览在框架协议的计划行中的需求。一旦供应商交付了货物,同样可以在系统中检查整车厂的收货情况。在提交了发票后,供应商也可以通过互联网监控到结算情况。

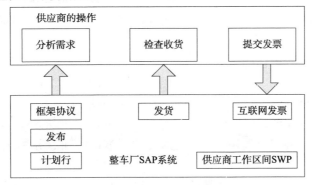

图 3-15 供应商工作区间流程示意图

2)对供应商的功能增强

为了满足汽车行业供应商的特殊需求,SAP 在 IS-Auto 中对一些功能进行了专门的增强。其中一些是关于框架协议下的销售流程,其他则是使供应商能更加容易地监控物料未结订单(Backing,即已经收到但尚未发货的订单)和出厂交付。

(1)对预测交货计划和 JIT 交货计划的监控。在 SAP 中,中介文本(Intermediate Document,IDOC)是 SAP 提供的系统整合专用的数据/消息格式。在汽车行业里,供应商通常都是使用 EDI 与整车厂通信,IDOC 则广泛应用于 SAP—EDI 的数据交换。因此,供应商通过对 IDOC 进行监控和管理,实际上也就把握了与整车厂的业务往来。为此,SAP 专门提供了针对预测交货计划(Forecast Delivery Schedule)和 JIT 交货计划(JIT Delivery Schedule)的 IDOL 监控功能,使供应商能够对收到的预测交货计划和 JIT 交货计划进行更好的管理,包括查询 IDOC 的信息和处理状态以及对处理过程的信息做进一步分析。

(2)误差检测。由 EDI 传输的交货计划通常是以预测交货计划或 JIT 交货计划的形式自动发出的。由于汽车行业计划的多变性,后一次发出的交货计划的计划行有可能与前一次有差异,称之为误差(Tolerance),因此误差检测(Tolerance Check)是一项必需的功能。

SAP 的误差检测功能可以用来在以下计划之间进行比较:

①新来的预测交货计划与目前的预测交货计划。

②新来的 JIT 交货计划与目前的 JIT 交货计划。

③新来的 JIT 交货计划与目前的预测交货计划。

如果发现了差异,系统会在 IDOC 中追加一个状态信息,系统随后会做进一步的处理。

(3)出厂交货组

出厂交货组(Outbound Delivery Group)的特性便于供应商将属于同一次发货的一组出厂交付合并在一起,并集中处理。

3)处理外部服务提供商

在汽车工业里,有一类特殊的企业——外部服务提供商(External Service Provincer,ESP),为企业管理库存。这样无论是供应商还是制造商,都可以降低仓库和库存的费用及成本。ESP 的库存地点通常离制造商很近,甚至有时就在制造商厂内。但是库存直到被使用前其产权都仍然属于供应商。

SAP 为这一类情况专门提供了与 ESP 相关的功能,使得制造商在库存管理、物料需求计划和入厂交货时可以考虑 ESP 的库存,而 ESP 的库存被视为供应商托管库存进行管理。

6. 销售

1)汽车管理系统

汽车管理系统(Vehicle Management System,VMS)是专门为汽车行业的销售和售后服务开发的应用。其客户是汽车进口商(Vehicle Importer)或国家销售公司、配送中心、物流中心等,用来处理与整车厂和经销商之间的汽车交易和服务。通过与 SAP 其他模块的集成,VMS 提供了完整的采购、销售、改装(Rework)、退货、二手车置换和服务等流程,以及对车辆数据的归档。

如图 3-16 所示,VMS 与 SAP 的其他模块,MM、SD、CS、FI/CO 等可以完全集成起来,实现车辆的采购、销售等进销存和会计功能。经销商可以使用互联网,通过两种方式连接到 VMS 上;SAP 的企业门户(Enterprise Portal,EP),或 SAP 的 Web 应用服务器。此外 VMS 还可以与 SAP 的高级计划优化器 APO(作为 VMS 的计划系统)和 SAP 的业务信息仓库 BW(作为 VMS 的报表系统)一同实施。通过 VMS 与 SAP 的集成,可以实现协同需求计划和基于特性的预测。与其他的 SAP 系统,如客户关系管理 CRM、供应链事件管理 SCEM,SAP 的搜索引擎 TREX 相连,从而构成一个十分完整的汽车行业销售与服务解决方案。

汽车的销售是一个十分复杂的过程。对于不同的整车厂,会有不同的生产策略("推动"或"拉动");对于不同的销售和服务组织,也会对销售划分不同的状态和采取对应的行动。

2)经销商管理系统

SAP 公司为了扩大其在汽车行业 ERP 市场的份额,从 DCS Automotive 公司购买了专门为汽车经销商服务的应用程序模块,并把这个模块整合到 SAP 现有的汽车行业解决方案套件中,称作 SAP DBM (Dealer Business Management),其目标客户是汽车进口商、授权经销商以及品牌专营店。与一般使用的经销商管理系统 DMS 相比,其最大的特点是与 SAP 的常用模块(MM、SD、FI、CO、LO)完全集成在一起,不仅可以支持多品牌共存,还适用于经销商集团内部复杂的组织机构。

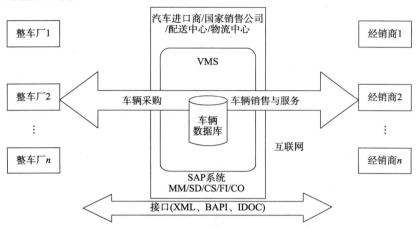

图 3-16　VMS 功能概况

如图 3-17 所示,SAP 的远期目标是通过 SAP 平台将整车厂、进口商(销售公司)、经销商联系起来,实现新车需求、订单交付、配件、租赁/信贷、索赔和市场数据流的贯通,达到扩展意义上的企业集成。

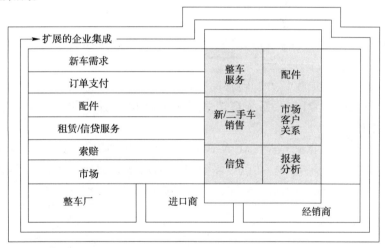

图 3-17　SAP 汽车经销商业务管理系统

7. SAP 系统间的通信

1)汽车行业中的 EDI 应用

SAP 对汽车行业的 EDI 应用提供了完整的支持。除了一般性的 EDI 功能,SAP IS-Auto 还在可重用的包装物流、自开票过程、JIT 要货处理提供具有汽车行业特点的应用,从而便于制造商和供应商之间处理要货物流、包装物流以及结算过程。

2)跨系统间的两工厂物料转移

该流程被用来实现在两个使用不同的 SAP 系统的工厂之间的物料库存转移。在物料发送的一方,使用 SD 的框架协议或销售订单;在接收的一方,使用 MM 的框架协议或采购订单。由于在汽车行业里,很多上下游企业都使用了 SAP 系统,因此该流程无疑十分实用。

图 3-18 给出了一个跨系统的两家工厂之间基于框架协议的物料转移过程。

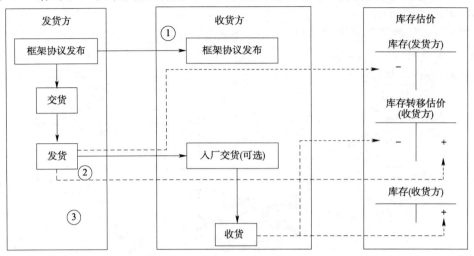

图 3-18　跨 SAP 系统的两工厂间物料转移(基于框架协议)

(1)收货方和发送方分别在 MM 模块和 SD 模块中创建框架协议。该框架协议是基于双方的事实协议。

(2)收货方给发送方发送框架协议(消息①)。

(3)发送方编辑一个出厂交货。

(4)发送方执行发货,基于执行的发货,系统根据交货数量扣除发送方的库存,同时也会发消息给收货方(消息②、③)。

(5)收货方的系统增加收货方的转移库存,并自动创建入厂交货。

(6)当收货方执行收货以后,系统将转移库存的量扣除,并增加收货方的库存。

8. SAP 系统管理

IS-Auto 数据归档:数据归档是 SAP NetWeaver 提供一项服务,可以将系统不需要一直在线的大量数据移出系统,但是一旦在以后需要时还必须能够访问。图 3-19 给出了归档的过程,通过归档对象(Archiving Object)将文档写入到归档文件中。

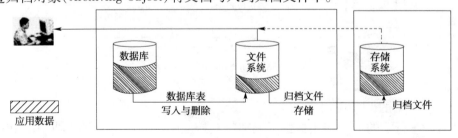

图 3-19　SAP 数据归档服务

在 IS-Auto 中,专门为可重用的包装物流、JIT 要货、生产反冲等过程的数据提供了归档对象。通过归档对象,系统将数据写入归档文件中,归档成功后将数据从系统中删除。删除的数据不可能再被恢复,而只能在归档信息系统(Archive Information System)中显示。

三、SAP 供应链管理系统

业界将供应链管理系统区分为供应链计划 SCP 和供应链执行 SCE 系统,用于公司内和公司间计划的系统被认为是前者,而用于数据管理和交流的被认为是后者。SCP 包括决策流程和分析工具、预测算法、数据过滤工具和其他决策技术。这些方面结合起来,为客户提供管理信息。例如,何时需要供应商提供何种物料和服务,以及何时能够满足客户的要求等。一些 ERP 厂商(如 SAP),通过在现有的产品中加入高级计划和排程等特性进入 SCP 的市场,同时通过对物流模块的扩展,进入 SCE 的领域。事实上,在 1997 年 SAP 推出的供应链管理系统,最初就被称为供应链优化计划和执行 SCOPE。

1. SAP 的供应链管理系统

SAP 作为一家领先的传统 ERP 厂商,近年来一直活跃在 SCM 市场上。SAP 的供应链管理系统是一个完整的工具集,它不仅涉及供应链的规划,而且还包括了供应链的运行、协同和协作。图 3-20 在供应链的框架中列出了每一项具体的技术。

供应链计划	供应链设计	需求计划	供应计划	分销计划	生产计划	运输计划
供应链运行	物料计划	制造	订单承诺与交付	仓库管理	运输执行	外贸/法律服务
供应链协同	供应链事件管理		供应链性能管理		执行协调	
供应链协作	供应链门户		协作流程		供应链集成	

图 3-20　SAP 提供的供应链管理功能

2. SAP 的高级计划优化器 APO

如图 3-21 所示,SAP 的 APO 通过 SAPR/3 的 Plug-in 插件交换主数据和交易数据从而与 SAP R/3 高度集成。

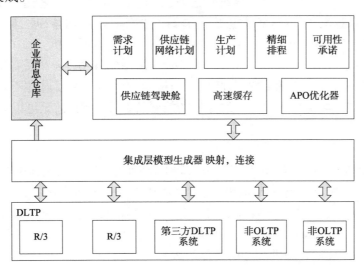

图 3-21　APO 的系统构架

高级计划优化器(Advanced Panning Optimizer,APO)提供针对企业内及企业间的供应链计划、排程以及监控其相关业务流程的一系列功能。整个APO软件包基于一个共享的数据库，它包含以下模块。

1）供应链驾驶舱

供应链驾驶舱（Supply Chain Cockpit，SCC）是一个用于供应链管理的图形化"控制仪器盘"，向客户提供进入所有的APO软件模块的功能。供应链驾驶舱可以用特别设计的客户图形界面对供应链进行建模、监控和管理，向客户提供对查看所有的活动和应用程序的强大功能。通过设置，SAP的APO供应链驾驶舱能方便地描绘生产工厂、配送中心、供应商和客户以及它们之间的运输链接。客户可以通过网络模型为自己导航，从不同角度观察它，并深挖至更详细的层次。运用供应链警报器，客户可以自行定义警报监控配置（Alert Monitor Profile），根据当前情况检查各个模块（DP、SNP、PP/DS等）的情况。它还将自动地引起客户对异常情况、瓶颈及不寻常事件的注意。客户可以自动切换到规划和执行应用程序以解决所有问题。

供应链驾驶舱的典型客户有：

（1）需要支持构建新的供应链网络或对原有供应链网络进行改造的网络计划员。

（2）需要获取需求预测结果，从报警器（Alter Monitor）得到消息并做出正确反应的需求计划员。

（3）需要对供应链网络各个节点提供详尽供给情况来创建和修改销售计划的销售计划员。

（4）需要分析某些基础数据，特别是关键业务指标，并基于此研究如何改善供应链物流结构和流程的企业监控人员。

2）需求计划

需求计划（Demand Planning，DP）关注的是未来中长期的市场的需求水平，利用统计预测计划和其他方法进行需求计划。激烈的竞争、顾客需求的不断变化、市场的快速发展，都使得需求计划越来越困难，也越来越重要。需求计划将销售的历史数据、客户的数据以及供应链合作伙伴的数据，甚至包括终端销售的POS数据，进行校对分析。除了提供传统的统计方法之外，还提供了促销计划工具、产品生命周期概念、假设分析、新产品开发的阶段计划以及协同预测方法。DP的多元化的数据模型和分析功能使客户可以通过不同的途径检查数据。客户也可以将该模块与SAP BW的分析功能联合起来使用，甚至可以模拟新的市场策略对需求的影响效果。

3）供应网络计划

供应网络计划（Supply Network Planning，SNP）将采购、生产以及运输过程与需求相匹配，提供了在整个供应链的范围内考虑能力约束和成本的计划和优化功能。

SNP的优化过程使用了基于线性规划和混合整数规划理论。基于该理论，SNP可以为企业的整个供应网络及其所有限制性条件建立一个模型。通过使用这一模型，客户可以同步化企业的活动，并规划整条供应链的物流。客户可以为采购、制造、存货及运输制订可行的计划，以使供求相匹配。

此外，SNP还可以利用专门的遗传算法，如能力匹配（Capable-To-Match，CTM），根据不同的生产地点、产品替代、客户优先级等因素，CTM支持不同的供应链结构的模拟和供需匹配。一旦出现延迟交货或瓶颈能力或其他约束的违背,将自动报警。

4) 生产计划/精细排程

生产计划/精细排程(Production Planning/Detailed Scheduling,PP/DS)是一种考虑了产能约束(有限资源计划)的短期物料和生产计划方法,能够实现优化资源的应用,并创建精确的以工厂为单位的生产安排,以便缩短生产周期及提高对市场需求预测变化的反应速度。众所周知,在供需平衡的等式中,对需求的精确预测仅是等式的一部分,另一半则是根据需求发货的能力。企业需要以最大限度地利用现有生产能力为指导思想安排生产日程,并在新的需求出现时修改这些日程表,以确保以工厂为单位的材料和资源流的平稳流动。PP/DS 模块是一个易于应用的交互式图解规划工具,客户可以制作多个工厂或单个工厂的生产计划,同步检查原材料和生产工厂的可用性,并且可以模拟不同策略和事件对日程安排的影响,其结果是可靠的、非常现实的生产计划,以便企业按需求发货,同时考虑新的需求及变化的环境。

5) 全局可用性承诺

全局可用性承诺(Global Available-To-Promise,GATP)用全局角度来进行供求关系的平衡,并且运用实时核查和复杂的模拟方法向客户做出可靠的发货许诺。全局可用性检查(Available-To-Promise,ATP)组件使用建立在规则基础上的策略以保证企业能向客户提供所承诺的产品;以实时和模拟的方式进行多级组件及生产能力查核,以保证企业实现供求相匹配;可以实现同步且快速地获得供应链上产品可用性情况,因此企业可以确定能够满足所作的发货许诺。全局 ATP 制订了许多标准以实现许诺,其中包括以下几个方面:

(1) 产品替代:如果成品和组件都不够用,系统使用基于规则的选择标准,自动选择出替代品。

(2) 像产品替代一样选择替代地点,全局 ATP 可以从替代地点找到材料。也可以将此逻辑整合入产品替代规则中。

(3) 分配:可以将短缺的产品或组件按客户、市场、订单等进行分配。

6) 运输计划和车辆调度计划

运输计划和车辆调度计划(Transportation Planning/Vehicle Scheduling,TP/VS)是 APO 运输流程的短期计划板块,用于支持货运装配、货载调配和承运商选择,与仓储过程同步考虑,能实现运输计划的优化及运输路线的经济化。TP/VS 帮助企业最大限度地利用现有资源,并时刻向企业提供所有运输流程的情况,帮助客户不费力而又有效地管理多模式运输。

7) 供应链执行

SAP LES 是供应链管理的执行部分,提供包括入库、出库及仓储运输流程的全面功能。SAP 后勤执行系统提供入库流程的强大功能,使企业对正在入库的物料了如指掌,同时帮助避免昂贵的混乱和错误。SAP LES 支持对供应商订单的有效率管理和监控,包括提货和收货的日程安排。客户可以迅速而方便地识别入库的货物及相对应的采购订单或提前发送通知(ASN),也可以运用托盘上供应商提供信息,合理化安排货物接收。另外,SAP LES 还具备质量管理和处理危险材料的能力。SAP LES 也通过为入库的卡车指定门、通道及时间段来合理化安排货物的接收。此外,还具备运输、交通工具的管理功能。

1. 简述汽车生产方式的类型及特点。
2. 美国汽车销售渠道与欧洲销售渠道的特点是什么？
3. 简述大规模定制的含义及优势。
4. 简述供应链和供应链管理的内涵及特点。
5. 需求链管理的内容有哪些？
6. 需求链与供应链之间有哪些关系？
7. 简述供应链软件模块划分及软件的应用范围。
8. 简述汽车供应链的模式及特点。
9. 简述物流和生产的流程。
10. 简述汽车管理系统的含义及内容。

第四章　汽车信息服务采集技术

第一节　条码技术

条形码是由一组按一定编码规则排列的条、空符号,用以表示一定的字符、数字及符号组成的信息。条形码系统是由条形码符号设计、制作及扫描阅读组成的自动识别系统。条形码是由不同宽度的浅色和深色的部分(通常是条形)组成的图形,这些部分代表数字、字母或标点符号。由条与空代表的信息编码的方法被称作符号法。

一、条形码技术概述

1. 条形码技术的产生与发展

条形码最早出现在 20 世纪 40 年代,但得到实际应用和发展还是在 70 年代左右。现在许多国家和地区都已普遍使用条形码技术,而且它正在快速地向世界各地推广,其应用领域越来越广泛,并逐步渗透到许多技术领域。早在 20 世纪 40 年代,美国乔·伍德兰德(Joe Wood Land)和伯尼·西尔沃(Berny Silver)两位工程师就开始研究用代码表示食品项目及相应的自动识别设备,于 1949 年获得了美国专利。

该图案很像微型射箭靶,被叫作"公牛眼"代码。靶式的同心圆是由圆条和空绘成圆环形。在原理上,"公牛眼"代码与后来的条形码很相近,遗憾的是当时的工艺和商品经济还没有能力印制出这种码。10 年后,乔·伍德兰德作为 IBM 公司的工程师成为 UPC 码的奠基人。以吉拉德·费伊塞尔(Girard Fessel)为代表的几名发明家,于 1959 年提请了一项专利,描述了数字。1~9 中每个数字可由七段平行条组成。但是这种码使机器难以识读,人读起来也不方便。不过这一构想的确促进了后来条形码的产生与发展。不久,E. F. 布宁克(E. F. Brinker)申请了另一项专利,该专利是将条形码标识在有轨电车上。20 世纪 60 年代,西尔沃尼亚(Sylvania)发明的一个系统被北美铁路系统采纳。这两项可以说是条形码技术最早期的应用。

1970 年美国超级市场 Ad Hoc 委员会制定出通用商品代码 UPC 码,许多团体也提出了各种条形码符号方案。UPC 码首先在杂货零售业中试用,这为以后条形码的统一和广泛采用奠定了基础。次年,布莱西公司研制出布莱西码及相应的自动识别系统,用以库存验算。这是条形码技术第一次在仓库管理系统中的实际应用。1972 年蒙那奇·马金(Monarch Marking)等人研制出库德巴(Code Bar)码,到此美国的条形码技术进入新的发展阶段。

1973 年,美国统一编码协会(简称 UCC)建立了 UPC 条形码系统,实现了该码制标准化。同年,食品杂货业把 UPC 码作为该行业的通用标准码制,对条形码技术在商业流通销售领域里的广泛应用起到了积极的推动作用。1974 年,Intermec 公司的戴维·阿利尔

（David Allai）博士研制出 39 码,很快被美国国防部所采纳,作为军用条形码码制。39 码是第一个字母、数字式相结合的条形码,后来广泛应用于工业领域。

1976 年,在美国和加拿大超级市场上,UPC 码的成功应用给人们以很大的鼓舞,尤其是欧洲人对此产生了极大兴趣。次年,欧洲共同体在 UPC-A 码基础上制定出欧洲物品编码 EAN-13 码和 EAN-8 码,签署了"欧洲物品编码"协议备忘录,并正式成立了欧洲物品编码协会（简称 EAN）。到了 1981 年由于 EAN 已经发展成为一个国际性组织,故改名为"国际物品编码协会",简称 IAN。但由于历史原因和习惯,至今仍称为 EAN（后改为 EAN-International）。

日本从 1974 年开始着手建立 P4S 系统,研究标准化以及信息输入方式、印制技术等,并在 EAN 基础上,于 1978 年制定出日本物品编码 JAN。同年日本加入国际物品编码协会,开始进行厂家登记注册,并全面转入条形码技术及其系列产品的开发工作,10 年后成为 EAN 最大的用户。

从 20 世纪 80 年代初,人们围绕提高条形码符号的信息密度开展了多项研究。128 码和 93 码就是其中的研究成果。128 码于 1981 年被推荐使用,93 码就是其中的研究成果。128 码于 1981 年被推荐使用,而 93 码于 1982 年使用。这两种码的优点是条形码符号的密度比 39 码高出近 30%。随着条形码技术发展,条形码码制种类不断增加,因而标准化问题显得突出。为此,美国先后制定了军用标准 1189、交叉 25 码、39 码和库德巴码 ASNI 标准 MH10.8 等。同时,一些产业也开始建立行业标准,以适应发展的需要。此后,戴维·阿利尔又研制出 49 码,这是一种非传统的条形码的符号,比以往的条形码符号具有更高的密度（即二维条形码的雏形）。接着泰德·威廉姆斯推出 16K 码,这是一种适用于激光扫描的码制。到 1990 年底为止,共有 40 多种条形码码制,相应地,自动识别设备和印刷技术也得到了长足的发展。

从 20 世纪 80 年代中期开始,我国一些高等院校、科研部门及一些出口企业把条形码技术的研究和推广应用逐步提到议事日程,一些行业如图书、邮电、物资管理部门和外贸部门已开始使用条形码技术。1988 年 12 月 28 日,经国务院批准,国家技术监督局成立了"中国物品编码中心",负责我国的条形码工作。该中心的任务是研究、推广条形码技术,组织、开发、协调、管理。图 4-1 和图 4-2 为常用的两种条形码识读设备。

图 4-1　平台式扫描仪

图 4-2　手持式扫描仪

在经济全球化、信息网络化、生活国际化、文化国土化的资讯社会到来之时,起源 20 世纪 40 年代、研究于 60 年代、应用于 70 年代、普及于 80 年代的条形码与条形码技术及各种应用系统,引起世界流通领域里的大变革风靡世界。条形码作为一种可印制的计算机语言、未来学家称之为"计算机文化"。90年代的国际流通领域将条形码誉为商品进入国际计算机市场的"身份证",使全世界对它刮目相看。印刷在商品外包装上的条形码,像一条条经济信息纽带将世界各地的生产制造商、出口商、批发商、零售商和顾客有机地联系在一起。这一条条纽带经过与EDI系统相连,便形成多项、多元的信息网,各种商品的相关信息犹如投入了一个无形的永不停息的自动导向传送机构,流向世界各地,活跃在世界商品流通领域。

2. 条形码技术的特点

条形码是迄今为止最经济、实用的一种自动识别技术。条形码技术具有以下几个方面的优点:

(1) 输入速度快。与键盘输入相比,条形码输入的速度是键盘输入的5倍,并且能实现即时数据输入。

(2) 可靠性高。键盘输入数据出错率为三百分之一,利用光学字符识别技术出错为万分之一,而采用条形码技术误码率低于百万分之一。

(3) 采集信息量大。利用传统的一维条形码一次可采集几十位字符的信息,二维条形码更可以携带数千个字符的信息,并有一定的自动纠错能力。

(4) 灵活实用。条形码标识既可以作为一种识别手段单独使用备组成一个系统实现自动化识别,还可以和其他控制设备连接起来实现自动化管理。

另外,条形码标签易于制作,对设备和材料没有特殊要求,识别设备操作容易,不需要特殊培训,且设备也相对便宜。

3. 条形码技术的基本概念

1) 条形码技术的基础术语

(1) 条(Bar):条形码中反射率较低的部分,一般印刷的颜色较深。

(2) 空(Space):条形码中反射率较高的部分,一般印刷的颜色较浅。

(3) 空白区(Clear Area):条形码左右两端外侧与空的反射率相同的限定区域。

(4) 始件(Start Character):位于条形码起始位置的若干条与空。

(5) 终止符(Stop Character):位于条形码终止位置的若干条与空。

(6) 中间分隔符(Central Seperating Character):位于条形码中间位置的若干条与空。

(7) 条形码数据符(Bar Code Date Character):表示特定信息的条形码符号。

(8) 校验符(Check Character):表示校验码的条形码若干条与空。

(9) 供人识别字符(Human Readable Character):位于条形码符的下方,与相应的条形码相对应的、用于供人识别的字符。

2) 条形码技术的基础概念

(1) 码制

条形码的码制是指条形码符号的类型,每种类型的条形码符号都是由符合特定编码规则的条和空组合而成,条形码基本术语表见表4-1。每种码制都具有固定的编码容量和所规定的条形码字符集。条形码字符中字符总数不能大于该种码制的编码容量。常用的一维条形码的码制包括EAN码、39码、交叉25码、UPC码、128码、93码及Codabar(库德巴码)等。

条形码基本术语表　　　　　　　　　　　　　　　　表 4-1

条形码 Bar Code	由一组规则排列的条、空及其对应字符组成的标记。用以表示一定的信息
条形码系统 Bar Code System	由条形码符号设计、制作及扫描阅读组成的自动识别系统
条 Bar	条形码中反射率较低的部分
空 Space	条形码中反射率较高的部分
空白区 Clear Area	条形码左右两端外侧与空的反射率相同的限定区域
保护框 Bear Bar	围绕条形码且与条反射率相同的边或框
起始符 Start Character	位于条形码起始位置的若干条与空
终止符 Stop Character	位于条形码终止位置的条与空
中间分隔符 Central Separating Character	位于条形码中间位置的若干条与空
条形码字符 Bar Code Character	表示一个字符的若干条与空
条形码数据符 Bar Code Data Character	表示特定信息的条形码字符
条形码校验符 Bar Code Check Character	表示校验码的条形码字符
条形码填充符 Filler Character	不表示特定信息的条形码字符
条高 Bar Height	构成条形码字符的条的二维尺寸的纵向尺寸
条宽 Bar Width	构成条形码字符的条的二维尺寸的横向尺寸
空宽 Space Width	构成条形码字符的空的二维尺寸的横向尺寸
条宽比 Bar Width Ratio	条形码中最宽条与最窄条的宽度比
空宽比 Space Width Ratio	条形码中最宽空与最窄空的宽度比
条形码长度 Bar Code Length	从条形码起始符前缘到终止符后缘的长度
长高比 Length to Height Ratio	条形码长度与条高的比
条形码密度 Bar Code Density	单位长度的条形码所表示的字符个数
模块 Module	组成条形码的基本单位
条形码字符间隔 Bar Code Intrcharacter Gap	相邻条形码字符间不表达特定信息且与空的反射率相同的区域
单元 Element	构成条形码字符的条、空
连续型条形码 Continuous Bar Code	没有条形码字符间隔的条形码
非连续型条形码 Discrete Bar Code	有条形码字符间隔的条形码
双向条形码 Bidirectional Bar Code	左右两端均可作为扫描起点的条形码
附加条形码 Add-on	表示附加信息的条形码
自校验条形码 Self-checking Bar Code	条形码字符本身具有校验功能的条形码
定长条形码 Fixed Length of Bar Code	条形码字符个数固定的条形码
非定长条形码 Unfixed Length of Bar Code	条形码字符个数不固定的条形码
条形码字符集 Bar Code Character Set	其类型条形码所能表示的字符集合

（2）条形码字符集

条形码字符集是指某种码制所表示的全部字符的集合。有些码制仅能表示 10 个数字字符：0~9，如 EAN/UPC 码，25 条形码。有些码制除了能表示 10 个数字字符外，还可以表示几个特殊字符，如库德巴条形码。39 条形码可表示数字字符：0~9，26 个英文字母 A~Z 以及一些特殊符号。

（3）连续性与非连续性

条形码符号的连续性是指每个条形码字符之间不存在间隔。相反，非连续性是指每个条形码字符之间存在间隔。从某种意义上讲，由于连续性条形码不存在条形码字符间隔，即密度相对较高，而非连续性条形码的密度相对较低。但非连续性条形码字符间隔引起误差较大,一般规范不给出具体指标限制。对连续性条形码除了控制尺寸误差外,还需控制相邻条与条、空与空的相同边缘间的尺寸误差及每一条形码字符的尺寸误差。

(4)定长条形码与非定长条形码

定长条形码是指仅能表示固定字符个数的条形码。非定长条形码是指能表示可变字符个数的条形码。例如,EAN/UPC码是定长条形码,它们的标准版仅能表示12个字符,39码为非定长条形码。

定长条形码由于限制了表示字符的个数,即密码的无视率相对较低,因为就一个完整的条形码符号而言,任何信息的丢失总会导致密码的失败。非定长条形码具有灵活、方便等优点,但受扫描器及印刷面积的控制,它不能表示任意多个字符,并且在扫描阅读过程中可能因信息丢失而引起错误密码。这些缺点在某些码制(如交叉25码)中出现的概率相对较大,但这个缺点可通过识读器或计算机系统的校验程度克服。

(5)双向可读性

条形码符号的双向可读性是指从左、右两侧开始扫描都可被识别的特性。绝大多数码制都可双向识读,所以都具有双向可读性。事实上,双向可读性不仅仅是条形码符号本身的特性,它是条形码符号和扫描设备的综合特性。对于双向可读的条形码,识读过程中译码器需要判别扫描方向。有些类型的条形码符号,其扫描方向的判定是通过起始符与终止符来完成。例如,39码、交叉25码、库德巴码。有些类型的条形码,由于从两个方向扫描起始符和终止符所产生的数字脉冲信号完全相同,所以无法用它们来判别扫描方向,如EAN和UPC码。在这种情况下,扫描方向的判别是通过条形码数据符的特定组合来完成的。对于某些非连续性条形码符号,如39条形码,由于其字符集中存在着条形码字符的对称性,在条形码字符间隔较大时,很可能出现因信息丢失而引起的译码错误。

(6)自校验特性

条形码符号的自校验特性是指条形码字符本身具有校验特性。在一条形码符号中,一个印刷缺陷(如因出现污点把一个窄条错认为宽条,而相邻宽空错认为窄空),不会导致替代错误,那么这种条形码就具有自校验功能。例如,39条形码、库德巴条形码、交叉25条形码都具有自校验功能,EAN和UPC条形码、93条形码等没有自校验功能。自校验功能也能校验出一个的印刷缺陷,任何自校验功能的条形码都不可能完全校验出来。对于某种码制,是否具有自校验功能是由其编码结构决定的。码制设置者在设置条形码符号时,均须考虑自校验功能。

4.条形码的结构

一个完整的条形码符号由两侧静区、起始字符、数据字符、校验字符(可选)和终止字符组成。

静区:没有任何印刷符或条形码信息。它通常是白的,位于条形码符号的两侧。静区的作用是提示阅读器即扫描器准备扫描条形码符号。

起始字符:条形码符号的第一位字符是起始字符,它的特殊条、空结构用于识别一个条形码符号的开始。阅读器首先确认此字符的存在,然后处理由扫描器获得的一系列脉冲。

数据字符:由条形码字符组成,用于代表一定的原始数据信息。

终止字符:条形码符号的最后一位字符是终止字符,它的特殊条、空结构用于识别一个形码符号的结束。阅读器识别终止字符,便可知道条形码符号已扫描完毕。遇条形码符号终止字符,阅读器就向计算机传送数据并向操作者提供"有效读入"的反馈。终止字符的使用避免了不完整信息的输入。当采用校验字符时,终止字符还指示阅读器对数据字符实施校验计算。起始字符、终止字符的条、空结构通常是不对称的二进制序列。这一非对称允许扫描器进行双向扫描,当条形码符号被反向扫描时,阅读器会在进行校验计算和传送信息前把条形码各字符号重新排列成正确的顺序。

校验字符:在条形码制中定义了校验字符。有些码制的校验字符是必需的,有些码制的校验字符则是可选的。校验字符是通过对数据字符进行一种算术运算而确定的。符号中的各字符由解码器进行算术运算,并将结果与校验字符比较。若两者一致时,说明读入的信息有效。

排列方式为:静区→起始字符→数据字符→终止字符→校验字符→静区。

二、商品条形码

1. 商品条形码概论

商品条形码有两大类:EAN 条形码和 UPC 条形码,我国目前所用的多为 EAN 条形码。

商品条形码是 ANCC 系统的一个重要组成部分,是 ANCC 系统发展的基础。它主要用于对零售商品、非零售商品及物流单元的条形码标识。

零售商品是指在零售端通过 PQ5 扫描结算的商品。其条形码标识由全球贸易项目代码(GTIN)及其对应的条形码符号组成。零售商品的条形码标识主要采用 EAN/UPC 条形码。一听啤酒、一瓶洗发水和一瓶护发素的组合包装都可以作为一项零售商品卖给最终消费者。

非零售商品是指不通过 POS 扫描结算的用于配送、仓储或批发等操作的商品。其标识代码由全球贸易项目代码(GTIN)及其对应的条形码符号组成。非零售商品的条形码符号主要采用 ITF-14 条形码或 UCC/EAN-128 条形码,也可使用 EAN/UPC 条形码。一个装有 24 条香烟的纸箱、一个装有 40 箱香烟的托盘都可以作为一个非零售商品进行批发、配送。

物流单元条形码是为了便于运输或仓储而建立的临时性组合包装,在供应链中需要对其进行个体的跟踪与管理。通过扫描每个物流单元上的条形码标签,实现物流与相关信息流的连接,可分别追踪每个物流单元的实物移动。物流单元的编码采用系列货运包装箱代码(SSCC-18)进行标识。一箱有不同颜色和尺寸的 12 件裙子和 20 件夹克的组合包装、一个含有 40 箱饮料的托盘(每箱 12 盒装),都可以视为一个物流单元。

2. 商品条形码的管理与组织机构

(1)组织机构:国际物品编码协会(EAN)、美国统一代码委员会(UCC)、中国物品编码中心。

(2)条形码注册:依法取得企业法人营业执照或营业执照的生产者、销售者,可根据自己的经营需要,申请注册厂商识别代码。申请注册行为完全是自愿的。

(3)条形码的管理质量:加入 ANCC 系统,使用 ANCC 系统(Article Numbering Center of China,ANCC)资源的企业,称之为"ANCC 系统成员"。获准注册厂商识别代码并由中国物品编码中心发给《中国商品条形码系统成员证书》的企业,取得中国商品条形码系统成员资格。

三、二维条形码

条形码技术自20世纪70年代初问世以来发展十分迅速,仅仅20年时间,它已广泛应用于商业流通、仓储、医疗卫生、图书情报、邮政、铁路、交通运输、生产自动化管理等领域。条形码技术的应用极大地提高了数据采集和信息处理的速度,改善了人们的工作和生活环境,提高了工作效率,并为管理的科学化和现代化做出了重要贡献。

二维条形码技术是在一维条形码无法满足实际应用需求的前提下产生的。由于受信息容量的限制,一维条形码通常是对物品的标识,而不是对物品的描述。所谓对物品的标识,就是给某物品分配一个代码,代码以条形码的形式标识在物品上,用来标识该物品以便自动扫描设备的识读,代码或一维条形码本身不表示该产品的描述性信息。

因此,在通用商品条形码的应用系统中,对商品信息,如生产日期、价格等的描述必须依赖数据库的支持。在没有预先建立商品数据库或不便联网的地方,一维条形码表示汉字和图像信息几乎是不可能的,即使可以表示,也显得十分不全且效率很低。

随着现代高新技术的发展,迫切需要用条形码在有限的几何空间内表示更多的信息,以满足千变万化的信息表示的需要。

20世纪80年代末,出现了具有大信息容量的条形码——二维码,它从简单地将一维码堆积而成的二维码(如PDF417)到矩形的二维码(如QR),信息容量从原来的几十个字节到接近2000个字节,通过压缩技术能将凡是可以数字化的信息,包括汉字、照片、指纹、声音等进行编码,在远离数据库和不便联网的地方实现信息的携带、传递和防伪。二维码图样见图4-3。

AZTAC
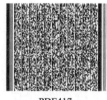
PDF417

QR

图4-3 三种二维码的图样

二维条形码具有容量大、密度高、防伪纠错能力强、可靠性高、编码方式灵活、保密防伪性强等特点,具有比一维条形码更广泛的应用优势。其中,以PDF417堆积式二维条形码应用最广。PDF为Portable Data File的英文缩写,意为"便携式数据文件"。作为当今最先进的条形码技术,PDF417条形码已广泛应用于各种证件、票据的管理、公共安全、物流和图书馆等领域。我国国家技术监督局1998年8月正式决定采用PDF417条形码作为我国的二维条形码码制。可见,研究PDF417条形码技术,并将其推广具有很重要的价值和意义。

二维码作为一种全新的自动识别和信息载体技术,正被越来越多的人所了解和认知。目前,国外先进发达国家已将此项技术广泛应用于国防、海关、税务、公共安全、交通运输等信息自动携带、传递、防伪领域。

1.二维条形码的特点

1)存储量大

二维条形码可以存储1100个字,比起一维条形码的15个字,存储量大为增加,而且能够存储中文,其资料不仅可应用在英文、数字、汉字、记号等,甚至空白也可以处理,而且尺寸可以自由选择。这也是一维条形码做不到的。

2)抗损性强

二维条形码采用故障纠正的技术,遭受污染以及破损后也能复原,即使条形码受损程度高达50%,仍然能够解读出原数据,误读率为6100万分之一。

3)安全性高

二维条形码采用了加密技术,所以使安全性大幅度提高。

4)可传真和影印

二维条形码经传真和影印后仍然可以使用,一维条形码在经过传真和影印后机器就无法进行识读。

5)印刷多样性

对于二维条形码来讲,它不仅可以在白纸上印刷黑字,还可以进行彩色印刷,而且印刷机器和印刷对象都不受限制,印刷起来非常方便。

6)抗干扰能力强

与磁卡、IC卡相比,二维条形码由于其自身的特性,具有强抗磁力、抗静电能力。

7)码制更加丰富

另外,还有一些新出现的二维条形码系统,包括由UPS公司的Figrarella等人研制的适用于分布环境下运动特性的UYS Code。这种二维条形码更加适合自动分类应用场合。美国Veritec公司提出一种新的二维条形码——Veritec Symbol是用于微小型产品上的二进制数据编码系统,其矩阵符号格式和图像处理系统已获得美国专利。这种二维码具有更高的准确性和可重复性。此外,飞利浦研究实验室的Wild Wan Gil等人也提出了一种新型的二维码方案,即用标准几何形体圆点构成自动生产线上产品识别标记的圆点矩阵二维码表示法。这一方案由两大部分组成:一部分是源编码系统,用于把识别标志的编码转换成通信信息字;另一部分是信道编码系统,用于对随机误码进行错误检测和校正。还有一种二维条形码叫点阵码。它除了具备信息密度高等特点外,也便于用雕刻腐蚀制板工艺把点码印制在机械零部件上,用摄像设备识读和图像处理系统识别。这也是一种具有较大应用潜力的二维编码方案。

二维条形码技术的发展主要表现为三方面的趋势:一是出现了信息密集度更高的编码方案,增强了条形码技术信息输入的功能;二是发展了小型、微型、高质量的硬件和软件,使条形码技术实用性更强,扩大了应用领域;三是与其他技术相互渗透、相互促进,这将改变传统产品的结构和性能,扩展条形码系统的功能。

2. 二维条形码与一维条形码的比较

虽然一维条形码和二维条形码的原理都是用符号(Symbology)来携带信息,从而达成信息的自动辨识,但是从应用的观点来看,一维条形码偏重于"标识"商品,而二维条形码则偏重于"描述"商品。因此,相对于一维条形码,二维条形码(2D)不仅只存关键值,而且可将商品的基本资料编入二维条形码中,达到数据库随着产品走的目的,进一步提供许多一维条形码无法实现的应用。例如,一维条形码必须搭配电脑数据库才能读取产品的详细资讯,若为新产品则必须再重新登录,对产品特性为多样少量的行业构成应用上的困扰。此外,一维条形码稍有磨损即会影响条形码阅读效果,故较不适用于工厂型行业。除了资料重复登录与条形码磨损等问题外,二维条形码还可有效解决许多一维条形码所面临的问题,让企业充分享受信息自动输入、无键输入的好处,对企业与整体产业带来相当的利益,也拓宽了条形码的应用领域。

一维条形码与二维条形码的差异可以从条形码容量与密度、错误校验能力及错误纠正能力、主要用途、数据库依赖性、识读设备等项目看出,二者的比较见表4-2。

一维条形码和二维条形码应用处理比较　　　表4-2

项　目	一维条形码	二维条形码
条形码密度与容量	密度低,容量小	密度高,容量大
错误校验及纠错能力	可以校验码进行错误校验,但没有错误纠正能力	有错误检验及错误纠正能力,并可根据实际应用设置不同的安全等级
垂直方向的信息	不储存信息,垂直方向的高度是为了识读方便,并弥补印刷缺陷或局部损坏	携带信息,并对印刷缺陷或局部损坏等可以错误纠正机制恢复信息
主要用途	主要用于对物品的标识	用于对物品的描述
信息网络与数据库依赖性	多数场合须依赖信息网络与数据库的存在	可不依赖信息网络与数据库的存在而单独应用
识读设备	可用线扫描器识读,如光笔、线形CCD,激光扫描枪	对于堆叠式可用型线扫描器多次扫描,或用图像扫描仪识读。矩阵式则仅能用图像扫描仪识读

3.二维条形码的类型

1)行排式二维码

即线性堆叠式二维码,是在一维条形码的基础上,降低条形码行的高度,安排一个纵横比大的窄长条形码行,并将各行在顶上互相堆积,每行间都用一模块宽的厚黑条相分隔。典型的线性堆叠式二维码有 Code 16K、Code 49、PDF417 等。

2)矩阵式二维码

它是采用统一的黑白方块的组合,而不是不同宽度的条与空的组合,能够提供更高的信息密度,存储更多的信息。矩阵式的条形码比堆叠式的具有更高的自动纠错能力,更适用于在条形码容易受到损坏的场合。矩阵式符号没有表示起始终止的模块,但它们有一些特殊的"定位符",定位符中包含了符号的大小和方位等信息。矩阵式二维条形码和新的堆叠式二维条形码能够用先进的数学算法将数据从损坏的条形码符号中恢复。典型的矩阵二维码有 Aztec、Maxi Code、QR Code、Data Matrix 等。

3)邮政编码

通过不同长度的条进行编码,主要用于邮件编码,如 Postnet、BPO、4-State 等。

4.二维条形码的应用范围

二维条形码具有储存量大、保密性高、追踪性高、抗损性强、备援性大、成本便宜等特性。这些特性特别适用于表单、安全保密、追踪、证照、存货盘点、资料备援等方面,如图4-4所示。

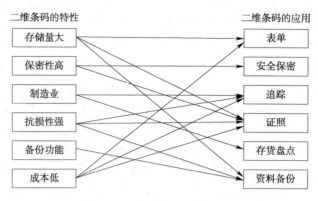

图 4-4　二维条形码的应用范围

1）表单应用

表单应用：公文表单、商业表单、进出口报关单、舱单等资料的传送交换，减少人工重复输入表单资料，避免人为错误，降低人力成本。

如日本 Seimei 保险公司的每个经纪人在会见客户时都带着笔记本电脑。每张保单和协议都在电脑中制作并打印出来。当他们回到办公室后，需要将保单数据手工输入到公司的主机中。

为了提高数据录入的准确性和速度，在制作保单的同时将保单内容编成 PDF417 条形码，打印在单据上，这样就可以使用二维条形码阅读器扫描条形码将数据录入主机。

2）保密应用

保密应用：商业情报、经济情报、政治情报、军事情报、私人情报等机密资料的加密及传递。

3）追踪应用

追踪应用：公文自动追踪、生产线零件自动追踪、客户服务自动追踪、邮购运送自动追踪、维修记录自动追踪、危险物品自动追踪、后勤补给自动追踪、医疗体检自动追踪、生态研究自动追踪等。

4）证照应用

证照应用：护照、身份证、挂号证、驾照、会员证、识别证等证件资料登记及自动输入，实现"随到随读"、"立即取用"的资讯管理效果。美国国防部已经在军人身份卡上印制 PDF417 码。持卡人的姓名、军衔、照片和其他个人信息被编成一个 PDF417 码印在卡上。卡被用做重要场所的进出管理及医院就诊管理。该项应用的优点在于数据采集的实时性，低实施成本，卡片损坏也能阅读，具有防伪性。

我国香港特别行政区的居民身份证也采用了 PDF417 码。营业执照、驾驶执照、护照、我国城市的流动人口居住证、医疗保险卡等都是很好的应用方向。

5）盘点应用

盘点应用：物流中心、仓储中心的货品及固定资产的自动盘点，发挥"立即盘点、立即决策"的效果。

6）备份应用

备份应用：文件表单的资料若不愿或不能以磁盘、光盘等电子媒体储存备份时，可利用二维条形码储存备份,具有携带方便,不怕折叠,保存时间长,可影印传真,做更多备份的优点。

四、条形码识读技术

1. 条形码识读原理

条形码识读的基本工作原理为:由光源发出的光线经过光学系统照射到条形码符号上面,被反射回来的光经过光学系统成像在光电转换器上,使之产生电信号,信号经过电路放大后产生一模拟电压,它与照射到条形码符号上被反射回来的光成正比,再经过滤波、整形,形成与模拟信号对应的方波信号,经译码器解释为计算机可以直接接受的数字信号。

2. 条形码识读设备

1)CCD 扫描器和激光扫描器

CCD 扫描器是利用光电耦合(CCD)原理,对条形码印刷图案进行成像,然后再译码。其优势是:无转轴、马达,使用寿命长、价格便宜。

激光扫描器是利用激光二极管作为光源的单线式扫描器,它主要有转镜式和颤镜式两种。转镜式是采用高速马达带动一个棱镜组旋转,使二极管发出的单点激光变成一线。颤镜式的制作成本低于转镜式,但这种原理的激光枪不易提高扫描速度,一般为 33 次/s,最高可以达到 100 次/s。

2)手持式、小滚筒式、平台式条形码扫描器

手持式条形码扫描器。手持式条形码扫描器是在 1987 年推出的技术基础上形成的产品,外形很像超市收款员拿在手上使用的条形码扫描器。手持式条形码扫描器绝大多数采用 CIS 技术,光学分辨率为 200dpi,有黑白、灰度、彩色多种类型,其中彩色类型一般为 18 位彩色。也有个别高档产品采用 CCD 作为感光器件,可实现位真彩色,扫描效果较好。

小滚筒式条形码扫描器。这是手持式条形码扫描器和平台式条形码扫描器的中间产品(这几年有新品种出现,因为是内置供电且体积小,被称为笔记本条形码扫描器)。这种产品绝大多数采用 CIS 技术,光学分辨率为 300dpi,有彩色和灰度两种,彩色型号一般为 24 位彩色。也有极少数小滚筒式条形码扫描器采用 CCD 技术,扫描效果明显优于 CIS 技术产品。但由于结构限制,体积一般明显大于 CIS 技术产品。小滚筒式的设计是将条形码扫描器的镜头固定,而移动要扫描的物件通过镜头来扫描,运作时就像打印机那样,要扫描的物件必须穿过机器再送出,因此被扫描的物体不可以太厚。这种条形码扫描器最大的好处是体积很小,但是由于使用起来有多种局限。例如,只能扫描薄薄的纸张,范围还不能超过条形码扫描器的大小。

平台式条形码扫描器,又称平板式条形码扫描器、台式条形码扫描器。目前在市面上大部分的条形码扫描器都属于平板式条形码扫描器。这类条形码扫描器光学分辨率在 300～8000dpi,色彩位数从 24 位到 48 位,扫描幅面一般为 A4 或者 A3。平板式的好处在于像使用复印机一样,只要把条形码扫描器的上盖打开,不管是书本、报纸、杂志还是照片底片都可以放上去扫描,十分方便,而且扫描出的效果也是所有常见类型条形码扫描器中最好的。

其他的还有大幅面扫描用的大幅面条形码扫描器、笔式条形码扫描器、条形码扫描器器、底片条形码扫描器(注意不是平板条形码扫描器加透扫,效果要好得多,价格当然也贵)、

实物条形码扫描器(不是有实物扫描能力的平板条形码扫描器,类似于数码相机)、主要用于印刷排版领域的滚筒式条形码扫描器等。

第二节 RFID 技术

一、RFID 技术简介

这里选取了作者认为有可能会推动未来汽车行业供应链变革的两种IT新技术——RFID技术和车载IT系统,以及一种新的生产模式——代工制造,进行介绍。前两种技术彻底解决了目前汽车行业供应链中只能从宏观进行管理的困境,使得管理者有可能做到对每一个零部件、每一辆汽车、每一位车主、每一个配件进行辨识和跟踪。这无疑是给供应链管理人员提供了一把放大镜,其重要意义不言而喻。后一种生产模式则从产业分工的角度为汽车行业的需求波动提供了解决思路。需求的波动和总装厂的生产能力之间的平衡一直是汽车企业到目前为止一直被困扰的难题,总装厂无论采取哪一种生产模式,当外界波动达到一定幅度时,最终都将无从应对。代工生产将汽车厂的生产能力社会化,有可能成为今后解决需求波动与生产能力过剩的重要手段。

RFID是一项利用射频信号通过空间耦合(交变磁场或电磁场)实现无接触信息传递,并通过所传递的信息达到识别目的的技术。RFID系统通常由电子标签(射频标签)和阅读器

图4-5 RFID标签

组成。电子标签内存有一定格式的电子数据,常以此作为待识别物品的标识性信息。应用时将电子标签附着在待识别物品上,作为待识别物品的电子标记,阅读器与电子标签可按约定的通信协议互传信息。RFID标签照片如图4-5所示。

实际应用中,电子标签除了具有数据存储量、数据传输速率、工作频率、多标签识读特征等电学参数之外,还根据其内部是否需要加装电池及电池供电的作用,将电子标签分为无源标签(Passive)、半无源标签(Semi-passive)和有源标签(Active)三种类型。

(1)无源标签没有内装电池,在阅读器的阅读范围之外时,标签处于无源状态。在阅读器的阅读范围之内时,标签从阅读器发出的射频能量中提取其工作所需的电能。

(2)半无源标签内装有电池,但电池仅对标签内要求供电维持数据的电路或标签芯片工作所需的电压作辅助支持,标签电路本身耗电很少。标签未进入工作状态前,一直处于休眠状态,相当于无源标签。标签进入阅读器的阅读范围时,受到阅读器发出的射频能量的激励,进入工作状态时,用于传输通信的射频能量与无源标签一样源自阅读器。

(3)有源标签的工作电源完全由内部电池供给,同时标签电池的能量供应也部分地转换为标签与阅读器通信所需的射频能量。

射频识别系统的另一主要性能指标是阅读距离,也称为作用距离,它表示在最远为多远的距离上阅读器能够可靠地与电子标签交换信息,即阅读器能读取标签中的数据。在实际系统中这一指标相差很大,取决于标签及阅读器系统的设计、成本的要求、应用的需求等,范

围在 0~100m。典型的情况是,在低频 125kHz 和 1356MHz 频点上一般均采用无源标签,作用距离在 10~30cm,个别有达到作用距离至 1.5m 的系统。在高频 UHF 频段,无源标签的作用距离可达到 3~10m。更高频段的系统一般均采用有源标签。采用有源标签的系统有达到作用距离至 100m 左右的。

二、RFID 技术在汽车 IT 中的应用

作为下一代的自动识别(Automatic Identification,Auto-ID)技术,无线射频识别(Radio Frequency Identification,RFID)凭借其大容量的数据存储、抗污染能力、耐久性以及可远程读取等特点,在汽车行业得到了广泛的使用。例如,戴姆勒—克莱斯勒公司在每辆车的底盘上安装了 RFID 标签,它能够自动地传输数据,如汽车要被喷漆的颜色数据;通用公司在汽车钥匙上安装了 RFID 芯片用于防盗,同时计划在 3~5 年内使用 RFID 来跟踪它的供应链状况;丰田也已经实施了基于 RFID 的汽车跟踪系统。根据 2003 年 ABI 的一份研究报告,目前 RFID 技术在汽车行业的每年的销售额约为 6 亿美元,几乎占据了整个 RFID 市场 50% 的份额。

RFID 在汽车行业的应用不仅局限于汽车生产厂家,也包括供应商、物流服务商和经销商。换句话说,RFID 对整条汽车行业供应链都具有非常深远的影响。

1. RFID 和传统条码识别技术的比较

和传统条码识别技术相比,RFID 的优势见表 4-3。

RFID 的 优 点　　　　　　　　　　　　　　表 4-3

优 势	描 述
快速扫描	条码一次只能有一个条码受到扫描;RFID 辨识器可同时辨识读取数个 RFID 标签
体积小型化、形状多样化	RFID 在读取上并不受尺寸大小与形状限制,不需为了读取精确度而配合纸张的固定尺寸和印刷品质。此外,RFID 标签更可往小型化与多样形态发展,以应用于不同产品
抗污染能力和耐久性	传统条码的载体是纸张,容易受到污染,但 RFID 对水、油和化学药品等物质具有很强的抵抗性。此外,由于条码是附于塑料袋或外包装纸箱上,所以特别容易受到折损;RFID 卷标是将数据存在芯片中,因此可以免受污损
可重复使用	现今的条码印刷上去之后就无法更改,RFID 标签则可以重复地新增、修改、删除 RFID 卷标内储存的数据,方便信息的更新
穿透性和无屏障阅读	在被覆盖的情况下,RFID 能够穿透纸张、木材和塑料等非金属或非透明的材质,并能进行穿透性通信。而条形码扫描必须在近距离而且没有无题阻挡的情况下,才可以辨读条码
数据的记忆容量大	一维条码的容量是 50Bytes,二维条形码最大的容量可储存 2~3000 字符,RFID 最大的容量约有数 MegaByteso 随着记忆载体的发展,数据容量也有不断扩大的趋势。未来物品所需携带的资料量会越来越大,对卷标所能扩充容量的需求也相应增加
安全性	由于 RFID 承载的是电子信息,其内容可由密码保护,不易被伪造及篡改

2. RFID 在汽车行业的应用领域

如表 4-4 所示,到目前为止,RFID 在汽车行业中的应用可以分为以下 5 个领域。

RFID 在汽车行业的应用　　　　　　　　　　　　表 4-4

车辆/零部件跟踪	认证防骗	售后服务	资产管理	车辆相关应用
整车装配	防盗	维修	料箱料架管理	车辆识别
涂装跟踪	品牌认证	召回	工具管理	车辆使用控制
车身焊接机器人		再生利用		轮胎压力控制
零部件库存管理				

1）车辆/零部件跟踪

车辆/零部件跟踪是 RFID 在汽车工业里最主要的应用，主要通过两种方式实现：第一种是将标签直接附在车辆或零部件上（Direct Part Marking，DPM），或者附着在零部件的料箱料架和车辆的车架上。第二种是一个标签可以对应多个零部件，尤其是在料箱料架重复使用的情况下，可以大大地降低使用成本。通过跟踪装有零部件的料箱料架的运输过程，就可以实时了解零部件的供应情况。对于第一种情况，DPM 可以将零部件（特别是安全件）和整车和车辆的 VIN 码直接联系起来，方便整车厂随时掌握零部件和整车的供应和制造状态。随着 RFID 的成本不断下降，越来越多的供应商开始直接在供货的零部件上附着 RFID 标签，在整条供应链上对零部件进行逐个追踪的目标将在不久的将来会逐步得到实现。

（1）整车装备。福特是最早在汽车工业里使用 RFID 技术的厂家。在 20 世纪 80 年代，福特公司就开始在整车装配过程中使用有源标签的 RFID 技术，在整条装配线上跟踪未完工的车辆。今天，福特公司在美国的工厂里，制造环节里所有的车辆已经全部在使用可重用的 RFID，福特公司可以随时掌握整车生产的各个流程和环节中的每一个动作。

（2）涂装跟踪。以往对于汽车在生产环节中的跟踪，是通过往装载车辆的雪橇上安装标签实现的。然而，在涂装过程中，车身会从雪橇上取下，而在涂装完成后雪橇将被更换，因此需要在车身上安装 RFID 标签，在每个工作中心安装阅读器。

戴勒姆—克莱斯勒公司在制造过程中把 RFID 标签附在每辆汽车的底盘上，它能够自动传输数据，如汽车将要被喷上的颜色，这样涂装设备可以自动选择正确的颜色。在应用 RFID 之前，这一过程完全要靠手工处理，不但耗时并且容易出错——每辆车上都贴了一张工票，上面写上所有的指令。涂装车间的工人要对照这张指令，找到属于自己的部分然后遵照执行。

（3）车身焊接机器人。RFID 技术可以与新一代的智能机器人联合使用，用于在料箱中寻找正确的零部件，并根据工厂里变化的事件进行动态响应。今天使用的机器人无法"看"和"思考"，只能进行一些重复的工作，总是从某一料箱中取出同样的零部件。如果机器人可以自己找到正确的零部件，将能够简化和加快装配线的调试和修改过程。

（4）零部件库存管理。大多数汽车生产厂家的仓库面积和车间面积都十分巨大，零部件的种类也十分复杂。考虑到制造流程的复杂性和生产规模等因素，对于仓库里的零部件和车间里的在制品，不但需要及时了解静态存放的数量，而且还需要了解在动态搬运过程中的数量，以及定置定位的要求。特别是在适时生产的环境下，最后的几米距离最为重要。今天，一家典型的整车厂的 30% 以上的零件都采用了适时供货方式，很容易将零部件送错地方，因此必须能够及时掌握物流的全部信息（包括数量、种类和地点）。从某种意义上讲，库存管理意味着补料管理。

无疑,将RFID应用到单个零部件级可以获得非常理想的使用效果。但是目前现在的RFID标签成本是一个主要的制约因素,只在一些特殊的零部件上得到普及效果(如轮胎)。预计在未来的5年里,RFID标签将会替代目前以条形码为主的货运标签,因此第一步可能采取的方案是在料箱料架上安装RFID标签。如果在单个的零部件级别上推广RFID,必须要解决成本和金属环境下RFID信号的干扰和屏蔽的问题。如果这两个问题能够得到解决,RFID在汽车行业的应用将有突破性的增长。

2)售后服务

(1)维修。车辆维修的关键在于查找和定位故障源。目前的做法是有技师取出零部件、确认或者判断故障源,然后进行更换,这种做法费力费时。为了缩短定位故障源的过程,给技师提出供零部件的使用历史记录和整车配置清单,无疑将非常有帮助。如果所有关键的零部件都有RFID标签,技师可以了解到哪些零部件被更换过、更换的时间和原因,哪些零部件已经快到易损时间等重要信息。

这项应用的前提是对主要的零部件都附着这一块RFID标签,并给每个零件赋予一个终身唯一的序列号。这无疑需要在汽车厂和供应商之间达成共同的协议标准,在每个维修站都配有阅读器,以及建立一个中央数据库保存维修历史或者干脆保存在汽车的电子系统中。维修站可以从中央数据库或汽车的电子系统中读取车辆配置信息和零部件维修历史信息,这可以大大提高维修速度及维修质量,并提供预防性维修的手段。

对于一些易损件,如制动器或火花塞,这种维修方式将会受到欢迎。在未来的5年里,预计还会有一些零部件会被贴上标签。随着标签成本下降(特别是可读写标签)、标签耐热性的提高和RFID基础设施在售后环节的标准化将会加快这一进程。

(2)召回。近年来汽车召回变得越来越频繁。在某些情况下,由于缺少对有缺陷的零部件的跟踪信息,汽车厂和零部件厂不得已只能召回整条产品线上的产品。最有名的案例就是发生在2000年的1440万条Firestone轮胎的召回,广家估计花费了26亿美金,平均每股股票损失了1.7美元。如果能够准确说出这些有问题的轮胎都用在了哪辆汽车上,无疑这场灾难会更快过去,对厂商品牌的打击也会更小。

现在,对轮胎进行跟踪已经被写入美国政府的法律中。预计在未来的3年中会还有20~30种零部件会得到同样的特殊"关照"。

(3)再生利用。迫于环境污染的压力,对工业产品的再生利用得到越来越多的关注。根据欧盟的法律,汽车上至少有85%的零部件必须进入再生利用流程。汽车再生利用的第一步是车辆的解体,然后对零部件进行评估和分类,决定是作为旧品出售或是再生利用。目前的评估和分类工作完全是手工完成的,如果使用RFID技术,通过读取拆下来的零部件的RFID芯片上的使用信息,可以方便地确定其残值。

3)资产管理

(1)容器管理。在汽车工业里使用了大量容器,如料箱料架、外包装、托盘等。通过在容器上安装RFID标签,可以十分方便地跟踪容器中盛放的零部件。据估算,全球用于汽车行业的可重复使用的各种容器数量约为2亿个,以戴姆勒—克莱斯勒为例,所使用的金属容器就有1200万个。跟踪这些容器需要使用有效的RFID标签,以便于在各种场合下读取数据。由于RFID标签的价格通常远小于这些金属容器的价格,因此该项应用在汽车行业已经非常

普及(一些典型的案例如 Eurostar 公司、福特公司和大众公司),其好处体现在:

①减少了容器的错误运输;

②加快了容器在运输过程中的处理速度;

③跟踪容器内的零部件;

④方便对容器管理(如清洗、检测和维修);

⑤可存前货运单据,并易于读取;

⑥较条形码更加耐用。

由于汽车厂常常会将容器的运输交给第三方运输公司完成,因此需要在汽车厂和物流公司之间就 RFID 标准达成一致。

(2)工具管理。在工厂环境下,许多工具和设备都是可以移动的,工人之间可以共用一些工具和设备。在没有工具管理系统前,无法了解这些工具的摆放位置,某些配套使用的工具也可能因为误放而无法使用。

如果在工具上安装有源的 RFID 标签,可以对工具的整个使用和流通过程进行跟踪和记录。目前,在大的工具和设备上 RFID 已经使用。但对于小的工具,无疑需要解决金属件对 RFID 信号的屏蔽问题。

4)车辆的相关应用

目前,已经出现了许多种直接将 RFID 应用到车辆上的应用,其中大多数都是以提高安全性和给驾驶者提供方便为目标。对于每项应用,统一各套标准,建立通用的基础平台,都需要建立一套特定的标准。

(1)车辆识别。唯一的车辆标识可以用于很多场合。例如,电子号码车牌可以通过车辆标识码(Vehicle Identification Number,VIN)唯一地标识车辆,而 VIN 可以存储在 RFID 的标签里并将其安装到车辆上。

未来 RFID 在车辆识别方面的应用会十分广泛,可以预计未来每辆汽车上都会有至少一个用于识别的芯片。以下是一些目前已经在使用的例子:

①BMW 在汽车钥匙中安装了 RFID 芯片,用来存储车主的个人信息。

②某些国家已经开始考虑使用装有 RFID 芯片的电子车牌来取代传统的汽车牌照。

③在美国、欧洲和亚洲的一些道路收费口已经开始使用 RFID 对车辆进行收费。

④大众汽车使用有源的 RFID 发射器让购买者在停车场中找到自己订购的车辆。

但是,这项应用的未来也不是完全一帆风顺。由于使用了 RFID 技术后对车辆的识别变得十分方便,政府和团体可以很容易地追查个人的行踪。

(2)车辆使用控制。现在的许多车辆上都安装了远程接入和使用控制设备,其关键是使用加密的无线信号和控制芯片。当钥匙插入钥匙孔启动点火时,钥匙中的芯片数据会被车辆自动读取,只有通过数据校验后车辆才能发动。

根据 Gartner 的统计,1999 年约有 50% 的 128kHz 的 RFID 芯片都被用于该领域。未来的车辆使用控制将变得更加严格,车主携带控键靠近车门时将被激活,在车主拉车门时,汽车将确认控键已靠近车门,并自动将门打开,该技术称为无源遥控器开锁(Passive Keyless Entry,PKE)系统。目前梅塞德斯—奔驰已经在其 S 系列的车型中安装了 PKE 系统。

(3)轮胎压力控制。虽然在有些高档汽车中安装了压力感测系统,但最近交通事故数据显示,错误的轮胎压力是造成这些事故的主要原因之一,因此迫使汽车生产厂商在所有汽车产品中安装轮胎压力感测系统。感测系统一般包括传感器,用来测定轮胎内的温度和压力,并不断将数据通过 RF 链路传给汽车中的接收器。该接收器与一警告显示器相连,这样车内的驾驶员就可随时了解轮胎是气压不足还是气压过高。

三、目前 RFID 存在的问题

1. RFID 的基础设施

RFID 在汽车行业推广使用的第一个障碍就是需要在 RFID 的价值链安装各种基础设施,这绝不是一小笔的投入。RFID 的价值链见表4-5。

汽车行业的 RFID 价值链　　　　　　　　　　　　表4-5

供应商	整车厂	经销商	维修站
安装 RFID 标签将 RFID 集成到现有的 IT 系统中配备阅读器等基础设施	配备阅读器等基础设施	配备阅读器等基础设施	配备阅读器等基础设施

2. RFID 的使用成本

目前,RFID 项技术的成本仍然需要进一步降低。戴勒姆—克莱斯勒公司对外宣称,"虽然这些小标签的成本只有 0.50 美元,然而系统的其他部分,如包装每一个标签的金属盒子等,带来系统的总成本达到几乎每辆车 24 美元。如果成本能降低到 50 美分左右,它将会使我们用 RFID 做到更为令人吃惊的事情"。RFID 技术未来发展预测见表4-6。

RFID 技术未来发展预测　　　　　　　　　　　　表4-6

考虑因素	近期(3年内)	中期(3~10年)	未来(10年以上)
价格(美元)	1	0.10	0.02
标准	非常少,只在特定的行业内	部分,主要面对特定行业	许多,部分成为全球标准
金属环境	在金属件上使用 RFID 有效范围缩短为 0.1ft①	在金属件上使用 RFID 技术角度已经完全可行,但成本较高	在金属件上使用 RFID 在技术和经济性上完全可行

注:① 1ft = 0.3048m。

第三节　物流信息采集技术应用

一、条形码技术在物流中的应用

1. 条形码技术在仓库管理中的应用

成功企业的重要特点是客户驱动的程度,通过提供优质产品与服务、准时交货、低成本和高质量来赢得客户的满意。除此之外,还必须重视优化库存及设备,各种资源及空间的利用,从而达到对物流作业的有效管理。

今天的仓库作业和库存控制作业已十分多样化、复杂化,靠人工去记忆处理已十分困难。如果不能保证正确的进货、验收、质量保证及发货,就会导致浪费时间、积压库存、延迟交货、增加成本,以致失去为客户服务的机会。采用条形码技术,并与信息处理技术结合,可确保库存量的准确性,保证必要的库存水平及仓库中物料的移动、与进货协调一致,保证产品的最优流入、保存和流出仓库。

1）实际用途

目前,在仓库中最普遍的技术是条形码化,不论物流流向哪里,都可以自动记录下物流的流动。条形码技术与信息处理技术的结合可以合理、有效地利用仓库空间,以最快速、最正确、最低成本的方式为客户提供最好的服务。

条形码方案可对仓库中的每一种货物、每一个库位做出书面报告,可定期对库区进行周期性盘存,并最大限度地减少手工录入的基础上,确保将差错率降至零,且高速采集大量数据。

2）操作实例

仓库员用手持式条形码终端对货位进行扫描(条形码终端内有简单的软件,提供数据采集功能和统计功能),扫入货位号后,对其上的货物相应的物品号(如零件号)进行扫描,并键入该物品的数量。如此重复上述步骤,直到把仓库中货物全部点清。然后将条形码终端中采集到的数据通过通信接口传给计算机。计算机中装有可进行数据和仓库管理的软件。一台计算机可同时为多台条形码终端采集器服务。

系统中需配置条形码打印机,以便打印各种标签:货位、货架用的标签,物品标识用的标签,并标明批号、数量。

3）应用优势

条形码技术像一条纽带,把产品生命期中各阶段发生的信息连接在一起,可跟踪产品从生产到销售的全过程,使企业在激烈的市场竞争中处于有利地位。条形码化可以保证数据的准确性,使用条形码设备既方便又快捷。自动识别技术的效率与键盘是无法比拟的。

日本夏普电子公司多年来采用条形码化的仓库管理系统。过去以纸为基础的作业方式,在发货和入库方面,每月约有200个错误发生,错误发生后,往往需要几个月来跟踪这些差异,以免扩大其影响。现在每一件货物出入库时,操作员马上对货物上的条形码用手持式激光数据采集器识读,通过数据采集器把数据及时地输入计算机进行统计和管理。仓库作业数呈两位数字增加,人员数却没有增加,库存精度达到百分之百,发货和进货作业的差异率降为零,而且也减少了一些劳动量。

仓库管理实现现代化管理手段,条形码技术是保证仓库作业优化、充分利用仓库空间、快速便捷为客户提供优质服务、创汇增值的优先手段。

2. 二维条形码在车辆管理中的应用

车辆管理涉及车辆的信息、安全、检验、审核等项内容的管理。作为一种交通工具的车辆和掌握此交通工具的驾驶员,时刻处在时空的动态运动之中,政府有关部门如何按照上述列举的管理内容实现对时刻处于运动状态下的客体(车辆和驾驶人员)进行有效管理,是政府车辆管理部门面临的课题。二维码作为一种简单经济实用的信息载体,可以建立一种信息载体与数据库的有机联系,使管理部门能够实时地监察动态客体,并把握动态客体运动轨迹。实现管理过程的网络化、自动化是车辆管理部门的目的。以下将二维码可能在车辆管理中的应用做一分析。

1）行车证、驾驶证管理

行车证是公安部门制作的带有法律意义的车辆证明文件,其中的信息经过车辆管理部门审定,具有法律保证作用。采用印制有二维码行车证,将有关车辆上的基本信息,包括车驾号、发动机号、车型、颜色等车辆的基本信息转化保存在二维码中,其信息的隐含性起到防伪的作用,信息的数字化便于对管理网络实施实时监控。

2) 车辆的年审文件

车辆的年审文件是政府车辆管理部门实施车辆审验的过程监督文件。事实上,目前车辆的审验过程中已经采用了自动化作业手段。在每个审核的过程中,目前采用的是通过签字盖章的办法,容易出现作弊的情况。在自动检测的过程中实现通过确认,采用二维码自动记录的方式可保证通过每个检验程序的信息自动化。

3) 车辆的随车信息

目前车辆的随车信息仅有年检标志。可以在随车的年检标志上将车辆的有关信息,包括通过年检时的技术性能参数、年检时间、年检机构、年检审核人员等信息印制在年检标志上,以便随时查验核实。同时,还可以在对车辆上牌登记时在车辆的隐蔽处贴上带有二维码的标记,以便在车辆损坏或被盗、丢失时能够通过对其识读及时发现车辆基本信息。

4) 车辆违章处罚

在现有交通管理模式中,交警对车辆违章处罚主要采取人工方式。在应用二维码技术之后,交警在执勤时,一旦发现车辆违章(如闯红灯、酒后驾驶),可通过二维码掌上识读设备对违章驾驶员的证件上的二维码进行识读,系统自动将其码中的相关资料传到掌上设备的数据库中。交警根据车辆的违章类型,将其违章情况直接记录在掌上识读设备中,并可根据其违章类型开具处罚单据。每天通过掌上识读设备与交警部门的中心数据库的上传下载,可将交警当班所查车辆数及处罚的全部记录上传到中心数据库,同时中心数据库也会将每天最新车辆信息下载到掌上识读设备,实现对车辆违章处罚的有效管理,如图 4-6 所示。

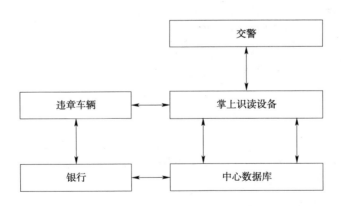

图 4-6 二维条形码在车辆管理上的应用

5) 车辆监控网络

以二维码为基本信息载体,建立局部的或全国性的车辆监控网络。要实施对客体运动轨迹的跟踪和有效的监控,必须以车辆的基本信息为主体,通过采用相应的二维码识读器与政府车辆管理数据库连接,实现对车辆和驾驶员的跟踪监控,保证车辆管理有效、实时和自动化,如图 4-7 所示。

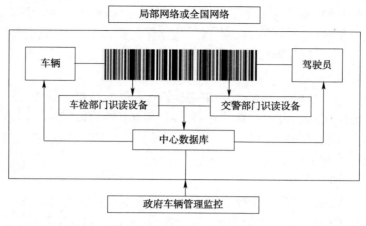

图 4-7 车辆监管网络

二、汽车服务领域中 RFID 的应用

1. RFID 应用领域

射频识别技术以其独特的优势,逐渐地被广泛应用于工业自动化、商业自动化和交通运输控制管理等领域。随着大规模集成电路技术的进步以及生产规模的不断扩大,射频识别产品的成本将不断降低,其应用将越来越广泛。其主要应用见表 4-7。

射频技术的应用　　　　　　　　　　　　　　　　　　　表 4-7

典型应用领域	具 体 应 用
车辆自动识别管理	铁路车号自动识别是射频识别技术最普遍的应用
高速公路收费和智能交通系统	高速公路自动收费系统是射频识别技术最成功的应用之一,它充分体现了非接触识别的优势,在车辆高速通过收费站的同时完成缴费,解决了交通瓶颈问题,提高了车行速度,避免了拥堵,提高了收费结算效率
货物跟踪、管理及监控	射频识别技术为货物的跟踪、管理及监控提供了快捷、准确、自动化的手段。以射频识别技术为核心的集装箱自动识别,成为全球范围最大的货物跟踪管理应用
仓储、配送等物流环节	射频识别技术在仓储、配送等物流环节已有许多成功的应用,随着射频识别技术在开放的物流环境统一表征的研究开发,物流业将成为射频识别技术最大的受益行业

汽车服务领域中 RFID 的应用主要包括车辆、零部件跟踪,认证防骗,售后服务,车辆识别,车辆使用控制,轮胎压力检测等。

2. 国内外射频识别技术应用状况

射频识别技术在国外发展非常迅速,射频识别产品种类繁多。在北美、欧洲、大洋洲、亚太地区及非洲南部,射频识别技术被广泛应用于工业自动化、商业自动化、交通运输控制管理等众多领域:汽车、火车等交通监控,高速公路自动收费系统,停车场管理系统,物品管理,流水线生产自动化,安全出入检查,仓储管理,动物管理、车辆防盗等。而在我国,由于射频识别技术起步较晚,应用的领域不是很广,除了在我国铁路应用的车号自动识别系统外,主要应用仅限于射频卡。车辆自动识别方面早在 1995 年北美铁路系统就采用了射频识别技术的车号自动识别标准,在北美150万辆货车、1400个地点安装了射频识别装置。近年来,澳大利亚开发了用于矿山车辆的识别和管理的射频识别系统。

在高速公路收费及智能交通方面,香港"驾易通"采用的就是射频识别技术。装有射频标签的汽车能被自动识别,无须停车缴费,大大提高了行车速度和效率。虽然我国很多地区高速公路都采用了射频卡,但是大部分还是应用人工停车收费的方式。最近,锦山的一条高速公路上应用了射频卡自动收费,但是与香港"驾易通"相比,其差距显而易见。利用射频识别技术的不停车高速公路自动收费系统是将来的发展方向,人工收费包括IC卡的停车收费方式也终将被淘汰。

在货物的跟踪、管理及监控方面,澳大利亚和英国的西思罗机场将射频识别技术应用于旅客行李管理中,大大提高了分拣效率,降低了出错率。几年前,欧共体就要求从1997年开始生产的新车型必须具有基于射频识别技术的防盗系统。而我国铁路行包自动追踪管理系统还只是在计划推广之中。

在射频卡应用方面,1996年1月韩国就在首尔的600辆公共汽车上安装射频识别系统用于电子月票,实现了非现金结算,方便了市民出行。德国汉莎航空公司则开始试用射频卡作为飞机票,改变了传统的机票购销方式,简化了机场入关的手续。在我国,射频卡主要应用于公共交通、地铁、校园、社会保障等方面,如上海、深圳、北京等地陆续采用了射频公交卡。我国射频卡应用较大的项目是第二代公民身份证。

在生产线的自动化及过程控制方面;德国BMW公司为保证汽车在流水线各位置能准确地完成装配任务,将射频识别系统应用在汽车装配线上。而Motorola公司则采用了射频识别技术的自动识别工序控制系统,满足了半导体生产对于环境的特殊要求,同时提高了生产效率。在动物的跟踪及管理方面,许多发达国家采用射频识别技术,通过对牲畜个别识别,保证牲畜大规模疾病暴发期间对感染者的有效跟踪及对未感染者进行隔离控制。而在生产线的自动化及过程控制以及动物的跟踪及管理方面,我国与国际水平的差距就更大,甚至在有些方面尚未应用。

1. 条形码的技术特点有哪些?
2. 简述条形码的码制、分类及各类型特点。
3. 简述条形码的结构。
4. 二维条形码的特点及其与一维条形码相比的优势有哪些?
5. 简述二维条形码的类型及应用范围。
6. 简述RFID相对于传统条形码的优势及应用范围。
7. 简述二维条形码在车辆管理中应用。
8. RFID在汽车服务领域的应用有哪些?

第五章　汽车整车销售管理系统

第一节　汽车销售与市场管理理论

随着生产效率的不断提高,以及越来越多的厂家投入汽车生产领域,市场上的汽车商品快速丰富,导致了市场上汽车销售的激烈竞争,于是出现了以销售为中心的观点。汽车厂为了提高销售额,就必须对内采用严格的质量管理,对外强化推销观念。但这无疑是以成本作为代价的,销售竞争的发展使得销售费用越来越高,出现了销售额上升而利润不断下降的情况。于是,以利润为中心的论点开始占据主导地位,汽车企业管理的目标放在了以利润为中心的成本管理上。但是,成本是不可能被无限压缩的,在一定的质量要求下当成本被压缩到了极限而汽车厂家的利润目标仍然无法得到满足的时候,成本再被压缩必然会带来产品质量的下滑或提供给客户的价值被缩小。至此,汽车厂家不得不再一次审视自己的管理思想,于是客户的地位被提高到了前所未有的高度,确立了以客户为中心的论点。

反观国内的轿车行业,在出现合资企业后的短短 20 年内走过了国外近百年的历程,一一经历了上述阶段。现在,以客户为中心的销售与市场管理正为国内的企业普遍接受,而与其对应的信息化手段也得到了越来越多的重视。

一、以产品为中心的汽车销售市场

以产品为中心的销售方式最直接的表现就是工厂部门负责大量生产,销售部门则尽全力按库存推动销售。其特点是:汽车厂家处于强势地位,在一定程度上消费者的需求被厂家忽略。在渠道上,经销商处于弱势地位,只能卖汽车厂家所生产的产品,而不是卖消费者所需要的产品。

1. 按库存推动的销售渠道

在按库存推动的销售模式下,总装厂和经销商、经销商和最终客户之间的关系在本质上都是一样的,即"控制信息、相互斗智"。汽车厂在总部不仅拥有庞大的销售部门,在各个地区都有负责监督经销商的办事处。销售部门的工作就是确保经销商能够卖出足够多的汽车,他们总是采用各种手段刺激消费者和经销商,以便售出全部汽车(有时甚至在畅销车型订单中硬性搭配滞销车型),因此,他们与经销商之间的关系一般都比较紧张。而经销商的技能则在于说服买主和价格谈判,不仅对客户的需要和愿望不感兴趣,而且只提供一些能达成交易的产品的信息。一旦买卖做成,销售人员对客户就不再感兴趣。这种做法不仅与经销商和汽车厂之间的关系基点相同(我怎么卖车是我自己的事情),并且与销售部门与产品规划部门之间的关系(销售人员很少将市场需求反馈给产品规划人员)、汽车厂与零部件配套厂之间的关系都十分类似。

图 5-1 以美国汽车市场为例,给出了在按库存推动的模式下汽车销售与分销的价值链分析。可以发现,在一辆售出的汽车的所有成本中,研发、物料和生产分别占据了 8%、44% 和 15% 的比例,而用于销售和市场的比例占到了 33%。其中,促销、返利、广告是这一模式中最常见的手段,最终导致的结果是在分销、市场和零售层面上的高成本和低效绩。

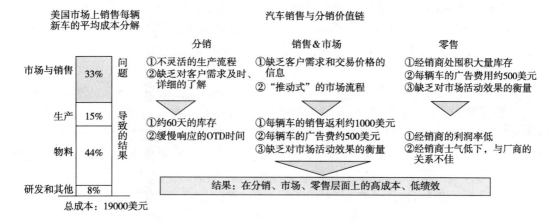

图 5-1 库存推动模式下汽车销售与分销的价值链分析

2. 与库存推动配套的渠道返点与支付制度

1)背景

目前常见的做法是,整车厂对不同的销售渠道和销量制订不同的折扣率。表 5-1 给出了针对 1999~2000 年英国汽车市场做出的估计数据。尽管这些数据在不同的汽车品牌之间存在差异,但是基本结构却大体类似。

汽车销售的价格分化   表 5-1

销售渠道	市场份额	平均折扣	按照市场份额加权的折旧率
整车厂销售	10%	30%	3%
经销商展示车	3%	30%	0.9%
日租赁	10%	25%	2.5%
团体客户,>1000	10%	15%	1.5%
团体客户,101~1000	15%	12%	1.8%
团体客户,25~100	9%	10%	0.9%
商务,<25	9%	7%	0.63%
商务,其他	8%	2%	0.16%
残疾车辆	7%	10%	0.7%
个人	19%	1%	0.19%
合计	100%	14.2%	12.28%

目前的折扣结构主要掌握在经销商的手中,或者整车厂给出的一些促销折扣以及一些团体客户直接从厂方拿到的折扣——但是最终他们都会归入经销商的付款和返利体系中。这种复杂的销售渠道、多头的折扣体系是导致很多问题和管理失灵的重要原因,典型的例子就是价格体系的混乱。

2）不同车型的利润结构

经销商最基本的交易利润（表面的利润）来源于经销商的零售价和从厂家进货的批发价之间的差异。经销商与厂家之间的结算方式也有好几种，如现款提车、寄售等。而实际上，表面利润很快会被经销商的库存费用所侵蚀，或者被大客户与厂方直接商谈的折扣率所抵消。而通常对于不同的车型，经销商最终可以拿到手的利润与表面利润的差异也各不相同。实际上，总有一些易于销售的高利润车型的折扣率掌握在经销商的手中，而不会放给大客户。这也是经销商手中调整不同车型价格区间的重要空间和手段。

3）返利体系

除了交易利润，经销商还会从整车厂拿到一笔基于奖励考核结果的销售返利。返利对于经销商的销售业绩至关重要，特别是对于那些薄利多销的车型，返利是经销商的一笔重要的收入来源。同时，返利也是厂家控制经销商的一种手段，通过控制经销商的主要利润来源，就形成了对经销商的有效控制。因此，汽车厂对经销商返利的考核常常还加入一些其他销量因素，如客户满意度、专营标准的执行情况、向整车厂提供的信息质量等。

然而，为了获得返利，特别是当返利被设计成单纯按照销量为衡量的台阶结构时，在激烈的市场竞争下，经销商常常会将返利提前计算到给最终客户的优惠当中。然而，并不是所有的返利都是直接与销量有关的，如可以对不同的车型或车型的组合、客户的类别等设置不同的台阶。

4）返利与需求扭曲

返利无疑会造成客户需求信号的扭曲。在按库存生产模式下，返利成为一种推动经销商出清库存的手段。目前由于返利已经成为经销商最大的一块利润，返利实际上成为厂商控制经销商的一种手段，因此，经销商为了拿到年底的返利，而不得不对厂家唯命是从，甚至自行垫款将车先从厂家买回来再想办法卖出去，按照厂家的意愿推动销售。这无疑大大地扭曲了市场的实际需求，在一定程度上瓦解、分化了汽车厂家的销售体系，造成了需求波动的放大，破坏了整个汽车销售服务体系的良性循环。

二、以客户为中心的汽车销售与市场管理

前面讲述的以产品为中心的销售与市场管理模式是汽车市场初级阶段的表现，销售渠道的利润是通过对产品资源的控制实现的。而随着竞争的激烈，消费者选择空间的增加，单车利润的降低，其弊端越发暴露无遗。这时，以客户为中心的方式和手段开始被汽车厂商和经销商所关注。由于消费者在购车过程中不仅要选择喜欢的品牌、产品、配置，而且还要选择满意的经销商。因此，汽车厂家不仅要了解客户在不同年龄阶段下的购买行为（客户生命周期），而且还必须清楚客户在购买车辆之后的使用行为（整车生命周期），而客户关系管理（Customer Relationship Management, CRM）则是汽车厂家主要的IT武器。

1. 客户生命周期

图 5-2 是消费者在其生命周期的不同阶段对于汽车厂家的价值曲线。据统计，以美国的普通家庭为例，除了住房以外，汽车通常是他们的第二大投资。一个普通的美国家庭通常拥有两辆车，他们平均每年需要在与汽车相关的产品和服务上花费 7360 美元，或者说，他们一生在汽车上的花费高达 30 万美元。

需要指出的是,汽车厂关注的客户价值还不仅仅是某一个消费者购买一部汽车而已,而是从这位消费者第一次购买该品牌汽车开始,他这一生所购买的所有的汽车及配件,以及他的亲朋好友所购买的汽车及其配件,加之他这一生为了购买这几部汽车在他们相应的金融服务公司所获得的金融服务总金额。毋庸置疑,这将是一个比 30 万美元大得多的数字。

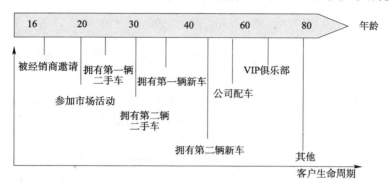

图 5-2 客户在生命周期不同阶段的价值

为了挖掘客户生命周期的价值,首先需要准确掌握客户信息,建立统一的客户数据库,将售前、售后、市场、销售、客户服务的等所有渠道获得的客户资料,集中在一个数据库中,并以客户为单位,加以多角度分析,才能获得每一位潜在客户或已购车客户最详尽及时的资料。这其实也是所有的汽车厂家投资 CRM 系统的初衷。

2. 整车生命周期

汽车产业经过一百多年的发展,不同品牌的产品之间的功能、质量等要素已经不是最主要的产品特征,取而代之是客户在整个产品生命周期的体验成为不同品牌诉求的目标。图 5-3 给出了一辆新车从总装厂装配下线卖给经销商以后,直至消费者购买、使用、处置全过程的花费构成,从中我们可以从消费者支出的角度了解各环节的相对重要的程度。

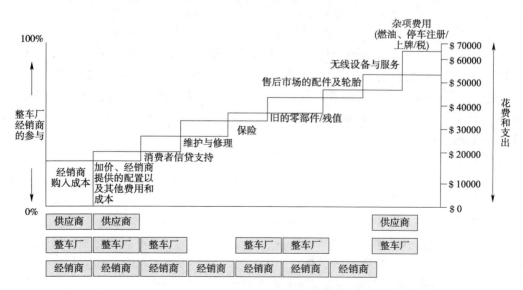

图 5-3 新车在整个生命周期内各项花费的平均构成(假设:10 年/100000 英里)

与上面提到的客户数据库一样,整车厂也需要为每一辆售出的车辆建立统一的车辆数据库,将售车登记、首保、索赔、维修、车主更换、召回等信息进行统一的管理。由于这些数据大多分散在经销商手中,因此,如何将这些数据加以搜集和整理是建立车辆数据库的关键。由于目前汽车售后和服务环节的利润远远高于销售环节,因此,这方面的工作得到越来越多整车厂的关注。

3. 客户关系管理

如图5-4所示,为了在新车从销售到使用的各个环节都带给客户满意的体验,汽车厂家在市场、销售和服务领域开展了大量的工作,并将CRM作为进行差异化竞争的重要武器,在整车厂层面、市场/销售/服务层面、经销商层面开展相应的信息化工作,其背后遵循着三条主线:潜在客户开发(市场)、潜在客户管理(销售)、客户忠诚度管理(服务)。

1)市场管理

市场领域的工作中心是潜在客户的开发,目标是要增加销售漏斗中潜在客户的流量,只有进入销售漏斗中的潜在客户数量增加了,从潜在客户转变为客户的数量才会增加,这是一个循环往复的工作。由于潜在客户会采用多种不同的联系方式——电话、网页浏览、电子邮件、传真、短信以及展会上留下的联系方式等,厂家需要及时处理每天收到的大量纷繁复杂的信息,从中识别出有诚意的潜在购买者,并对他们的个人资料做详细的收集和整理,并有条理地记录下他们的历史联系记录以供下次联系时参考。这样才能使每个潜在客户都会有一种受到重视的感觉,并使厂家能够有针对性地对不同的潜在客户提供适当的购买建议,提高潜在客户的实际购买率。

2)销售管理

CRM在销售环节的工作中是对潜在客户的管理。通过有效管理,使潜在客户成功转化成车主。客户的购车时间一般分为:立刻购买、3个月内购买、6个月之内购买、1年之内购买几种类型。根据潜在客户选择购买时间的不同,CRM会提示销售人员采取不同的跟踪服务方式。

通过市场活动获得的数以万计的潜在客户的信息,对于汽车厂家来说是一笔不可多得的财富。通过对潜在客户数据的统计分析,可以了解吸引潜在客户的重要手段有哪些以及效果如何,指导厂家及经销商在各地展开的促销活动,使其更加具有针对性;可以通过对潜在客户群的分析,来制订及修改各个不同销售区域的销售计划及发货计划,减少不必要的损耗;甚至可以通过对潜在客户群的分析来及时修正生产计划,以销定产,既保证了及时供货,又降低了可能出现的库存压力。

3)服务管理

售后服务的目标是对客户忠诚度的管理。以国内某汽车厂为例,统计数据显示,已经买过该厂家汽车的客户再次购买该厂家汽车的比例可以达到55%,而从竞争对手那里转化过来的客户只占35%。客户购买新车1个月之内,销售人员就开始对客户进行拜访,与客户沟通,倾听客户的使用意见,拜访与沟通的情况都详细地记录在CRM系统之中。系统在客户购车后的4~5年中,会不断地提示销售人员以及服务人员,要求他们不断地与客户进行联系和沟通,为客户提供各种服务和关怀,从而使得客户在下一次购车中继续选择该厂家的产品。

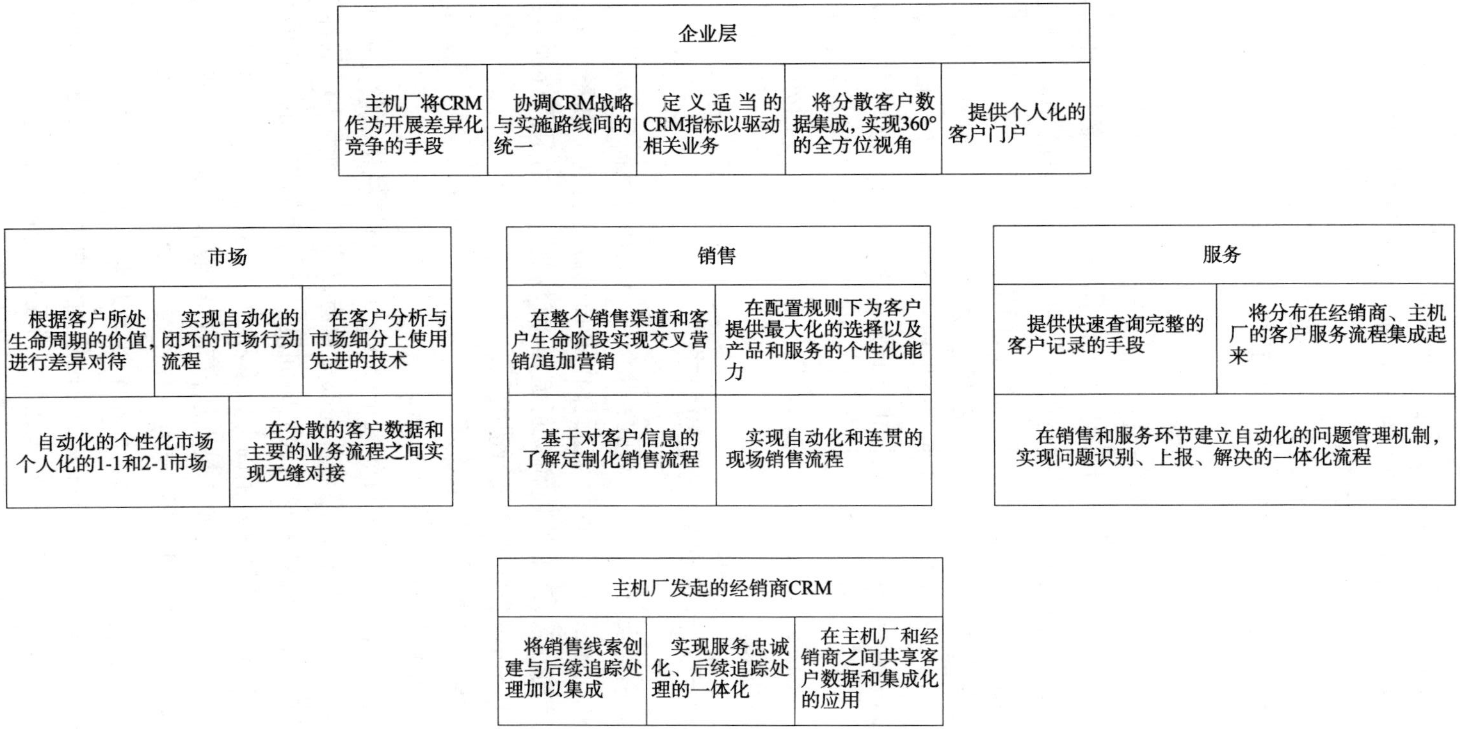

第五章 汽车整车销售管理系统

企业层

主机厂将CRM作为开展差异化竞争的手段	协调CRM战略与实施路线图的统一	定义适当的CRM指标以驱动相关业务	将分散客户数据集成,实现360°的全方位视角	提供个人化的客户门户

市场

根据客户所处生命周期的价值进行差异对待	实现自动化的闭环的市场行动流程	在客户分析与市场细分上使用先进的技术	在分散的业务流程之间实现无缝对接	自动化的个性化市场1-1和2-1市场

销售

在整个销售渠道和客户生命周期阶段实现交叉营销追销	在配置规则下为客户提供最大化的选择以及产品和服务的个性化能力	在主机厂和经销商之间共享客户数据和集成处的应用
基于对客户信息的了解定制化销售流程	实现自动化和连贯的现场销售流程	

服务

提供快速查询完整的客户记录的手段	将分布在经销商、主机厂的客户服务流程集成起来
在销售和服务环节建立自动化的问题管理机制,实现问题识别、上报、解决的一体化流程	

主机厂发起的经销商CRM

将销售线索创建与后续追踪管理加以集成	实现服务忠诚化、后续追踪处理的一体化	在主机厂和经销商之间共享客户数据和集成处的应用

图 5-4 汽车厂在市场、销售、服务等领域的策略和 IT 投资方向

在汽车厂家内部,向客户提供售后服务的部门较多,如客服部门、索赔部门、技术部门、财务部门等。其中,客服部门负责与客户及内部各相关部门的沟通,并跟踪问题的处理进度;索赔部门根据车辆的实际状况来判断是否允许索赔,并处理索赔事宜;技术部门负责处理售后服务中复杂的技术问题;财务部门负责处理售后服务中所涉及的财务往来等。在部门之间的各司其职、井井有条的后面,常常掩盖了相互之间的条块分割、无法共享客户及相关业务信息的现状。要从根本上改变这种现状,需要以完整处理客户需求而不是部门业务内容为导向来规划业务流程,建设统一的 CRM 系统来帮助各部门使用统一完整的客户及业务数据。

4)整车厂/经销商 CRM 系统

目前的整车厂已经意识到,只有将经销商纳入到其 CRM 项目的范围当中,才能够真正发挥 CRM 的效力。整车厂由于其天生的汇集来自各个经销商的数据的便利条件,因此,成为经销商之间和整车厂与经销商之间进行数据共享和应用集成的中心,以及实现销售线索处理和客户服务忠诚度后续处理的中心。最终目标是把经销商渠道也纳入厂家的整体业务活动计划中来。也就是说,从规划业务流程时起,就应该将汽车生产厂商与经销商统筹考虑,厂商将其所用的业务管理系统及数据有计划地与经销商共享来协同完成市场、销售或售后服务的各相关环节,也只有这样才能真正实现对业务流程的端到端的全程管理。鉴于经销商对于汽车厂 CRM 的重要性,有些资料干脆提出了在 DMS 中增加经销商和客户管理系统(Dealer and Customer Management System, DCMS)模块的概念,专门处理汽车厂与经销商之间的客户关系上的往来。

三、按订单生产对汽车销售渠道的要求

按订单生产对销售渠道提出了更高的要求。不仅在理念上需要抛弃以产品为中心的想法,树立以客户为中心的观点,同时在实际操作中必须做好制度上和系统上的准备,对原有的经销商考核与返利体系、订单处理和交付流程、市场与销售的手段等加以改进,而作为汽车厂家代表的销售公司也需要随之进行改变。

1. 满足按订单生产要求的销售渠道

1)按订单生产的考核与返利的变化

鉴于对经销商的考核与返利是目前汽车厂家管理和布控经销商的主要手段,因此,在汽车厂家向按订单生产转变的同时,必须首先改变原有以库存推动为手段的经销商奖励体制。在这里,需要同时考虑对经销商考核返利的时间段以及对每辆售出的车辆的奖励。

(1)时间影响:原有的定期对经销商考核返利的做法会带来一些副作用。经销商为了追求返利,往往会私下采取一些做法(如垫支从汽车厂家购入),其结果是扭曲了实际的需求。减轻这一副作用的一种方法是将考核变为一种连续进行的过程(而不是年终返利)。例如,根据前 40 天的平均销量,结合考虑销售的季节性等因素,来制订后 40 天的销量目标。

(2)每辆车收入的影响:目前的做法是将销量划分为若干等级,更高的销量意味着更高的返利率,从而诱使经销商采用各种方法达到一个预期的销量台阶。减轻这一副作用的方法可以是采用一种逐步提高的单台车辆利润,而不是简单的年终 500 台销售任务后的若干奖励等。

在按订单生产的模式下，返利将不再作为库存促销的方式，而是作为调整销售人员和客户动力和需求的手段。返利的对象不是已经生产出来的每台车辆，而是每台车辆的生产能力。例如，在销售淡季，返利可以帮助说服客户在非销售高峰购买。这样，返利就成为整车厂非常合理的支出，原因是原本放空的生产能力得到了利用。

2）展示用的车辆

展示车辆是零售层面上库存销售的一个来源。整车厂在处理展示车时较为简单，可以将它们卖给一些有特殊需求的需要更多折扣的客户（特别是一些大客户）。而对于经销商，处理掉这些展示车辆则没有那么简单。为了让经销商能够真正按订单销售而不是通过补充展示车辆销售，整车厂有可能需要自己负担展示用的车辆。

然而，经销商在给客户展示车辆时常常会遇到这样的情况：客户虽然在这里观看展示甚至试驾，但是仍然会在别的地方购买。因此，需要设计一套系统对那些提供了展示但却没有获得订单的经销商给予补偿。这不仅是一种平衡经销商之间竞争的手段，也是平衡不同区域市场竞争的手段。

3）实现更加快捷的订单执行

为了缩短按订单生产下的 OTD 时间，必然要求更加频繁和小批量的发运，这实际上会增加每台车辆的运输成本。解决的方法可以是多品牌联合运输、24h 全天运输、多品牌之间共享物流资源等，其中有些做法现在已经得到了应用。

4）提高交付的可靠性

为了实现供应链端到端的全局优化，经销商的流程也应该集成到整个供应链的订单处理流程当中。为了提高经销商在获得客户订单时的竞争力，需要从厂方得到一个可靠的交付日期承诺，而不只是简单的登记。无疑，缩短订货提前期对于改善供应链的性能至关重要，但是前提必须是系统稳定可靠。目前很多的整车厂的订单执行系统在交付的可靠性上都存在改进的余地。

一辆汽车从订货开始到最终交到客户手中，会经历一系列不同的阶段。可靠的交付意味着能够像旅行社安排旅客的游程一样，对每一个航班、宾馆都要提前做出保证。因此，提高交付可靠性不只是准时发运或者是给物流公司提供准确的信息，本质上是以预定作为推动整条供应链的推动力，包括预订车辆在总装流水线上的位置、物流运输、零部件供应、经销商的流程等一系列供应链上的环节。客户关于购车的问询在转化为订单前，所有上述条件都应该已经被确认。

目前的 IT 系统在接受订单时不是依据前面提到的对各个环节能力的实时查询，而是根据事前的一些假设来计算整个制造和交付系统的能力。假设值虽然可以更改，但这并不是一个动态的实时过程，而是一个滞后、批处理的过程，甚至都没有考虑计划、排序和涂装可靠性等很重要的问题。这种做法对于将按订单生产和按库存生产混合在一起的，允诺给客户较长的提前期，并且可以调整生产排程和发运日期的系统是可以接受的。但是，对于高度依赖按订单生产的系统就不行了。

此外，不可靠的交货日期对于需求管理同样也是无法接受的。为了确保销售人员对需求进行控制，将一部分需求与销售旺季顶峰的时间错开，系统需要提供收入管理的功能，对不同交货日期开出不同的价格，但这样做的前提是交货日期必须精确可靠。提高交货的可靠性对于增强前方销售人员的信心、降低经销商的库存水平会起到重要的作用。

5) 提供可靠的和最新的市场活动和供应约束信息

除了订单处理,经销商还必须能够及时了解最新的关于市场活动、促销、价格以及供应约束等信息,这些信息应该包括在订单预定系统中。除此之外,销售人员还需要及时与整车厂和 NSC 保持同步,能够将促销信息和供应约束解释给客户,为经销商争取最大的利润。目前,这些信息的传递基本上都是纸面的,未来也都需要集成到系统当中去。

其他一些行业,如一些电器零售业,都正在开发一些门户网站,使供应链上的所有成员易于了解约束限制、促销和其他销售活动。这些信息对经销商更好地利用促销机会,提高客户的满意度具有十分重要的意义。目前已经有一些整车厂开发了经销商的门户网站,或者允许经销商有限地访问其内部网站。

6) 车型组合和客户满意度

对于大客户来说,他们非常清楚所要购买的汽车的型号和配置,而且常常会直接与 NSC 或地区销售代表接触,经验比较丰富。而广大个人客户对于购买汽车常常没有那么专业,并且总认为经销商是在将其库存里的车辆或配送中心的库存进行推销。

图 5-5 给出了在供应链上不同的节点,如经销商库存、配送中心库存等,所能提供的车型的组合。图中纵轴是可能的车型组合的对数值,随着配置(如内饰、油漆、发动机、车体、选装等)的增加而呈指数级别提高,横轴给出了从该节点开始到客户的交货提前期。显然,越到供应链的下游,可以方便地提供给客户的库存的种类就越少,这一点是毋庸置疑的。

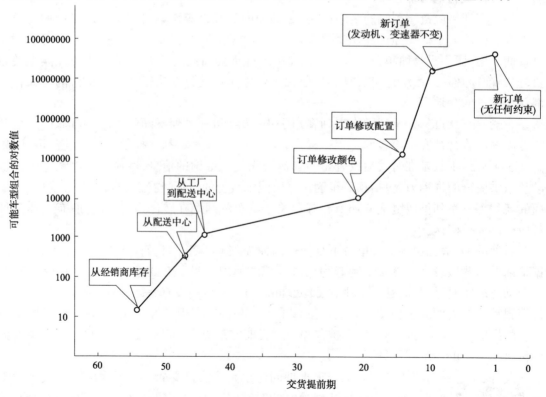

图 5-5 供应链上不同时期节点可提供的车型组合

现在,必须在客户的需求与可提供的车型组合之间寻求一个平衡点。然而,客户可能已经研究过汽车厂的网站,了解到所有的配置情况(如 10 种颜色、40 种配置组合、8 种发动机、10 种变速器等),而经销商却只能从库存和配送中心拿出有限的那么几种。因此经销商必须承受市场的压力,不能完全遵从客户的需求。此外,一些大客户也会将车型的短缺作为讨价还价的手段,这些在按库存推动的生产方式下是普遍存在的。

在完全按订单生产的系统中,销售的压力依然存在,但是由于后台系统可以给各种配置的车型提供相同的提前期,因此客户与经销商之间的关系会从对立和矛盾转向合作和咨询,这无疑大大增强了经销商对于按订单生产的信心。

2. 满足按订单生产要求的销售公司

1) 市场管理与国家销售公司

对于一个区域市场,最早一定是由一家代理商经营的。之后随着市场的扩大和对整车厂战略重要性的不断升级,转变为整车厂拥有的全权负责该区域市场的销售组织——国家销售公司(National Sales Company, NSC)。

为整合该整车厂在该区域市场的品牌管理,需要将所有的后台功能(如财务、IT 系统)进行整合并加以本地化。通常情况下, NSC 都会扮演一个分销商的角色,为本地的经销商提供订货、物流、市场等服务。目前在国内一些进口车的销售渠道就是按照这种模式运行的。

2) 集中的系统和取消销售公司的订单功能

目前,传统的由 NSC 执行的许多功能出现了集中化和外包化的倾向,即要么被集中到总部,如订单管理(图 5-6);要么完全外包给第三方,如人力资源和物流管理。这样做的原因主要是:

(1) 按订单生产推动了集中和外包的趋势。按订单生产需要系统和流程之间更加紧密的集成,迫使整车厂带动供应链上各成员间的调度和协调。而订货和物流,作为沟通供应链纵向渠道(从销售点到整车厂)和横向资源共享的重要环节,无疑是整车厂改造的重点对象。

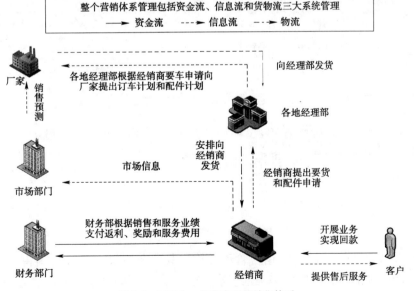

图 5-6 三流合一的集中型的销售体系

（2）一个区域里的所有订货系统的实时集成对于按订单生产无疑是必需的。许多的整车厂都已经开始意识到原有的 IT 系统的局限性。通过总部集中型的订单系统，可以对各个市场提供相同的预定、随交货提前期而动的报价等功能。为此，这些整车厂都已经在着手改造其订单系统，并作为新的整车供应链战略的一部分。

然而，即便是在最理想的按订单生产的系统中，许多关于市场和经销商网络的决策都还是要在本地做出，NSC 将继续在使整车厂了解品牌在当地市场以及销售渠道中的地位过程中扮演着重要的角色。对本地市场理解的重要性将体现在定价、促销以及与 CRM 系统相关的一些活动上，这些活动是不可能被集中化的。

第二节 整车厂汽车销售管理系统

一、整车厂汽车销售管理

目前，大多数整车厂都有自己独立的销售公司，在海外的各个国家或地区也设立国家销售公司 NSC 或委托专门的进口商，它们主要的职能就是从整车厂买入新车，然后销售给各地的经销商。其中，整车的采购与销售（包括相关的会计功能）是最为核心的业务。此外，销售公司还必须履行整车的仓储和运输功能（也可以委托给第三方物流），以及根据整车厂的要求，上报销售预测和计划，并对下游的经销商进行管理。

图 5-7 所示为一家整车厂在汽车销售管理业务的主要需求，包括了业务操作层面和分析统计层面，主要包括基础数据的管理、销售计划的管理、销售流程的管理、仓储与运输、财务会计和对经销商的管理等。

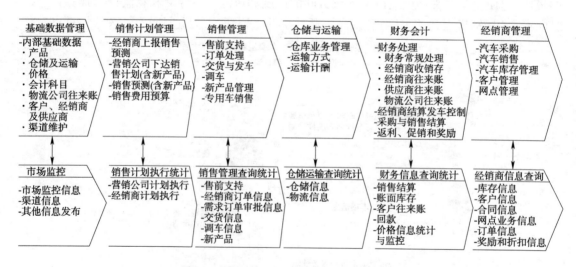

图 5-7 整车厂的汽车销售管理的主要业务需求

图 5-8 所示为整车厂实现 IT 销售管理结构。其业务模块主要分为销售/分销、采购/库存和财务会计三个部分，分别处理对经销商的销售、向工厂的采购以及财务会计的处理。而经销商管理系统作为销售/分销的前端，供经销商用来向整车厂下达采购订单。

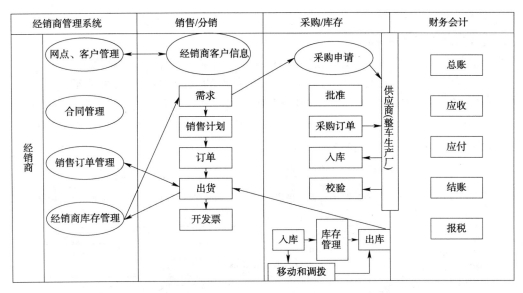

图 5-8 整车厂销售公司的系统结构示意图

下面主要以 SAP IS-Auto 中的整车管理系统 VMS 为例,介绍如何在系统中实现销售公司的采购—销售两条主线上的业务。该系统的客户分为两类,即销售公司和经销商。经销商可以登录到该系统中订购汽车,而销售公司则通过该系统向总装厂订购汽车。

1. 采购—销售过程中的整车状态和操作

一辆汽车在采购和销售过程中,从无到有,从计划到生产,从工厂到销售公司直至经销商,会经历很多种状态。如图 5-9 所示,采购状态为:计划→订货→生产→运输→到达销售公司仓库→已从工厂卖出。销售状态为:已销售→在销售公司仓库→在经销商仓库。这些都反映了汽车在采购和销售环节上的不同节点和状态。

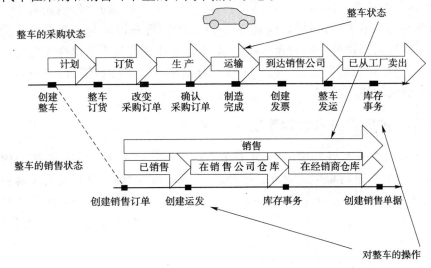

图 5-9 采购—销售过程中的整车状态划分

在不同的节点上,每家销售公司都会根据业务规则定义不同的业务操作,如在系统中创建一辆符合某种配置要求的整车,订购该车辆、修改订单、确认订单、生产下线、开票、发运、库存处理等。同时，根据这些操作，车辆的状态也会随之发生改变。

2. 整车状态—操作矩阵

显然，整车的不同状态和操作之间存在着某种关联，即（前一种状态）→（执行某一操作）→（后一种状态）。为此，我们可以将状态和操作的这种类似函数关系定义为一个矩阵。如图 5-10 所示，矩阵的第一列是当前起始状态，第一行则是新的结束状态，起始状态（行）和结束状态（列）的交点就是转换状态的操作。SAP 允许客户自行定义所需的状态和操作，从而可以满足不同销售公司的需求。

当前状态＼新的状态		M005 整车计划	M010 整车订货	P120 订单确认	P150 整车生产	P180 赋予VIN给整车	L040 整车到货	L080 结束改装	L100 库存事务	L200 整车存放在经销商
…	初始	CRCO								
M005	整车计划		ORDI							
M010	整车订货			ZPOC						
P120	订单确认				ZCON					
P150	整车生产					INIV				
P180	赋予VIN给整车						GORE			
L040	整车到货									
L080	结束改装							GOIS		
L100	库存事务									
L200	整车存放在经销商									

图 5-10　SAP VMS 中的整车状态—操作矩阵

除了状态和操作以外，地点（Location）和可获得性（Availability）也是可以在操作矩阵中加以定义的。由于供应链上的车辆一直处于流动过程中，因此，地点是一个用来判断车辆位置的非常重要的特性。当对某辆车执行了某一操作后，对应的地点也会自动改变，由此还能推算出距离到货的日期。例如，当订单被确认后，地点为工厂，到货日期还有 45 天；当车辆下线后，地点为海上滚装船，到货日期就还有 30 天等。可获得性与地点属性十分类似。例如，只有当车辆进入到销售公司的仓库以后，对于经销商来说其可获得性才为真。

通过定义一系列的整车状态、操作，可以十分灵活地实现各种销售流程和业务操作，这是 SAP VMS 最大的特点。

二、整车厂的客户关系管理系统

现在，CRM 已经成为与 ERP 和 SCM 并举的汽车厂管理系统。CRM 的核心内容是利用信息技术对客户资源进行集中式管理。把经过分析和处理的客户信息与有关客户的各种业务领域进行无缝接合，让市场营销、产品营销、客户服务和技术支持等各部门能共享客户资源，使企业可以根据客户的喜好和需求提供有针对性的服务，提高客户满意度和忠诚度，从而吸引和保留更多的客户，最终提升企业利润。

1. 整车厂客户关系管理的发展阶段

汽车销售的特点是整车厂通常不会直接与客户发生联系，整车厂能否将生产出来的产品卖给客户在很大程度上取决于经销商，因此，整车厂很少了解客户当前和将来的需求以及对现有产品的反馈。整车厂和客户之间缺乏联系导致了价值链中不必要的揣测和消耗。

现在,整车厂面临的压力迫使它们不再将鸡蛋全部放在别人的篮子里,而是希望直接把握客户资源,并将其作为能够在未来取得成功的关键。如图 5-11 所示,实现这一目标的渠道分为两类:

(1)利用现代化的通信和交互手段,直接与客户建立联系,如语音服务、呼叫中心、互联网、邮件等。

(2)直接与经销商协作,共同建立和管理客户资源。

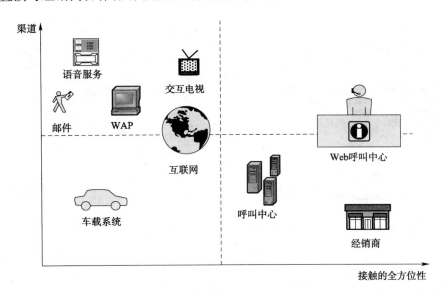

图 5-11　整车厂与客户之间的联系渠道

如图 5-12 所示,整车厂在客户关系管理领域,通常会经历三个阶段,即多媒体呼叫中心、客户联络中心/客户互动中心和客户关系管理系统。其中,多媒体呼叫中心着眼于建立与客户之间的联系渠道;客户联络中心在呼叫中心的基础上为客户提供一系列的增值服务,如投诉建议、信息咨询等;而只有到了客户管理系统阶段,才能为企业提供真正全面的具有战略意义的客户管理机制。

从发展途径的角度,一方面,接入手段不断丰富,从简单的人工热线电话→交互式自动语音应答系统→基于 CTI 技术的客户服务中心→真正多媒体的客户服务中心,与客户交流的渠道不断升级;另一方面,互动的对象也在扩大,从简单地仅仅与客户互动,发展到与客户和渠道互动,以及与公司内部其他各个部门互动,将呼叫中心变为企业的公共服务源。

2. 多媒体交互中心

呼叫中心通常是整车厂着手与客户直接建立沟通的第一步。大多数整车厂都会建立全国统一的销售和服务咨询热线 800 电话,回答客户的产品咨询,并对一些客户进行电话回访但都是以被动解答疑难为主。

随着通信手段的不断丰富,从方便客户的角度出发,总是希望能够提供更多的与客户进行沟通的手段。于是,集电话、传真、E-mail、网站于一体的多媒体交互中心应运而生,如图 5-13 所示,包括电话、传真、E-mail、互联网甚至直接邮件等形式都被集成到这一平台中。

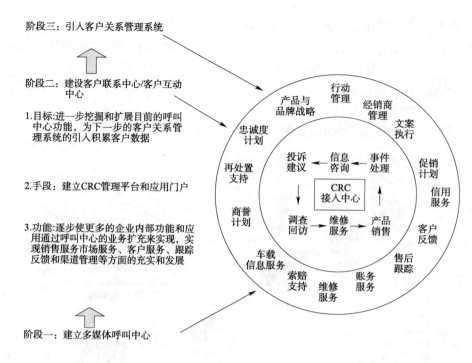

图 5-12 整车厂客户关系管理的发展阶段

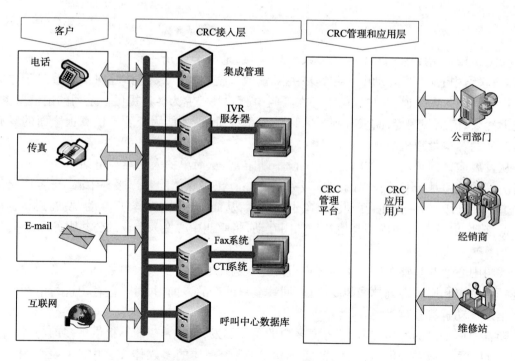

图 5-13 多媒体交互中心结构示意图

这一阶段的主要任务是：

(1)搭建客户服务中心系统和业务平台,并通过呼叫中心直接与CTI、E-mail、短信集成,实现多种渠道与客户有效的互动,提高客户服务代表的工作效率和服务水平。

(2)对各种方式(客户来电、网上虚拟订单、市场活动)得到的潜在客户信息,进行有效的管理、跟踪和反馈。

(3)有效地运用主动外拨回访、跟踪投诉、索赔等业务,并做到积极的客户关怀。

(4)完善客户意见和建议在各部门之间协调的处理流程。

(5)建立客户服务中心的知识库体系,使座席代表更快、更好地服务客户。

(6)通过更完善的话务和业务报表,有效地管理客户服务中心的日常运作,改善客户的体验效果。

3. 客户关系中心

客户关系中心(Customer Relationship Center,CRC)的工作是在前第一阶段基础上建立的。一旦整车厂在客户数据、CRM的应用经验等方面有了积累,就可以在公司及其经销商、维修站全面地推广CRM系统,实现跨部门的业务信息共享和优化流程的自动化。在这一阶段,可以考虑销售自动化、营销活动管理,做到跨部门的协同。

市场活动(Marketing Campaign/Campaign)是整车厂经常采用的一种市场行为,如新车展示、试乘试驾、回馈赠礼等,其目的是：

(1)获取新的客户。

(2)保持与客户的良好关系。

(3)交叉销售(Cross—sell)、提升销售(Up—sell)或促销产品。

(4)提升品牌资产价值,改善客户对品牌的体验。

市场活动通过某一客户接触点(信件、电子邮件、网站、传真、电话、面对面交流等),根据预先设定的计划或发生的业务事件,为预先设定的目标客户群体提供交流的机会。客户如果接受交流机会,将会帮助整车厂实现上述目标。

潜在客户(Prospect)是指那些有意向或可能购买本企业产品的客户。潜在客户是一个十分宽泛的概念,有时甚至干脆简称为客户,不仅包括那些从未购买该企业产品的消费者,甚至整车厂现有的客户、整车厂的员工乃至供应商,都可以是潜在客户。只要是潜在客户,就可以是市场活动的对象。

整车厂获取潜在客户的渠道有很多种,可以是自己的渠道,如现有的客户名单、网站、客户联系中心CRC、经销商、车展等,也可以是第三方渠道,如第三方网站、专业的市场公司等。因此,如何对这些不同来源的潜在客户数据加以合并、去重、清洗和更新,是每家整车厂都会面临的问题。

这一阶段可以实现以下的业务功能：

(1)通过建立销售自动化(Sales Force Automation,SFA)系统,帮助整车厂的大客户部进行有效的销售机会管理,提高其工作效率和销售产出。

(2)通过建立市场营销活动管理(Marketing Campaign Management,MCM)系统,帮助整车厂的市场部对相关的市场活动进行有效的管理,进而做到闭环营销。

4. 客户商务智能

当前三个阶段完成后,整车厂的CRM以及DCS、DMS等系统逐步上线应用,将积累大量的客户信息、销售信息、服务信息、产品质量信息。这时,数据仓库和分析型 CRM(Analytical CRM)系统的建立就成为必然,如图 5-14 所示。

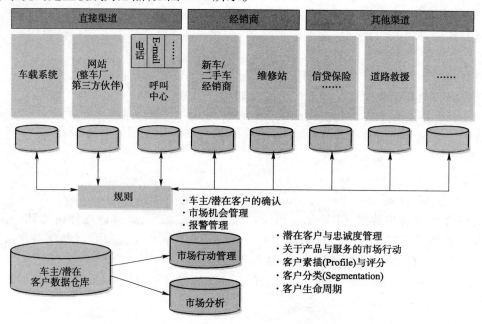

图 5-14　一个完整的具有客户商务智能特征的 CRM 系统构架

在这一阶段的建设中,整车厂可以做到:

(1)对客户进行差异分析。不同客户之间的差异主要在于两点:他们对整车厂的商业价值不同,以及对服务的需求不同。因此,对这些客户进行有效的差异分析,可以帮助整车厂更好地配置资源,有的放矢地定义服务水准,使得服务的改进更有成效,牢牢抓住最有价值的客户,取得最大限度的收益。在潜在客户管理的基础上,可以明确了解谁是客户,以及他们的信息、爱好和购买行为。下一步需要对这些客户进行分组,以便更有针对性地设计市场活动。

(2)调整产品或服务以满足每个客户的需要。想把客户锁定在这种学习型关系中,整车厂就必须因人制宜地提出"个性化"服务。这可能会涉及大量的客户化工作,而且调整点往往并非在于客户直接需要的服务,而是这种服务"周边"的延伸,诸如根据市场行情主动为客户提供专业咨询,体现整车厂的专业水准,为客户提供更加科学的产品、服务和体验。

三、经销商信息系统概况

经销商信息系统不是一个独立的系统,而是一组应用于销售和服务渠道中不同 IT 系统的统称。图 5-15 给出了从客户有意向购车、进行车型/价格比较、下单、提车一直到使用过程中的维修服务的各个阶段里,在销售和服务渠道里由上至下的一些具有代表性的信息流动和主要的业务功能。显然,整车厂的工厂后台系统、销售管理系统、经销商管理系统之间的信息流动相对比较零乱和复杂,各个系统相互依存,并且随着销售和服务渠道的变动而时常需要更改,这些都给经销商信息系统的设计带来了困难。

经过多年的发展,经销商的 IT 环境的构成已经比较成型。通常情况下,在一家典型的经销商内部,逐渐形成了包括 DMS 在内的由以下 4 个部分组成的 IT 架构。

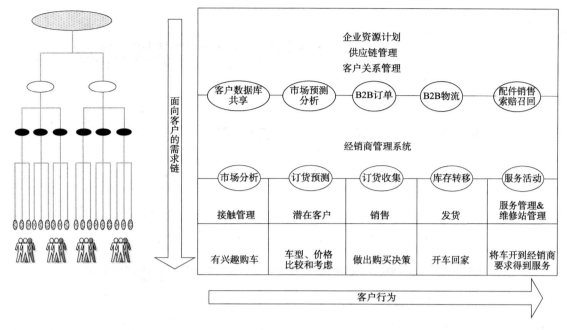

图 5-15　汽车销售与售后环节信息流动图

（1）经销商通信系统（Dealer Communication System，DCS）：包括了与整车厂的后台系统相联结的一系列功能，如订单录入、车辆配置、维修诊断、车辆和配件管理、索赔、客户档案等。极端情况下，一家整车厂会为经销商配备有 200 多个不同的应用程序。

（2）经销商管理系统（Dealer Management System，DMS）：为经销商提供日常业务处理的功能，包括总账、车辆和配件库存管理、服务订单管理、客户关系管理等。

（3）前台办公自动化应用：如字处理软件、邮件系统、工作流管理等。

（4）对外的经销商网站：自行管理或委托第三方管理的网站。该网站可以独立运行，也可以与 DMS 进行后台集成，实现电子商务的全部或部分功能。

如图 5-16 所示，为了能够从经销商处获取整车厂所需的数据，早期的整车厂通过延展自身的部门系统，让经销商直接手工输入所需要的业务数据，这只是一种过渡的方法。举例来说，整车厂的业务部门，如销售部门、市场部门、售后部门等，从自身的业务需求出发，开发各自的网站和应用系统，实现各自部门与经销商之间的数据交流。

但是，这种做法也造成了以下一些问题：

（1）对于集"整车、配件、服务、信息反馈"于一体的 4S 经销商，由于需要与代表整车厂不同部门的多个系统连接，在其内部反而难以形成跨业务流程的集成的信息流。

（2）经销商之间难以共享客户和车辆信息。例如，在目前情况下，维修站无法获取车辆在其他维修站的维修历史记录。

（3）销售公司缺少经销商快速统一的信息反馈渠道，市场销售预测难以开展，对整车厂的要货只能更多地凭借经验。

（4）从各个系统收集的数据也难以形成一个统一的视角。例如，对于 4S 经销商，销售客户信息与维修客户信息，分别需要在两个系统中录入，很难保证销售公司从两个渠道获取的数据的一致性。

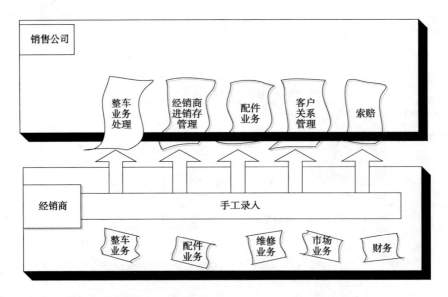

图 5-16　整车厂通过直接扩展自身部门的系统从经销商获取数据

近年来,DMS 由于和汽车销售和服务业务直接相关,因此不仅被经销商重视,也被整车厂所关注。图 5-17 给出了从整车厂的角度关注 DMS 的一些原因。例如,实现按订单生产、建立闭环的售后配件供应管理、加强对经销商的管理、实现客户关系管理、提高索赔与召回的自动化处理水平、与经销商之间建立销售线索/客户信息/车辆信息共享的机制、帮助管理促销与市场行动以及推广经销商的最佳业务实践等。

项目	过去	将来
整车生产与销售	支持按库存生产	支持按订单生产
售后配件供应	开环式管理,混乱的	闭环式管理,有序的
对经销商的管理	松散管理,离线	紧密管理,在线
客户关系管理	手工完成,效率较低	可在系统中实现
索赔/召回	手工完成	可在系统中实现
销售线索与客户信息共享	难以实现	可在系统中实现
促销与市场行动	手工完成	经销商可在线执行
推广经销商的最佳业务实践	难以实现	可以通过系统在经销商中推广

图 5-17　从整车厂的角度推进 DMS 的出发点

目前,经销商和整车厂之间沟通的现状是:成本高、效果差。在 DMS 和整车厂的后台系统之间,缺少统一的规划和共同的技术标准,无法实现集成的应用。这是因为 DMS 市场由 DMS 产品供应商(Dealer System Provider,DSP)所控制。整车厂的后台系统与 DMS 分属两个不同的领域,是造成这一隔阂的重要原因。图 5-18 显示了目前 DMS 与整车厂之间的数据联系被经销商系统提供商 DSP 所控制的现状。

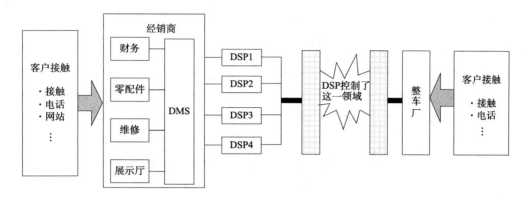

图 5-18　目前 DMS 与整车厂之间的交流由 DSP 控制

针对这种情况,整车厂开始采用 DCS 作为构建整合汽车销售和服务应用系统的基础。经销商通信系统(Dealer Communication System,DCS)由一个互联网门户和一组相关的接口和应用构成,通常与整车厂的后台系统(如 SAP R/3)和经销商的经销商管理系统 DMS 相连,可以实现以下主要功能:

(1)经销商登录到 DCS 中,通过 DCS 与整车厂后台系统的集成,进行整车及配件的订购、索赔处理等相关业务。

(2)通过 DCS 与 DMS 的集成,整车厂可以在线获取、分析和处理来自经销商的业务数据和反馈信息,从而提高业务的智能水平,如图 5-19 所示。

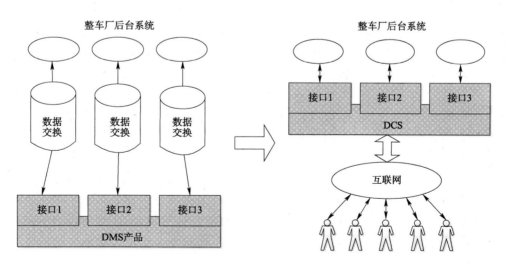

图 5-19　从 DMS 向 DCS 的转变

在此基础上,下一步的目标是实现 DCS 与 DMS 的集成,在整车厂和经销商之间,实现生产系统、销售与服务系统、经销商通信系统、经销商管理系统等一系列相互关联的四层应用,如图 5-20 所示。

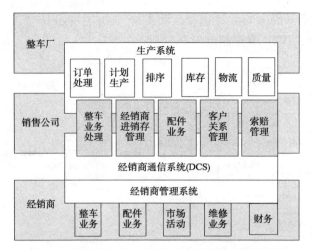

图 5-20 整车厂通过 DCS 连接 DMS 获取经销商的数据

四、经销商的管理系统

除了前面提到的从整车厂的角度推动经销商管理系统的原因之外,经销商自己也同样面临着来自整车厂的严格要求、挑剔的客户需求和咄咄逼人的竞争对手的挑战。因此,如何有效地利用信息技术来提高自身工作效率、降低运营成本、完善客户服务已经成为经销商能否在未来的汽车零售和服务大战中生存、发展和壮大的关键因素。

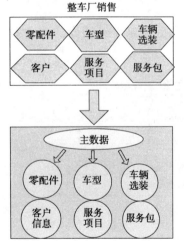

图 5-21 DMS 与整车厂之间的主数据同步过程

经销商管理系统是经销商管理其内部业务的核心业务系统,覆盖了经销商的各项业务。其中,新车销售、服务与配件业务、二手车、财务、管理是每一家经销商的主要业务。与此相对应,经销商管理系统的功能也涵盖了这些内容。

1. 与整车厂主数据的同步

DMS 正常运行的重要前提是主数据能够与厂商保持一致。如图 5-21 所示,厂商提供主数据,并按照独立于经销商的方式进行存储。如果对它们进行一次修改,就可以立刻反馈给所有的经销商,包括:零配件、车型、车辆选装、客户信息、人工服务和服务包等主数据。

2. 整车业务

整车的销售是一个十分复杂的经销商业务,相关的数据种类众多并且关系错综复杂。好的 DMS 需要一套完善的数据体系来解决这一问题,其核心思想是:必须将所有的车辆在一组高度结构化的数据库表格中加以集中式透明管理,使整个销售过程能够方便地被销售员从各个角度加以辨识和追踪。常见的主要功能包括:

(1) 车辆采购。
(2) 车辆销售。
(3) 车辆库存管理。
(4) 车辆配置管理。

(5)二手车交易。

(6)旧车置换。

(7)进口汽车交易。

(8)贷款、保险。

图 5-22 所示为 DMS 中的整车采购、库存及销售管理的大致的粗略流程。无论是新购入的汽车，还是用于展示的汽车或是二手车，DMS 都需要对每一辆汽车单独建立各自的资料卡片，并进行选装配置。在车辆的整个生命周期中，每一辆汽车的资料卡片都将一直被保存。

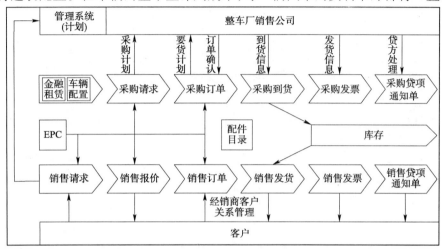

图 5-22 经销商管理系统中的整车采购、库存与销售处理

在汽车销售过程中，DMS 简化了通过手工生成采购订单和进行价格计算的过程。采购员可以采用自动或手动的方式，根据报价单来自动生成订单，甚至通过发票来创建订单。根据车辆的品牌不同，计算车价所遵循的原则和算法也不同，这是 DMS 可支持多种品牌的汽车在同一家经销商企业里同时销售的最大优点。

在 DMS 里，旧车置换业务同样可以通过十分方便的方式以类似新车采购和销售的方式加以处理。唯一不同的是，作为置换的内容，旧车的购入和新车的售出这些相关的汽车交易都被系统自动关联起来。

如图 5-23 所示，在 CMS 中，集成了从潜在客户→市场行动/市场活动→需求→询价→订单→发票→后续跟踪的一整条业务流程的各个环节。根据对每个环节的数据搜集和处理，可以帮助整车厂的销售公司实现集中统一的客户数据库、市场行动管理以及不同销售价（远期、中期、近期）的各种分析。

图 5-23 整车厂与经销商协同的市场与销售管理流程

3. 配件业务

配件的管理是 DMS 的核心模块。理想的配件管理功能可以支持一家经销商内部的多个汽车品牌、多个库存位置、多个部门等各种复杂的公司结构。对于配件的信息描述，系统需要为每一种物料提供完整地描述，如制造厂商的零部件目录、价格信息等。此外，经销商

也可以灵活地附加文本注释来对各种情况进行描述。

如图 5-24 所示，配件的采购和销售业务是配件管理的主要功能。采购通常是由请购单开始的。DMS 可以在供应商提供的采购订单样式的基础上灵活地进行设计。DMS 应该提醒经销商配件的再订购点、最大的库存水平、采购到货的方式以及制造厂商的订购状态。从采购的角度，经销商既可以根据请购单直接创建采购订单，也可以从报价单中生成，或者直接手工加以编制。

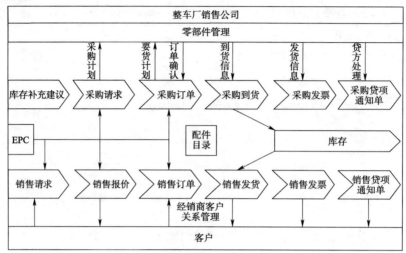

图 5-24 经销商管理系统中的配件采购、库存与销售处理

常见的主要功能包括以下几个方面：
（1）库存管理。
（2）采购：计划、订单、进货、发票。
（3）销售：询价、订单、发货、发票。
（4）零配件替换。
（5）集成的总账。

4. 维修服务

如图 5-25 所示，DMS 中的车辆维修服务覆盖了从客户对服务的询价、经销商报价、经销商服务订单、执行服务、开具发票等一整套完整的流程。

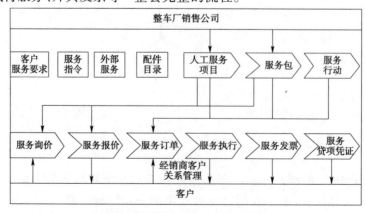

图 5-25 经销商管理系统中的整车服务流程

DMS 的服务管理主要涉及以下功能：

(1) 服务项目定义。
(2) 维修预约。
(3) 客户申诉。
(4) 维修指令。
(5) 维修合同。
(6) 车间维修能力调度。
(7) 车辆维修时间管理。
(8) 召回。
(9) 索赔。
(10) 集成的总账。

5. 与整车厂互动的客户关系管理

DMS 的一项重要功能就是成为整车厂与经销商互动，共同进行客户关系管理的工具。如图 5-26 所示，在 DMS 中应该已经包含了市场活动、与客户的通信和接触、销售过程中的报价与订单管理、客户的历史和档案信息的管理、客户的投诉管理等功能。这些功能完成了经销商对客户生命周期的管理过程。在不同阶段，DMS 会分别与整车厂的市场、销售和服务等部门的 IT 系统集成在一起，实现客户信息的共享、市场活动的协同等功能。

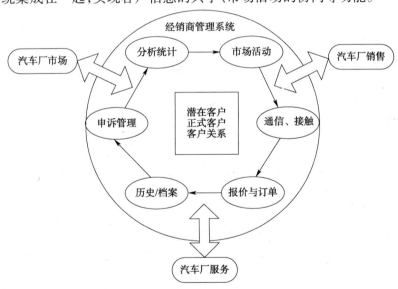

图 5-26　整车厂与经销商互动客户关系管理流程

以市场活动为例，如图 5-27 所示，经销商可以通过 DMS 的"客户联系活动"模块，对预先选定的目标客户群，交由不同的销售人员进行回访和跟踪。目标客户的基本数据统一来自 DMS 的客户数据库，整车厂通过远程数据传输机制，与 DMS 自动完成客户信息的收集、下发和更新的工作。目标客户的选择条件可以来自整车厂的指令（这种情况适用于由整车厂发起的市场行动）、经销商整车和配件销售后的回访、维修服务行动以及经销商自行定义的市场销售行动。这里可以看出，DMS 可以作为一个统一的市场活动平台，不仅可以为经销商所用，也可以成为整车厂与客户进行交流的媒介。

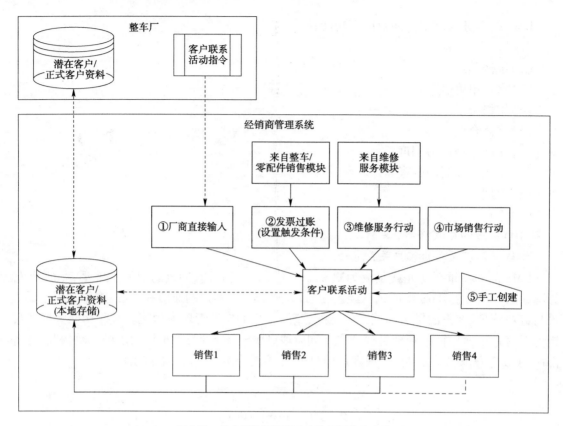

图 5-27　整车厂与经销商互动的市场活动过程

1. 简述客户关系管理的三大主线及运行方式。
2. 整车厂实现 IT 销售管理的业务模块及功能有哪些？
3. 简述汽车采购和销售的流程。
4. 简述 CRM 的核心内容，以及汽车销售的特点。
5. 整车厂客户关系管理的发展阶段及各阶段发展内容有哪些？
6. 简述市场活动的内容及目的。
7. 简述典型的经销商内部的 IT 构架。
8. 整车业务和配件业务的主要功能有哪些？

第六章 汽车维修服务信息系统

第一节 汽车维修服务信息系统简介

一、汽车维修部门发展背景

汽车维修行业是一个飞速发展的行业,因此,上规模、上等级、上档次成了许多维修企业追求的发展目标。由于业务上的特点,要求采用计算机管理开始成为大中型维修企业上档次的重要内容之一。

出于对维修行业进行规范管理和提高维修企业社会和经济效益的目的,维修行业管理部门对将维修企业的管理和监督工作纳入计算机管理兴趣浓厚,并把它作为整个汽车维修行业实行计算机化管理的一个重要组成部分来考虑。

在国际市场上,汽车服务市场一直被业界称为汽车产业链上最大的利润"奶酪"。美国《新闻周刊》和英国《经济学家》曾刊载文章,根据对世界排名前10位的汽车公司近10年的利润情况分析,在一个完全成熟的国际化的汽车市场,汽车的销售利润约占整个汽车业利润的20%,零部件供应利润约占20%,有50%~60%的利润是在其服务领域中产生的。美国通用公司认为,到2025年,我国可能成为世界上最大的汽车市场。在我国汽车市场的巨大诱惑下,跨国汽车维修连锁企业,纷纷抢占我国市场,以各种方式进行投资合作。德国博世公司已在华建立150多个汽车售后服务站;全球最大汽车快修连锁企业(2.5万家)美国AC德科公司也宣布将在华东地区发展200家以上的汽车快修连锁店,成为华东最大的汽车快修连锁企业。同时,日本最大的汽车服务用品连锁企业澳德巴克斯(Autobacks)也看好我国汽车售后服务市场的巨大潜力,不久前宣布与上海派安集团组建合资公司——澳德巴克斯派安公司,共同打造国内最大的汽车服务企业,并将在5年内以华东为据点,开出30家连锁店。在澳德巴克斯宣布进入中国的同时,其日本竞争对手——黄帽子株式会社也决定在上海开设第一家汽车用品商城,其面积达1.65万 m^2。

国际品牌汽车服务企业的到来,对国内汽车服务业是一个极大的冲击。首先是技术上的冲击和影响,硬件的差距已经存在,而如果不能在软件(管理)上有所突破,国内汽车维修企业面临的前景将更困难。我国的汽车维修行业正处于一个从传统工艺型维修向现代技术型维修的转轨时期。面对市场需求的突然增加,新车型新技术的日新月异、服务对象的变化、服务方式的多样化等新的形势,全行业在管理上的准备是不足的。具体表现在:一是管理水平低,很大一部分企业还沿用着生产型企业的管理模式;二是具备合格的现代维修企业管理知识的管理人才和掌握现代技术型维修方式的技术人才、维修技工等严重缺乏。其结果造成汽车维修行业的整体素质不高,服务质量差,维修质量低,社会诚信不好,严重的无序经营影响着这个领域竞争力的形成。这些问题已经成为社会关注的焦点,同时也引起了政府管理部门和业内的高度重视。如何提高维修企业的管理水平和维修行业管理水平是当今汽车维修企业经营者和政府管理部门的当务之急。

解决这一问题的关键除了要提高企业的技术水平,更重要的就要提高企业的管理水平。完善的管理制度、现代化的管理方法、精确的管理数据分析以及电脑在企业管理中的应用,对于一个现代化的汽车维修企业更为重要。利用信息化和电脑技术可以帮助汽车维修企业实现向现代管理模式和管理方式的转变,因为要想拥有一套最完善的管理制度、最现代化的管理方法、最精确的管理数据分析所带来的最良好、完备的服务,单单靠人的力量是很难做到的。事实上,由于汽车维修行业业务过程复杂、数据信息量大,仅仅依靠人力往往难以对维修、配件、客户档案、车辆档案、员工及各部门工作进程、企业经营数据进行准确的统计和分析。而运用电脑管理,速度快、时间短、资料全、效率高。综观汽车维修行业的各个相关方面,都不同程度地显示出对信息技术的需求。一是通过互联网对外发布汽车维修企业的各项服务信息,方便消费者了解和掌握,提升企业的知名度;二是在维修企业内部管理方面,一方面需要通过互联网获取各种汽车维修技术资料、获取配件产品信息、及时与厂家联络处理质量索赔事项,另一方面通过企业管理数据库,借助于图形或报表形式,为经营者提供维修情况的变化、维修工时的分配比例、维修业务量的完成、生产经营状况、工具设备管理等,为经营管理者提供分析和决策的依据;三是在行业管理方面,行业主管部门有大量汽车维修行业管理的有关方针政策、法律、法规、标准,需要利用包括政府网站在内的各种传播方式对外宣传,有大量信息管理和数据处理以及质量监督等业务工作,需要利用现代网络来实现,并借助于车辆管理数据库和网络,还可以实现车辆维修、检测、技术评定资料的技术档案管理;四是在行业人才交流方面,充分发挥网络信息的作用,能突破传统的人才交流模式,加速汽车维修行业合理化人才体系建设。

从企业发展的角度来说,使用信息化技术将推动企业更快改变昔日规模小、技术力量分散、设备老化、检测手段落后、维修资料不全、设备配置不合理、管理落后和经营模式粗放型的状况,提高市场竞争力。维修企业的信息化发展同时也将促进行业管理部门管理工作的规范化,推动整个行业实现资源共享,进一步提升汽车维修市场的服务能力。信息化管理已经成为提高行业竞争力的一个重要手段。目前,虽然有众多的大型维修企业都使用了计算机管理,但由于其内容还不够全面完善,不能有效提高企业的管理水平和生产效率。同时也由于政府管理角色和管理手段转变之后,现有许多政府行业管理理论滞后,维修市场环境混乱,很多维修企业只能在摸索中寻求适合自身发展的服务模式和相关策略,从而影响了维修行业发展的进程。可以说,无论是在维修企业内部业务管理,还是行业管理部门对整个行业的管理,在信息化建设上都存在很多欠缺和需要完善的地方。

二、维修管理概况及存在的问题

1. 车辆维修的生产形势

随着我国汽车产业的发展,汽车拥有量不断增加,汽车维修行业也获得了前所未有的发展机遇,总体来说,近年来我国的汽车维修行业有以下特点:

(1)全国汽车维修总量恢复性高速增长,汽车专项修理业务增长突出。

(2)各类维修企业均有不同程度的增长,三类维修业户发展最快。

2. 维修企业模式概况

当前,我国的汽车维修行业正处于转型期,原有的国有企业普遍存在经营机制落后、设备老化等问题,难以适应市场需求的变化,经营业绩不佳,新近发展起来的特约维修站、快修连锁店和品牌专营店则立足未稳,尚未成为行业主流;各种小型维修企业和路边快修店问题很多,许多连规范经营都难以做到。我国的汽车维修行业的主要经营模式还是大型修理厂和分散经营的大量中小型维修企业,这些经营模式既不能适应市场变化的需要,又不利于提高企业的投入产出效率和经营效益。从国际同行业的发展情况来看,随着汽车日益向家庭化、小型化、电子化的方向发展,传统的以汽车修理厂为主的经营模式越来越不能适应市场需求的变化。随着全球经济一体化进程的步伐和汽车市场的发展,可以预测整个汽车服务市场格局将会向大型化、专业化、联合化等方向转变,原来小规模的维修企业和路边快修小店将会被逐渐淘汰,汽车维修服务的模式也将逐渐被专业汽车服务连锁店和4S专卖店所取代,走汽车维修企业连锁经营模式的道路将是今后国内汽车维修企业占领市场的有效途径。

3. 汽车维修企业业务管理

我国汽车维修行业发展起步晚、起点低。受国外汽车工业的影响,形成多层次并存的局面。十几人的维修厂,拥有先进维修设备几百人的企业,拥有多家连锁店的维修公司等多种形式的维修企业并存。但在维修企业业务管理上,管理水平都有待提高。传统汽车维修企业管理主要是人工管理、手工统计,整个过程显得忙乱、无序,容易出错且效率低下。

随着信息网络化的发展,汽车维修企业也面临着信息化发展带来的挑战和进步,信息化在企业中的应用主要有以下三方面:

(1)维修过程中涉及的信息化。采用信息技术即互联网等,快速准确地获悉最新汽车维修技术资料,不断提高维修技术。

(2)维修服务信息化。利用内部网和电脑管理系统,确保对客户的服务满意度。

(3)维修管理信息化。建立起从业务接待、配件采购、生产调度、市场分析、计划安排、库存处理、成本核算、劳动工资、服务经营等管理信息系统,在技术、服务、管理等各个环节广泛地应用信息技术。

4. 行业管理部门工作的主要内容

汽车维修行业管理部门主要工作职责有:贯彻执行汽车维修、综合性能检测、车辆技术管理的政策、法规、规章和标准,负责行业的规划、协调、监督;负责汽车维修业户、综合性能检测站的开业审批、停(歇)业等资质管理,按权限核发许可证;负责道路运输车辆的技术等级评定,监督道路运输车辆定期进行二级维护,实施修竣车辆出厂前的质量监督管理;负责汽车维修、综合性能检测从业人员的从业资格管理;负责对各市汽车维修行业管理工作进行业务指导和督促;依法接受交通主管部门的委托,查处各类违章行为,规范市场秩序和经营行为。

作为汽车维修行业管理部门,需要准确掌握管辖区域内维修及检测企业的状况,以及完成各项维修检测任务的情况,以制定与实施正确的发展规划和政策措施,保证维修检测企业健康发展;另一方面也要从维修企业的车辆故障、配件使用的信息数据中,统计分析汽车技术状况的变化特点,为制定更加合理的维修政策提供依据。

随着政府机构改革的进一步深入和政府信息化、企业信息化的发展,行业管理部门纷纷通过加强信息化来提高工作效率和服务水平。很多省市建立了汽车维修行业统一的信息平台,希望通过省—市—县行业管理部门三级联网和企业的数据通信,加强维修企业与行业管理部门之间的数据传递和信息交流,从而为道路运输管理部门对汽车维修市场实施宏观决策和管理监督提供准确、科学的手段和依据。

5.汽车维修行业在管理信息化发展方面存在的问题

1)汽车维修企业在管理信息化发展方面存在的问题

(1)企业办公效率低下,人力资源与财务脱节。

很多维修企业都还在使用传统的办公手段,纸张流动频繁,办公成本居高不下,办公效率低下。人力资源与财务脱节,各成体系,人力资源没有真正与财务结合在一起,缺乏有效的激励手段,人员积极性不高。

(2)采购成本居高不下,缺乏先进的采购体系。

维修企业的采购一个是在配件上的采购,另一个是在精品上的采购,还有一个就是在日常办公用品的采购,每年都需要花费大量的时间、人力、资金。企业与供应商之间的采购途径还停留在传统手段上,如通过传真机、电话等。这些手段一是效率低下,二是采购成本较高,三是缺乏有效监督,人为因素较多,控制起来比较困难。随着现代网络技术的发展,网上采购已经越来越流行,但是很多维修企业却没有真正利用起来。

(3)客户服务水平低,缺乏有效的客户信息管理工具

当前的汽车售后服务市场已经形成围绕着以服务为主导内容的形式,如何及时处理顾客的需求,如何了解客户的需求,如何了解客户的满意度,如何对客户情况进行统计,如何及时准确的搜集故障车的信息等,是维修企业所面临的重大问题。

(4)忽视企业形象建设,未与客户建立良好的沟通途径

作为一家维修企业,其主要是为广大车主提供服务,因而企业形象的建设至关重要。但目前很多维修企业都忽视了这块的建设,以为价格低、服务好就能吸引客户。作为现代的车主,他们的素质普遍都比较高,对文化的要求越来越高,因此,树立一个良好的企业形象将为企业扩大市场份额提供一个重要的手段。但根据调查,很多维修企业在对外宣传网络建设方面以及电子商务的建设上都比较落后,有些没有对外的宣传平台,有些即使有也是很久才更新一次,因此车主想了解企业的情况却缺乏有效的途径。

2)行业管理部门在管理信息化发展方面存在的问题

随着政府机构改革的进一步深入和政府信息化、企业信息化工程的发展,行业管理部门纷纷通过加强信息化来提高工作效率和服务水平。很多省市建立了汽车维修行业统一的信息平台,希望通过省—市—县行业管理部门三级联网和企业的数据通信,加强维修企业与行业管理部门之间的数据传递和信息交流,从而为道路运输管理部门对汽车维修市场实施宏观决策和管理监督提供准确、科学的手段和依据。但是由于汽车维修行业管理工作内容的复杂性,维修行业管理利用信息化手段提高管理水平的目的并未完全实现,其中存在的问题如下。

(1)行业主管部门、汽车维修企业和车主的信息不畅通

目前,在我国信息化建设进展较快的地区,汽车维修行业已初步形成了两个信息平台的雏形:一个是建立在汽车维修企业内部计算机管理系统,以及由汽车信息咨询公司经营的以

互联网为基础的汽车维修专业信息平台(简称"企业平台");另一个是建立在政府公文处理与内部计算机管理系统,以及由政府开发并应用于行业管理的信息平台(简称"政府平台"),如西安、深圳等地开发的"运政管理网"。目前存在的问题是:上述这两个平台是自发形成、独立运作的,相互之间基本上没有联系,政府不能通过信息网络方便、快捷地了解企业的基本经营情况,以及一些特定经营业务的基本信息和数据;企业也不能利用现有的信息平台来获取政府的信息资源;车主更加不知道各个汽车维修企业的情况以及政府的政策,从而导致信息的极大不对称,引起各种各样的维修质量纠纷。这种因投资主体、网络用途等方面的差异及组织上的无序而产生的"信息断层"现象,严重制约了汽车维修行业信息化建设的步伐,客观地反映出"企业平台"和"政府平台"需要有效连接的发展趋势。

(2)维修各种档案不全或不准确,统计分析和政策制定缺乏依据

维修数据的缺乏、车辆档案的不全,这将严重制约政府政策的制定以及相应措施的采取。目前在很多地方,行业主管部门存在数据统计比较困难或者数据统计不准确,这势必将影响行业主管部门对发展趋势的判断和相应政策及措施的制定,上级汇报缺乏有效的说服力。建立完善的车辆技术档案以及维修过程数据库,同时也可以为维修质量纠纷提供有力的依据以及为行业主管部门的稽查工作带来极大的便利。

(3)维修质量纠纷越来越多,缺乏有效手段和信息评价维修质量

维修质量的好坏目前存在一个严重的瓶颈,没有一套有效的指标体系来评价维修质量的好坏以及没有建立一套详细、完备、真实的维修数据库,从而导致公说公有理、婆说婆有理的局面,维修质量纠纷也越来越多。一旦发生维修质量纠纷,行业主管部门也缺乏有效、及时及完备的信息来判断维修质量,维修企业之间也缺乏公平、公正和公开的竞争环境,致使一部分维修企业在扰乱市场,打击那些做得好的维修企业的积极性,从而影响着整个汽车维修行业的发展,并最终导致整个汽车维修行业的"准入有权、退出无据"的尴尬局面。

(4)维修质量投诉缺乏有效途径,车主抱怨越来越多,严重影响社会稳定

信息的严重不对称很容易导致维修质量纠纷的产生,同时市场上一部分维修企业的恶意欺诈消费者的现象时有发生,从而导致维修市场的混乱无序,托修人的信心越来越弱,消费者的满意度越来越低,社会的稳定性受到一定的威胁。如何建立一个有效、快速的投诉渠道,提高托修人对维修市场的信心以及对维修质量的满意度,一直是行业主管部门工作努力的方向,包括提高维修人员的素质、提高维修设备的先进性等。但目前很多地方在维修质量投诉方面都没有建立一个有效的途径,做得好的企业没有得到有效的宣扬,质量差的企业没有得到有效的曝光,缺乏有效的激励手段,从而导致市场的混乱不堪,严重打击大部分维修企业的积极性,助长了少数不良维修企业的气焰。

三、汽车维修行业管理信息化的必要性

1.汽车维修企业信息化建设的必要性

传统的汽车维修资料信息查询,主要借助于传统的媒体(如图书、杂志、报刊等)。这种传统媒体,存在着信息量小、查询速度慢、资料更新迟缓,特别是对于改革开放以后大量涌入国内的进口汽车,更因缺乏维修资料,给维修工作带来很大的困难。就现在汽车维修技术人员而言,没有一个人能将数千种车型的维修资料、数据、程序等记忆在大脑中,汽车维修技

人员的知识技术、经验以及对信息的全面掌握,越来越显示出自身的局限性,利用汽车维修专业互联网来弥补这一局限已经成为大势所趋。维修信息综合管理、专家集体会诊、网上查询资料、网上解答疑难杂症、网上开展技术咨询、网上购买汽车维修资料,将会成为维修行业的基本特征。

采用电脑进行维修企业管理可以从诸多方面改善管理现状。从决策层面来讲,上层管理者可以通过电脑管理网络系统及时了解全厂的运作情况,从而可以对全厂各部门的工作进行统筹安排;从烦琐的统筹安排、生产调度、统计报表中解脱出来,就有时间去争取更多的客户,带来更多更好的效益。图表分析功能也可以为工作繁忙的厂长经理们提供一个简单直观的查询功能,准确及时的统计报表可以大大减少管理者主观判断上可能造成的失误。这样就加强了全体员工的工作积极性,可以形成良好的企业文化,加强企业的凝聚力。电脑管理下的客户及车辆档案,为长期、灵活的客户服务奠定了基础。车辆、客户的动态跟踪可以让业务部具体掌握所有车辆以及客户的每一个细节,随时提醒客户进行维修、维护和零件的更换,更体现了服务的完整性。

内部网是将人工收集和提供信息的方式,变成用计算机和网络的方式收集、处理信息、提高决策的效率与效益,内部网的实现将在各个信息孤岛之间架起一条信息高速公路,让信息交换简便易行,充分发挥各个应用管理信息系统的作用,提高信息的利用效率和效益。在维修企业内采用计算机管理,并在业务部、零件部、财务部、市场部、车间等所属各部门之间建立局域网,并进行联网操作,就可以提高效率,减少作业环节之间的等待问题,也可以使得各部门在第一时间做好准备工作:在汽车维修过程中,检测部门可以将检验结果及时通知到各个相关部门,维修车间可以在此基础上迅速准备维修方案,而材料库可以在接到方案后及时准备所需零件,财务部门可以根据这些材料动态地管理应收账款,市场部可以根据所掌握材料的实时信息来订购配件或设备,企业的决策人员可以根据职能部门的信息来了解整个企业的运行情况,进行调整、控制,使其从烦琐的生产调度、统计报表等事务性工作中解脱出来。在配件管理、财务管理、客户资料和维修档案资料管理、员工人事劳动管理、培训管理及市场营销动态管理等方面应用电脑联网管理,就可以使得企业内部管理透明化,树立良好企业形象。内部网与传统电脑管理系统的区别在于:提供统一的界面,提供标准接口,易于互联,提供新的应用。内部网提供了一个先进的网络环境,它可以统一所有的运行平台,客户端使用简便统一,实现异机互联,既保护原有投资,又具有先进水平,实现内部网给汽车维修行业带来的直接经济效益是降低生产成本,而带来的间接经济效益是提高企业的决策水平,改善经营机制,提高企业竞争能力。

2. 行业管理部门管理信息化建设的必要性

在汽车维修行业管理方面,网上办公、网上许可可以实现对汽车维修企业、汽车综合性能检测站的许可业务办理过程进行规范管理的目的,实现对维修业户、从业人员、工时定额报备、维修质量保证期、营运车辆二级维护自动备案等日常管理工作的科技管理模式。

建立与维修企业的双向信息交流渠道使行业管理部门能够实时掌握全行业生产经营、企业管理、维修质量和服务动态等情况并进行远程监督和检查,以此来规范企业经营行为。并且这些信息也为管理部门对汽车维修市场实施宏观决策和管理监督提供了准确、科学的手段和依据,逐步实现政府职能从管理转向服务的转变:车辆管理数据库的建立,可以实现车辆维修、检测、技术评定资料的技术档案管理。

行业主管部门有大量汽车维修行业管理的有关方针政策、法律、法规、标准,需要利用包括政府网站在内的各种传播方式对外宣传,有大量信息管理和数据处理,以及质量监督等业务工作,需要利用现代网络来实现。车主也可以通过政府的行业管理网站对各个汽车维修企业的情况以及政府的政策进行了解,从而解决以前信息的极大的不对称问题,减少各种各样的维修质量纠纷。

四、汽车维修企业体系与业务流程

管理信息系统是指由人、计算机系统等组成的能进行信息的收集、传送、储存、处理、维护和使用的系统。它能够实测企业的各种运行情况,并利用过去的历史数据预测未来,从企业全局的角度出发辅助企业进行决策,利用信息控制企业的行为,帮助企业实现规划目标。汽车维修企业的组织结构按纵向一般可分为基层、中间层和上层三个管理层次,各层次因其所处地位不同,对信息的要求也不同。对应这三个层次,管理信息系统分为作业层、管理层和决策层。

作业层是管理信息系统的基础,是系统信息的源头。在汽车维修企业的实际动作过程中,维修车辆登记、维修合同签订、维修任务的安排、维修车辆的完工审核、配件的进库出库、维修业务的结算、职工工资发放等情况组成了作业层。作业层上面是管理层,它包括业务管理、仓库管理、生产管理、财务管理等部门。该层是系统的核心,承担了各子系统之间的信息交换。建立在管理层之上的是决策层,它是为企业的高层领导服务的。决策层的作用是针对企业的发展方向和目标,对市场需求进行分析和预测,然后再构造特定的数学模型,结合企业内部和外部的各种信息,经过运算和分析,最后为企业的决策提供一个科学的参考。

1. 业务流程分析

维修或维护的车辆进厂后,在前台进行接车检验,分析故障类型,并指定维修工,发出派工单。维修工用派工单去配件处领取配件后,在维修车间进行维修。维修结束后,在财务处进行财务结算。

2. 系统功能结构图

在实际工作中,企业内部往往是按管理职能的不同横向地设置不同的职能部门,如维修业务管理、仓库管理、车间管理、财务管理等。这些部门自成体系,因此在设计系统时,可以根据职能部门划分来设置一些相对独立的子系统。从汽车维修企业在生产过程中所反映出来的车辆维修流程图(图6-1)可得,在汽车的修理过程中,企业的业务、生产、仓库、财务等部门是必须参与的。除了完成日常业务功能外,同时也要考虑到企业信息的数据上传。因此,在管理信息系统中,一般要设置业务管理、生产管理、仓库管理、财务管理、上传管理5个相应的子系统来实现上述的工作。其中,业务管理、生产管理、仓库管理和财务管理管理是企业日常管理不可或缺的部分,而上传管理则是实现企业与行业管理部门信息沟通的桥梁。

1)维修流程功能结构图

随着维修行业的不断发展和计算机管理的应用,维修企业的业务流程逐渐规范化、程序化。汽车维修流程功能结构如图6-2所示。

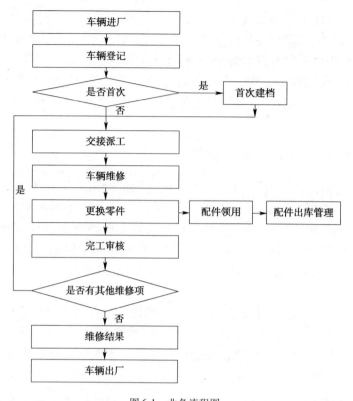

图 6-1　业务流程图

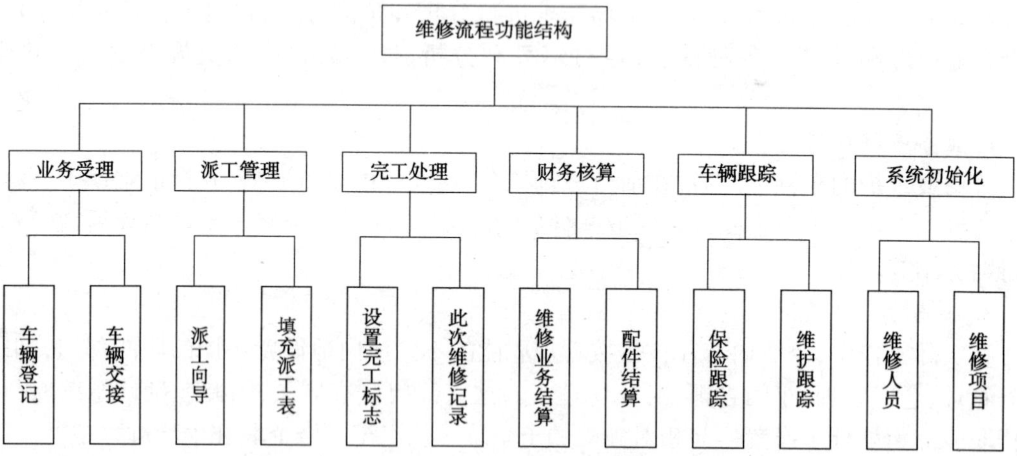

图 6-2　维修流程功能图

2）业务管理

业务管理的主要任务是接待管理,由业务受理、统计报表、业务咨询三部分组成,各部分的功能如下。

（1）业务受理:建立维修车辆信息档案和车辆档案确定车辆的维修项目。交接登记由车辆登记和维修交接两个子功能模块组成。车辆登记模块的作用是:首先判断来车是否为新车(或首次送修车辆),如果是新车(首次送修车辆)就进行新车(首次送修车辆)登记。交接登记模块的作用是确定待修车辆的维修项目,向车间发出修车信息。

(2)统计报表:向主管提供维修情况的数据信息。它由维修项目统计分析、车辆故障率两个功能模块组成。维修项目统计分析模块的作用是:对选定的一个或几个维修项目的承修次数进行统计对比分析。车辆故障率模块的作用是:对选定的一个或几个车辆在固定时间内维修次数进行统计对比分析。

(3)业务咨询:向车属单位提供在修车辆的有关信息。它由维修内容和在修情况两个子功能模块组成。维修内容模块的作用是:通过输入车牌号查询该车维修项目名称、配件名称及数量、维修工时量和总维修费用。在修情况模块的作用是:通过输入车牌号查询该车修理状态,是待修、准备进入下一个工位、正在修理还是已经完工。

业务管理子系统的结构图如图6-3所示。

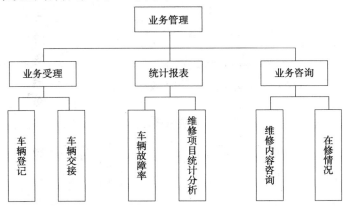

图6-3 业务管理子系统的结构图

3)车间管理

车间管理的主要任务是保证维修生产任务的顺利完成,由任务调度、修理工管理、竣工交接、统计报表、维修情况查询5个部分组成。

(1)任务调度:按维修项目内容组织维修生产。它由派工单、领料单、维修工调整三个子功能模块组成。派工单模块的作用是:根据维修单号,为相应的待修车辆指派修理工进行维修。领料单模块的作用是:根据准备组织维修的车辆所需的配件及数量开出配件领用单据。维修工位调整模块的作用是:对已完成一个工位维修但还未完工的车辆,确认其下一步所要进行的修理内容,然后再根据修理内容查找工位。若有则调整至下一个工位继续进行维修,否则发出待修通知。

(2)修理工管理:对修理工信息进行调整和更新,并记录每个人员具体的工作时间,为系统进行定量化管理提供有效的数据。它由修理工记录管理、开始工作、终止/中止工作三个子功能模块组成。修理工记录管理模块的作用是:用于管理修理工信息数据表,通过该模块,可以对修理工信息表进行增删和更改。开始工作模块的作用是:记录修理工准备进行维修的时间。终止/中止工作模块的作用是:其一是记录修理工因为下班或其他原因中断维修的具体时间;其二是记录修理工完工的具体时间,并对修理工的实际工作时间进行统计。

(3)竣工交接:按维修项目对维修完工的车辆进行交接,若该车还要进行下一个工位的维修,则将原来从事维修的修理工和用于维修的工位置于闲置状态,发出维修工位调整通知;若该车已经全部完工,则注销该车的维修任务,向仓库发出领料禁令,向结算管理发出结算通知。

（4）统计报表：为车间管理者提供在修车辆的一些统计数据。它由维修工时、维修记录、维修情况统计三个子功能模块组成。维修工时模块的作用是：统计所有在修车辆的维修工时数，并打印成表。维修记录模块的作用是：统计所有在修车辆的数量，并打印成表。维修情况统计模块的作用是：统计所有在修车辆的各种维修项目的数量及总数，并打印成表。

（5）维修情况查询：为车间管理者提供车辆的在修情况和历史维修情况。它由在修情况查询和历史维修情况查询两个子功能模块组成。在修情况查询模块的作用是：根据车牌号查询该车历史维修记录，为目前的维修工作提供参考。

车间管理子系统的结构图如图6-4所示。

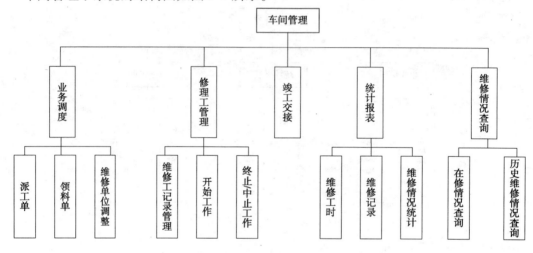

图6-4 车间管理子系统的结构图

4）仓库管理

仓库管理的主要任务就是对零配件的出入库进行有效的管理，由配件入库、配件领用、配件库初始化、供料单位查询与录入、盘库处理、配件统计、订货计划、查询打印、日报表共9个部分组成。

（1）配件入库：对入库配件进行登记和汇总。它由入库记账和入库清单两个子功能模块组成。入库记账模块的作用是：根据开出的供料单清点到货的配件，并记录到配件入库表中。入库清单模块的作用是：将已经入库的配件清单打印出来，作为存根保存起来。

（2）配件领用：对维修配件的领用进行登记和汇总统计。它由领用记录和领用清单两个子功能模块组成。领用记录模块的作用是：根据开出的领料单供应的配件，并记录到配件领用表中。领用清单模块的作用是：将发出的配件清单打印出来，作为存根保存起来。

（3）配件库初始化：实现对配件库存表的更新操作。

（4）供料单位查询与录入：向仓库管理者提供供料单位的有关信息，并实现供料单位表的更新操作。牌号查询该车历史维修记录，为目前的维修工作提供参考。

（5）盘库处理：统计现有配件的种类、数量和总金额。

（6）配件统计：对配件收发、库存情况进行统计。它由配件领用统计、配件入库统计两个子功能模块组成。配件领用统计模块的作用是：可分别按照配件编号、配件名称、供料单位名称,选择一个或多个配件进行领用数量统计,并予以对比分析。配件入库模块的作用是:可分别按照配件编号、配件名称、配件单位名称,选择一个或多个配件进行入库数量统计,并予以对比分析。

(7)订货计划:它由最小库存量控制设置、订货计划辅助决策、订货单三个子功能模块组成。最小库存量控制设置模块的作用是:根据输入的配件编号和保险系数,自动统计出平均到货天数和平均每天的消耗量,最后优化出最小库存量供仓库管理员参考。订货计划辅助决策模块的作用是:根据输入的配件编号与选择的优化方法,利用定期订货(或定量订货法)优化出配件的额定库存量(或经济批量)供配件进料员参考。订货单模块的作用是:对需要采购的配件开出订货清单。

(8)查询打印:对配件收发、库存情况实现查询、打印。它由配件入库情况、配件领用情况、配件库存情况三个子功能模块组成。配件入库情况模块的作用是:可按照供应单位、配件名称、配件编号、入库日期配合库存量、入库数量、单价,查询配件入库信息,并将查询结果打印成表,同时还可以按照配件编号、配件名称、配件入库数量、入库日期进行升降序排列。配件领用情况模块的作用是:可按照供应单位、配件名称、配件编号、领用日期配合库存量、领用数量、配件名称、配件领用数量进行升降序排列。配件库存情况模块的作用是:可按照供应单位、配件编号、配件名称配合库存量、最小库存量、价格查询配件库存信息,并将查询结果打印成表,同时还可以按照配件编号、配件名称、配件库存量进行升降序排列。

(9)日报表:对当天进出库配件的统计。

仓库管理的子系统的结构图如图 6-5 所示。

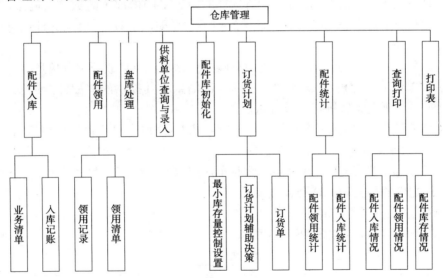

图 6-5　仓库管理的子系统的结构图

5)业务结算

实现财务活动的结算操作。它由维修业务结算、配件结算、配件采购结算、修理工工时补助结算、其他财务支出 5 个子功能模块组成。维修业务结算模块的作用是:对自己完工车辆实行维修金额结算,并打印成表。配件结算模块的作用是根据仓库管理员开出的清单进行金额结算,并打印成表。配件采购结算模块的作用是根据订购单结算配件采购金额,并打印成表,作为存根保留,备日后查询。修理工工时补助结算模块的作用是:发放职工工时补助,并打印成表。其他财务支出模块的作用是对企业的非车间财务支出进行登记,并打印成表,存档备日后查询。

业务结算子系统的结构图如图 6-6 所示。

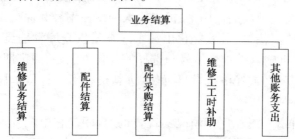

图 6-6　业务结算子系统的结构图

6)主管咨询

主管咨询的主要任务是为主管掌握企业的各项情况提供可靠的数据信息,帮助主管更为科学地作出决策,由修理工信息、修理工工作量分析、修理工技术水平分析、车辆信息、供料单位信息及分析、在修车辆信息、配件库存信息、结算收支信息 8 个部分组成。

(1)修理工信息:为主管提供每个修理工的工种、技术等级、工时补助等信息。

(2)修理工工作量分析:按月统计出所选择的修理工的工作量,并折算成劳动强度,为主管了解修理工的工作量给出定量化的数据,此外还可以进行修理工间的比较分析。

(3)修理工技术水平分析:按月统计所选择的修理工的内部工时数和实际工时数,并折算成技术水平,为主管定量化的了解修理工的技术水平提供了数学依据,此外还可以进行修理工间的比较分析。

(4)车辆信息:为主管提供每台车辆的车属单位、维修项目、故障率等信息。

(5)供料单位信息分析:给出所选单位的全部信息和其提供的零配件的信息,并对其平均到货天数、平均延期天数进行统计分析。

(6)在修车辆信息:给出所有在修车辆的维修状态、维修项目名称等详细信息,并统计出所有在修车辆的数量和送车修理的企业数。

(7)配件库存信息:给出所有库存配件的库存量、最小库存量、最大库存量、折算资金等信息,并统计配件的种类和折算资金总额。

(8)结算信息:对结算信息进行查询。

主管咨询子系统的结构图如图 6-7 所示。

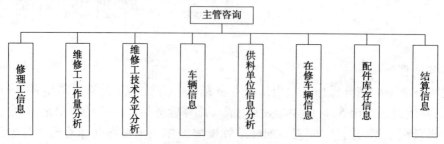

图 6-7　主管咨询子系统的结构图

7) 上传管理功能结构图

维修企业上传信息的生成和维修企业信息的上传设计是本系统建设思路的关键所在，也是本系统有别于市场上众多的汽车维修企业管理软件的建设思路之所在。图 6-8 为管理功能结构图。

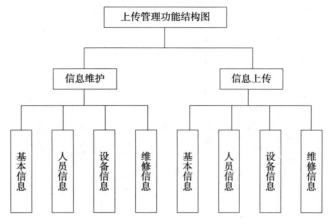

图 6-8　管理功能结构图

8) 客户关系管理

(1) 客户档案：现代企业的经营管理，越来越重视客户服务、客户反馈及客户关怀，留住了客户即是留住了企业的生命线。本系统内的客户关系管理完整、细致而且功能强大，完全等同于一个专业的客户关系管理系统。在客户管理中，客户档案是录入的一个最主要模块，主要信息有客户的姓名、联系方式、车辆、生日、联系活动、特殊日期等。除了在此模块可以查询客户的详细资料，还能方便以后对客户多种数据的统计和查询，便于客户管理工作的展开。

(2) 车辆档案：是相关客户在公司的维修车辆信息，并可随时查询车辆的维修记录与维修详情，便于更好地做好客户服务工作。

(3) 其他客户管理模块：包括有维修回访、保养提醒、生日问候、节日关怀、意见反馈等，并统一打印联系客户的信封标签。系统数据库型的管理大大弥补人工记忆力的不足，改善手工记录的混乱情况。

客户关系管理子系统的结构图如图 6-9 所示。

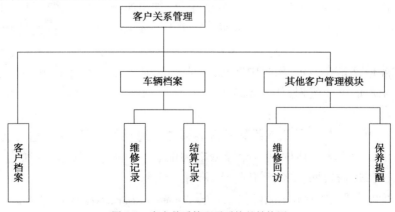

图 6-9　客户关系管理子系统的结构图

9)救援管理子系统

救援管理子系统和维修业务管理的流程是相同的,因此其结构也是相似的。图6-10为救援管理子系统的结构图。

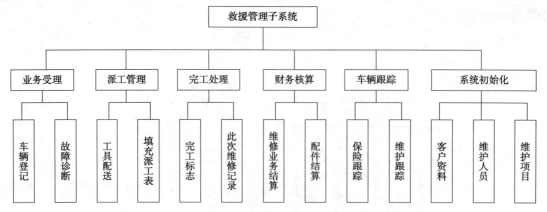

图6-10 救援管理子系统的结构图

第二节 车辆维修和索赔管理

一、车辆维修站的维修管理

如图6-11所示,整车厂从提高客户服务满意度和维护品牌形象的角度出发,通常会制订一整套标准的维修服务流程和规范,包括以下几项:

(1)顾客接待与诊断:当车主来到维修站,工作人员建立和查询车辆的维修档案,判断车辆的故障,在征询车主的维修意见后,开出修理委托书由车主签收。

(2)维修车间:维修技师按照一定的维修标准进行维修服务。

(3)质检:车辆在每个工位完成维修后,交由专门的质检人员进行检查和测试,以确保维修质量和车辆性能完全合格。

(4)交车准备:交车之前对车辆内外进行清洁。

(5)结账交车:结账时,车主会收到维修清单,详细说明维修内容、费用及更换的零件。

(6)追踪服务:在维修过后的一段时间,工作人员会联络询问车辆的使用情况及满意程度。

这部分功能通常是在DMS系统中实现的,覆盖了从车辆进厂维修开始,一直到最终客户结算和提车出厂的整个流程,如图6-11所示。在系统中实现上图中的维修流程其实并不复杂,难点主要在于以下几个方面:

(1)维修能力管理:国外的汽车维修常常会事先通过预约进行安排,这时就需要预约人员能够了解目前以及未来一段时间空余维修能力的状况,为客户安排适当的上门时间。同样,在前台接待时,也需要回答客户何时能够修好的问题。

(2)维修车间管理:由于车辆故障复杂多样,所需的设备、维修技师的技能和等级各不相同,因此给维修带来很多意想不到的情况。如何有效地对维修车间的任务、进度、场地、设备和人员进行管理,目前还没有统一的解决方案。目前的做法可谓五花八门,使用了如看板、打卡、触摸屏等手段。

(3)配件管理与维修管理之间的联动:在维修的不同阶段需要各种配件(包括辅料、耗品等)。如何加强维修过程中的配件管理,将配件管理与维修管理紧密集成,也是一个需要仔细考虑的问题。

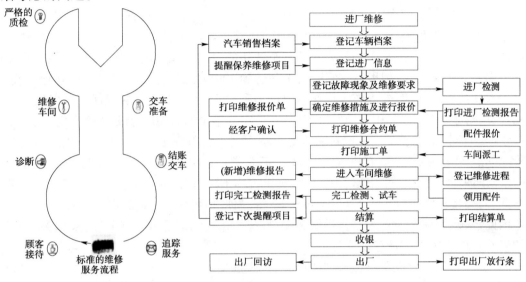

图6-11　维修服务流程

二、整车厂的车辆维修技术支持

目前,汽车电子技术和现代故障诊断的快速发展使汽车维修工作越来越多地依赖于功能强大的计算机甚至互联网。大部分的发动机综合分析仪、解码器、四轮定位仪、大梁校正设备都采用了基于计算机的管理和控制系统,原因是这些设备需要更强的管理功能并运行大量的技术数据。而且,近年来特别是国外的汽车生产商纷纷推出基于Internet的故障诊断系统,使远程汽车诊断和维修技术资料实时升级变为现实。如图6-12所示,整车厂甚至可以在服务中心保存所有车辆的维修记录,在线帮助维修站进行故障诊断。这对整个维修软件系统和构架都提出了很高的要求。

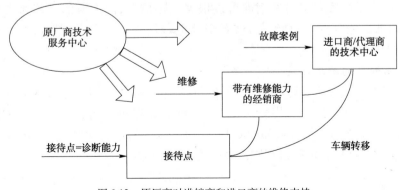

图6-12　原厂商对进销商和进口商的维修支持

三、索赔管理

1. 索赔管理概述

汽车工业目前在索赔管理上遇到了十分严峻的挑战。一方面,由于长期以来的历史原因,索赔工作没有得到应有的重视,导致处理效率低下、成本居高不下和浪费严重,并且没有起到对上游部门和供应商应有的信息反馈作用。据 AMR 的一项调查表明,在汽车工业里从收到索赔申请到处理完毕需要平均 30 个工作日,这是难以想象的。如果要将索赔的相关信息反馈给制造和设计环节,平均需要 60d 甚至两年的时间。在美国,尽管出售每辆汽车所赚取的利润只有 174 美元,但事后的索赔成本却达到 700 美元。与此同时,政府部门开始通过制订越来越严格的法律,要求整车厂在索赔(包括召回)上承担更多的责任。可以做一个简单的计算,对于一家年产 20 万辆的整车厂,在索赔成本上节省 10% 就是 140 万美元;如果一旦在索赔(召回)上处理不当造成对品牌的影响而使销售下降了 20%,那么造成的损失就是 12 亿美元。另一方面,一些新进入市场的厂商,常常将索赔作为有力的竞争武器,通过承诺较长的索赔期来吸引客户,例如现代为其在北美出售的车辆的动力总成提供 10 年 10 万 mile❶ 的索赔期,而福特通常只有 3 年 3.6 万 mile。显然,福特必须承受一定的市场压力。

因此,索赔管理作为整车厂售后服务 IT 系统的重要组成部分,得到了越来越多的关注。好的索赔管理系统必须具有以下几个特征:

(1) 提供严格的索赔处理流程,降低索赔处理成本。
(2) 提高索赔处理的自动化程度,提高业务效率。
(3) 可以灵活地设置索赔规则和服务合同,适应市场的变化。
(4) 与 CRM 里的客户数据集成,配合 CRM 的客户全方位管理。
(5) 与 CRM 里的车辆数据集成,配合 CRM 的车辆全生命周期管理。
(6) 与 ERP 里的产品主数据集成。
(7) 与财务处理集成。
(8) 一定的质量分析功能以及向制造、工程和设计部门反馈信息的功能。
(9) 强大的数据分析和报表功能。

图 6-13 给出了从客户→经销商→代理商→原厂商的一般索赔处理流程。其中,所谓"善意申请"(Good-will Claim)是指这样的一种情况。例如,一个长期客户的新车刚刚过了保修期三天就出现了故障。这时经销商可以根据实际情况,向上游的代理商或原厂商申请特殊的优惠,如部分免费(如工时免费)或者全部免费等。这也是厂商保留老客户和提高客户忠诚度的一种手段。

2. SAP 索赔处理的解决方案

在一场索赔处理流程中,涉及的各方角色包括最终客户、经销商(以下又称为索赔申请方 Claimant)、分销商/进口商/销售公司(以下又称为索赔处理方,Processor)、OEM/供应商(以下又称为偿还方,Reimburser),如图 6-14 所示。传统的销售渠道是 OEM 供应商→分销商→经销商→最终客户,而索赔过程则沿着与之相反的方向进行。

---

❶ 1mile = 1609.344m。

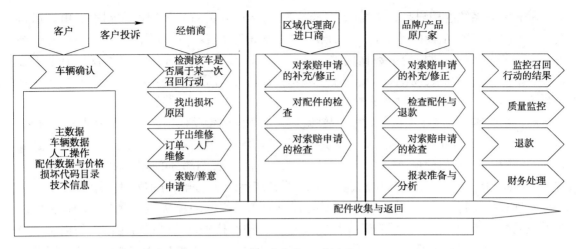

图6-13 索赔处理一般流程

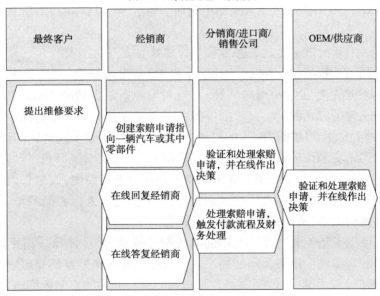

图6-14 索赔的一般处理流程

（1）索赔通常源自最终客户向经销商提出了包含索赔内容的维修要求。索赔的内容通常是电子经销商销售给客户的某一对象发生了故障（在这里这个对象就是汽车商品），经销商会根据该对象附加的索赔条款（Warranty Terms）对索赔的要求进行合理性检查。该步骤通过手工方式或在经销商管理系统DMS中操作完成。DMS通常是经销商拥有的系统，有的时候由分销商提供给经销商使用。

（2）经销商进入分销商的系统，输入索赔请求（Incoming Claim），这也是SAP索赔系统处理的第一步骤。如果在DMS和SAP的索赔系统之间有数据接口，那么经销商就可以避免手工重复录入。

（3）分销商在验证并通过了经销商的索赔申请后，向OEM发出索赔申请（Outgoing Vendor）。

（4）OEM对索赔申请进行验证和处理，向分销商的系统发出一个响应（Incoming Vendor），随后分销商的系统会将此响应发给经销商（Outgoing Claim）。

SAP索赔系统的用户是分销商(这一点十分重要),分销商从经销商拿到索赔申请后再转发给OEM。索赔申请的提出者——经销商,在SAP中用客户主数据来代表;索赔的偿还者OEM,在SAP中用供应商主数据代表。而实际上,SAP索赔系统的用户不仅仅只限于分销商,也可能就是OEM,或者OEM的销售和市场部门,而对应的图6-14中的OEM,也可能就是生产制造部门。因此,SAP的索赔系统实际上覆盖了几乎所有的情况。

有时最终客户的汽车上可能有多项故障,需要从不同的索赔偿还者手中拿到索赔。例如,传动系统的故障需要向汽车制造厂商索赔,而分销商加装的音响则需要向音响提供商索赔。这时,分销商需要将传动系统的索赔发给汽车制造厂商,而音响部分的索赔则向音响的供应商提出。因此,分销商需要在系统中对包含多项索赔的申请进行分解,分别处理并跟踪。

召回和技术行动(如为某一特定类型的客户或车辆举办的免费检修等)在SAP中可以被看成是特殊类型的索赔。用户首先在SAP中为召回和技术行动设置特定的申请类型。当经销商创建的索赔申请符合这一类型时,SAP的索赔系统将自动处理后续的流程。如果经销商直接使用SAP的经销商门户录入索赔申请时,该门户可以自动列出所有符合召回和技术行动的车辆。

3. 案例分析——福特汽车通过商务智能整合索赔信息

福特公司使用商务智能(Business Intelligence,BI)帮助经销商、索赔专家以及索赔业务人员快速确定哪些产品存在索赔维修问题,并及时发现索赔申请的趋势。20年来,福特公司一直采用发布报告的方式(称为"126报告")总结每家经销商的索赔记录。这是一个由基于COBOL语言的大机生成的难以阅读的打印版本的报告。由于不同地区的经销商(如位于明尼苏达郊区的经销商和位于迈阿密城区的经销商)所销售的车型可能存在较大区别,所经历的索赔类型也不相同,因此126报告并不是简单地比较索赔费用,而是告诉经销商他的索赔申请与同一地区的其他经销商有哪些区别,以及所揭示的令人担心的趋势。例如,经销商是否在维修方面做得太多,从而造成了过多的费用。

"126报告"使用了基于统计过程控制的标准偏差技术,通过计算偏离平均数值的范围来衡量经销商的相对绩效。福特公司使用了六个统计标准。如果经销商超过了一个或几个标准,经销商会被"设置为某一状态"并被建议进入到福特公司的索赔咨询流程。例如,如果经销商的某一项指标超出了3σ(99.7%的经销商都会落入到这个区间),该经销商会被设置为一个警告状态并显示在报表中。如果经销商的经理仔细阅读了"126报告",就会发现这样一些情况,比如很多维修过的车辆又被送回来返修,原因是第一次的维修并没有彻底解决问题或者方法不对。较高的点火系统的故障,可能意味着需要对维修工人开展更多关于点火系统的维修培训。

问题在于不是每个人都会阅读"126报告",经销商总是担心如何卖车,而不会特别关注索赔。放松了索赔费用控制的经销商只有在遇到麻烦时才会想到去看厂家的索赔趋势报告,可是这些报告既不容易阅读,也不容易保存。

现在福特公司的做法是在互联网上发布报告,使得所有的人可以更加容易地追踪索赔趋势。用户可以在图形上点击、下拉数据项,将"平均每次维修的成本"或者"每千辆汽车的维修次数"移动到图表中,就可以显示出相应的图表。此外,系统还可以显示不同零部件的维修情况,如发动机、传动系统、悬挂或电子设备。如果经销商的索赔记录"出格",图形中的一个或多个元素就会显示成黄色或红色,说明该经销商的索赔记录超出了可接受的浮动范围。

为了实现上述功能,福特公司选用了一款商务智能BI软件。由于福特公司已经在其经销商索赔系统上投入了多年的精力,积累了8000万条详细记录,因此彻底地放弃原有的系统和数据是不现实的。因此,新的BI工具必须能够帮助福特继续使用原有的资源(包括13个模块,其中的一些逻辑已经使用了20年以上)。

新的工具确实给福特公司带来了巨大的收益。数据的查询速度从原有的数小时提高到60~90s,可以更加灵活地输出报表。重要的是,新系统提供了一些新的检查业务的工具。例如,"查找最大的差异"按钮可以帮助经销商迅速确认潜在的问题,高亮度显示最大偏离标准的数据区域,并提供了关于问题数量级的信息,并将注视的焦点集中在最有可能引起额外费用和引发客户麻烦的地方。由于大多数系统警报都是由于经销商索赔工作的一些局部问题造成的,因此,只需要改进一些很明显的流程通常就可以将索赔记录恢复到正常水平。

顺便提一下,BI在汽车工业的应用十分广泛。除了诸如索赔分析的趋势报告之外,还可以用来定位产品的问题、缩短产品问题解决的时间以及改进制造流程等。

四、召回及三包的管理

1. 汽车厂的召回管理

召回是解决由于汽车厂设计、制造等方面的原因,在某一批次、型号或类别的产品中普遍存在同一缺陷,导致由相关主管部门强制或由汽车厂主动进行的活动——通过通知有关消费者和有关责任方知晓,并采用修理等处理措施,纠正和消除该产品在设计、制造、销售等环节上产生的缺陷。召回通常分为汽车厂家的主动召回和政府主管部门的指令召回两种,如图6-15所示。

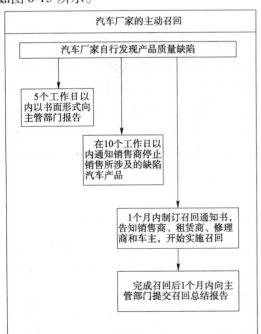
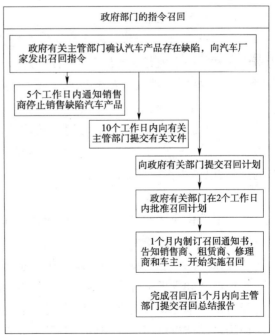

图6-15　汽车厂家的主动召回和政府主管部门的指令召回

图 6-16 所示为汽车厂对于召回和质量缺陷管理的一般流程。目前国内已经有一些汽车厂家通过开发召回管理系统,将该流程内置到系统中,实现对整个召回流程的管理。而在经销商管理系统 DMS 中,也内置了对召回的处理功能。

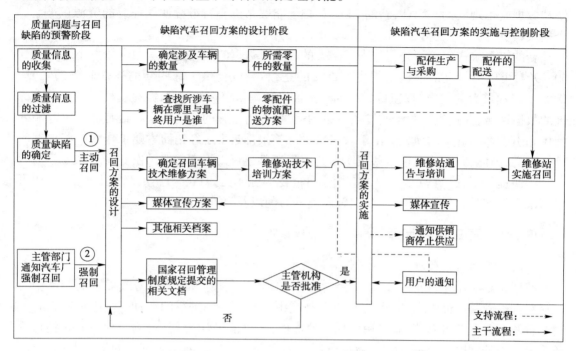

图 6-16 汽车厂对缺陷汽车召回管理的设计与实施

2. 汽车厂的三包管理

与召回不同的是,三包是解决由于随机因素导致的偶然性缺陷产品的法律责任,其中最为引人注意的一点就是,产品售出后若干天内,对于出现因产品质量问题而产生的某些性能故障,或者某些零部件发生需要维修或更换的质量问题的,消费者可以选择退货、更换、修理。如果消费者选择退货,销售商应当负责免费退货。为此,一些汽车厂也开发出了相应的软件,通过对维修站派工单和维修记录的监控,一方面提前获取产品质量问题信息,做到提前报警;而另一方面,也可以对维修站的维修指令提出意见,避免不正当的维修造成的不必要的退货,以减少汽车厂家的损失。

3. 配件及附件管理

售后配件供应链的管理是汽车行业售后市场的核心。在这个市场上活跃的成员,包括最终客户、经销商、维修站、配件供应商、运输服务商、配件配送中心、仓库等,构成了一个完整的相互依存的生态系统。如何调动供应链上的各个成员满足最终客户的对配件的需求,是整车厂设计和管理配件供应链时自始至终的主题。

及时修复率无疑是提高客户满意度的重要因素。以丰田公司为例,其售后政策是在 24 小时内为经销商提供所需的配件。但是由于车辆复杂度的不断上升和车型的不断丰富,丰田公司必须要跟踪多于 30 万种的配件,而就在 5 年前,这一数字仅仅还是 18.8 万种。丰田公司通过使用一款 SCM 软件,在第一年里便将库存减少了 10%,并且还将预测的失误率从 22% 降低到了 12%,足以说明在该领域里 SCM 的巨大潜力。下面通过一个案例分析,介绍如何通过 SCM 的实施,达到整车厂配件供应链管理的战略目标。

第三节　汽车产品提前预警系统

一、整车厂对汽车产品质量管理的发展阶段

1. 割裂的信息

在进行质量管理的初期阶段,整车厂的各个业务纷纷从自身的角度,开发相互独立的系统,造成了信息的割裂,表现在:

(1)在流程上,总装厂的生产系统、客户系统与质量系统相互之间都是独立的系统,使用各自独立和各自不同的分析流程。

(2)在技术上,汽车的销售、质量、索赔、呼叫中心、紧急援助、调查、技术热线、法律等系统之间彼此割裂。

(3)在数据标准上,不同的部门、汽车产品线、工厂都有自己单独的编码标准。

2. 早期集成

在这一阶段,在流程上开始有一些跨组织的工作流,为了解决一些问题开始同时对多个系统进行分析,表现在:

(1)在技术上,将一些相近的系统组成一个个"小组",加以集成,并开始导入一些外部的数据源。

(2)在数据标准上,不同的应用系统开始共享某些数据标准,一些重复使用的数据(如车辆、经销商、客户等)被存储到公用的数据库中以备多次使用。

3. 内部集成

在这一阶段,企业内部的各个流程之间在问题的识别、分析和解决上有着广泛的合作,跨组织之间的小组开发已经成为惯例。

在技术上,各种报表和分析工具被广泛用于问题的研究和检查;在中央数据仓库里整合了问题辨识数据用来分析;在公司范围内提供了数据访问的通道;实施了电子工作流,用于集成用户分析工具和问题解决流程;使用了文本挖掘技术来提高对零部件、症状和失效模式的辨别,并与结构化的零部件和症状相关联。

在标准上,企业对于零部件、症状、远程信息处理/车载诊断代码、品牌、车型年代、系列、版本、平台、发动机、传动器、VIN 码、选装、工厂经销商、客户地域、日期、生产数量等均有统一的标识和标准,在企业内部也建立了追踪机制,在公司之间也建立了数据通信的流程和技术。

但是,尽管取得了上述成就,仍然存在以下一些情况,导致目前的状况依然不是最好:

(1)更多地赋予供应商对整车和整车核心系统设计和开发以及零部件重用的责任。

(2)更多地依靠第三方机构提供车辆的质量数据(调查公司、供应商、保险公司等)。

(3) 政府对整车厂提供的数据制订了更多的要求。
(4) 从经销商、售后服务商获取的数据缺乏里程信息。
(5) 对从各个渠道获取的大量数据缺乏获取、过滤、组织和简化功能。
(6) 缺乏政府的查询、媒体和行业分析的快速应对。

4. 行业集成

在这一阶段,整车厂质量管理的视角已经不再局限于企业内部,而是从所有可能的渠道汲取、挖掘、分析有关质量的信息,如:

(1) 在流程上实现了跨企业之间的问题辨识、分析和解决的流程;集成了大量的外部数据,如供应商质量数据、保险记录、第三方的车辆调查表、质量信息、互联网数据、新闻信息、行业分析、索赔记录以及第三方维修信息等。

(2) 在技术上使用文本挖掘技术对数据源进行分析,提高对零部件、症状和失效模式的辨识;进行预测分析,自动辨识故障模式和异常情况;在与供应商/服务商之间实施电子工作流;对于大量的数据进行网格计算来获取分析结果。

(3) 在标准上对于所有的数据都采用行业标准,并将这些数据实体与政府所需的报表之间进行映射。

二、EWS 的系统构架和技术实现

质量提前预警(Early Warning System,EWS)使用可以获得的各种来源的数据来尽可能早地检测产品的质量问题。该系统可以支持与多个数据源(内部或外部)的连接,处理对复杂的上下文数据的挖掘,对数据进行分析和预测,并提供相关的符合外部要求的报表和内部报表。汽车全行业的质量早期报警系统如图 6-17 所示,主要采用文本挖掘技术和数据仓库技术,实现对输入的文本进行信息处理和对各种质量信息的集成。

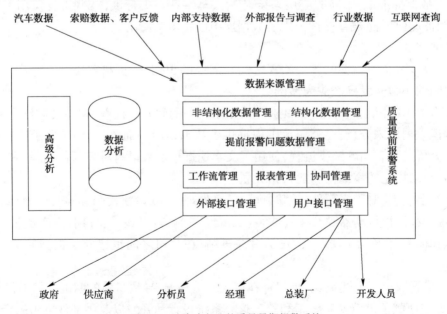

图 6-17 汽车全行业的质量早期报警系统

 思考题

1. 简述我国的汽车维修行业的特点。
2. 汽车维修行业管理部门主要工作职责是什么及在管理信息化发展方面存在哪些问题？
3. 管理信息系统的含义以及组织结构的管理层次和各层次的作用是什么？
4. 业务管理的主要任务及内容有哪些？
5. 车间管理的主要任务及内容有哪些？
6. 简述索赔管理的内容及索赔管理系统的特征。
7. 汽车厂三包的内容有哪些？
8. 简述质量提前预警的内容。

第七章 零部件采购及供应管理

第一节 汽车零部件采购及电子化采购

本章主要从整车厂的角度介绍零部件采购的一些基本常识,包括采购的种类和采购策略,并结合 QS 9000 标准下的生产性采购流程,分析在不同的采购定点阶段里的 IT 需求,供读者从总体上把握 IT 在整车厂采购领域的应用。鉴于目前电子化采购在汽车行业里开始逐渐得到普及,而不同的 IT 厂家对该领域有着不同的实现途径和侧重点,本章对目前具有代表性的三种电子采购方案进行了介绍和点评,有助于读者进一步理解电子化采购的内涵,并作为实际工作中进行系统选型的参考。

一、汽车零部件采购的特点

1. 汽车零部件的采购类型

在汽车行业,按照零部件的来源和用途,可以分为以下三种采购类型。

(1)原材料采购:原材料是指为了生产或配套外协供应商提供的原材料或毛坯。其基本特点是这些原材料都不是最终进入总装线时的状态,都需经形状改变或组合(装配或焊接等),成为进入整车厂总装线或部装线的零部件。由于原材料的采购需要有一定的提前期,因此对原材料的采购控制是以预测和库存为控制对象。

(2)生产性零部件采购:生产性零部件表现为在整车厂装车时的零件状态。对于生产性零部件的采购控制,一般通过 MRP 逻辑进行。

(3)维修配件采购:它是为售后产品维修而准备,由整车厂控制或生产的这部分零部件。同生产性零部件相比,维修用的配件可能更加细化,可能在 BOM 中没有细化分解,因此需要单独的系统加以管理。由于配件有其特殊的需求模式,因此对于配件的采购是以特殊的统计预测和库存为控制对象。

2. 汽车零部件的分类

众所周知,整车厂的零部件采购和供应管理在所有的制造行业中是最为复杂的典型。这一复杂性在整车厂与第一层供应商的接口上表现得最为明显。平均来说,整车厂生产一辆汽车需要从第一层供应商采购 2000~4000 种零部件。而供应商的数量则取决于几个因素:采购策略(单一供应商采购模式还是多家供应商采购模式)、模块化程度、自制加工或外协加工的决策等。虽然为整车厂直接供货的第一层供应商数量不断减少是一个毫无疑问的长期趋势,但是采购和供应管理依然是一项十分复杂的工作。

由于汽车零部件的情况十分复杂,在做进一步研究和探讨之前,有必要对零部件进行一个粗略的分类。从商业原因出发,整车厂通常不会公开车辆的零部件采购价格。为了对零部件采购和供应作进一步的研究,图 7-1 给出了根据紧凑型轿车做出的价格分解的例子。

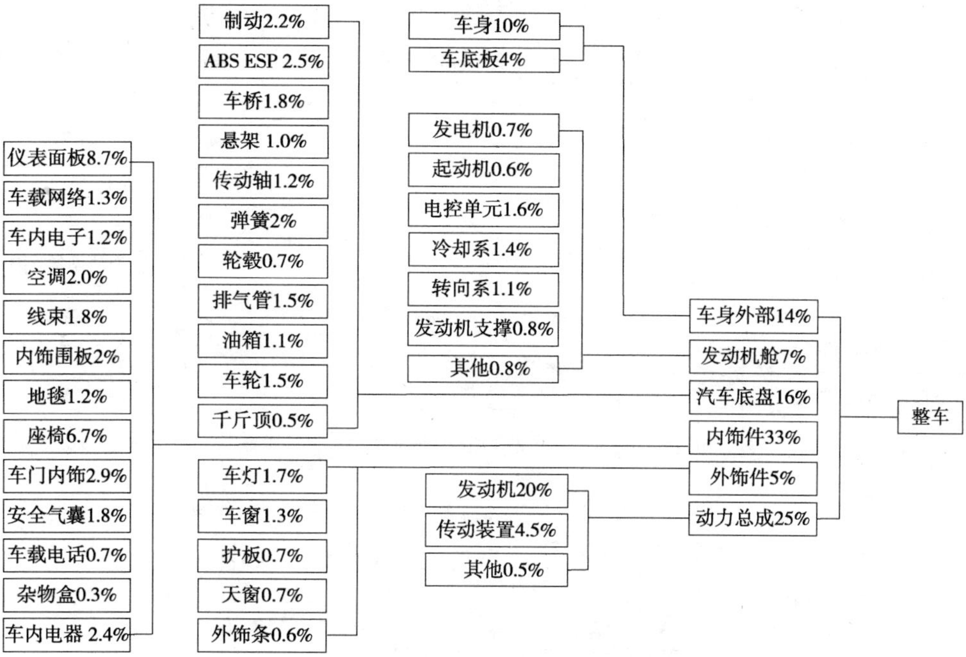

```
仪表面板8.7%         制动2.2%          车身10%
车载网络1.3%        ABS ESP 2.5%      车底板4%
车内电子1.2%         车桥1.8%
空调2.0%            悬架 1.0%         发电机0.7%
线束1.8%            传动轴1.2%        起动机0.6%
内饰围板2%          弹簧2%            电控单元1.6%
地毯1.2%            轮毂0.7%          冷却系1.4%
座椅6.7%            排气管1.5%        转向系1.1%       车身外部14%
车门内饰2.9%        油箱1.1%          发动机支撑0.8%   发动机舱7%
安全气囊1.8%        车轮1.5%          其他0.8%         汽车底盘16%       整车
车载电话0.7%        千斤顶0.5%                         内饰件33%
杂物盒0.3%          车灯1.7%          发动机20%        外饰件5%
车内电器 2.4%       车窗1.3%          传动装置4.5%     动力总成25%
                   护板0.7%          其他0.5%
                   天窗0.7%
                   外饰条0.6%
```

图 7-1 车辆的零部件价值分解

由于汽车行业的竞争本质在于产品的竞争(包括款式、性能、成本、质量等各个方面),整车厂对其产品线都有着明确的升级换代计划。以 PSA 为例,其产品规划以 8 年为一个周期,一个全新的产品平台推出后,每年进行小的造型修改,称为年度车型;第 4 年时,进行大的造型更新,同时对车身平台、底盘平台进行技术改进,称为中期换型;到第 8 年时,产品平台整体换代。显然,每一次的升级换代都离不开供应商的协助和支持。由于供应商的开发能力和资源都是有限的,如果一家供应商同时为多个整车厂服务,它的开发资源常常不足,因此不仅供应商必须跟上整车厂产品更新换代的步伐,整车厂也希望获得供应商开发能力和资源的优先使用权,并且在后续的供货阶段迫使供应商持续地降低产品价格。最终能否实现这些目标往往是由整车厂和供应商的关系,或者是由整车厂的采购策略决定的。

3. 整车厂的采购策略

衡量整车厂采购策略的最重要的标志是其采购集中度和供应商共享度。如图 7-2 所示,有多种因素影响到这两个因素,而这些因素之间也相互影响。以下的框架模型可以更好地理解整车厂与供应商之间的关系。

该模型由 4 个部分组成,分别是:整车厂和供应商的特性、整车厂与供应商之间的产权关系、整车厂和供应商间的合作关系、整车厂和供应商之间的采购及供应关系。

1)整车厂和供应商的特性

(1)整车厂及其母公司特性

从欧洲、美国和日本等国汽车发展的历史可以发现,整车厂所占据的市场份额越大,一般情况下其纵向一体化的程度也就越高,这一点同时也受各个国家历史因素的影响(a→c)。一个公司的规模与其采购集中度密切相关(a→i,j)。

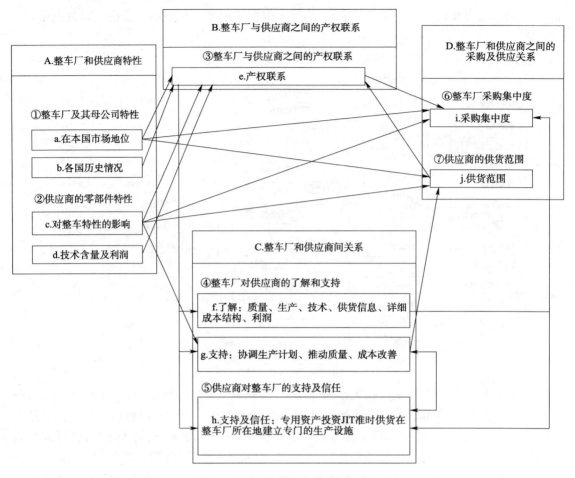

图 7-2　整车厂与供应商的关系模型图

(2) 供应商生产的零部件特性

汽车的零部件可以分为核心零部件、特性零部件和标准零部件等三类,整车厂会倍加关注与核心零部件供应商之间的关系。

①核心零部件指的是决定一个车型成败的关键零部件,如悬架、发动机和变速器等。通常整车厂总是自制这些零部件或者从关联公司购买(c→e),并且对于该类零部件一般也不希望与其他整车厂供应商共享技术。

②特性零部件是指那些价格高或者通常需要大量专用资产投资的零部件,如汽车内饰件、保险杠和空调等。整车厂需要与供应商建立密切的联系(c→e),中断合同对整车厂和供应商都意味着很高的转换成本。对于某些特色零部件拥有两个采购来源是不切实际的(如发动机控制系统)(c→i)。如果一种零部件影响到整车厂的产品特性而供应商能力不足,整车厂会对其作出支援(c→g)。

③标准零部件:主要包括汽车紧固件、玻璃、轮胎和蓄电池等零部件。这些零部件标准化程度高,对整车厂来说,更换一个供应商只有很低的转换成本,因而通常采用以市场竞标的方式来决定产品的价格。

零部件的技术含量及利润,可以从开发和装配的贡献度两个角度考虑。一种零部件来自开发的贡献和组装的贡献越高,供应商的平均利润越高。很明显,整车厂关于零部件究竟是自制、外购还是从关联企业购买零部件,主要取决于该部件的上述特征。对于低利润,低技术含量的产品,整车厂是没有兴趣自制的(c→e)。

2)整车厂和供应商之间的产权联系

产权联系是由整车厂的母公司在供应商企业中所占有的股权来衡量的。很明显,整车厂在与关联公司或完全独立的供应商打交道时所采用的策略是有很大不同的。此外,一个零部件企业如果隶属于某汽车集团,也会影响它向其他整车厂供货。

3)整车厂和供应商之间的合作关系

(1)整车厂对供应商的了解

分为两个层次:

①只了解最终的产品质量、价格、供应信息。

②了解供应商的详细的成本信息。

对供应商的质量、成本数据的了解程度会影响整车厂的采购集中度。整车厂进行多点采购在很大程度上是因为不了解供应商的实际成本,为了避免付出不合理的采购价格而采用的(f→i)。

(2)整车厂对供应商的支持

①整车厂与供应商就生产计划进行协调,避免生产计划发生大的波动。

②整车厂对供应商企业的管理及生产技术上的支持。

从系统的角度分析,汽车制造商和供应商之间协调合作,能够降低汽车的总成本。汽车制造商频繁地更改生产计划,会加大供应商的库存和成本。而整车厂对供应商的管理及生产技术的支持有助于供应商对汽车制造商的信任和支持(g→h)。

汽车生产涉及大量的专用资产投资,供应商只有在确信其投资能够得到合理回报的前提下才会做出这种投资。在汽车新产品换代加快的情况下,整车与零部件同步开发已经成为一种潮流,这时获得供应商的信任和支持对汽车制造商来说至关重要。而作为对供应商效忠的回报,汽车制造商会与供应商协调生产计划,为供应商提供管理方面的支持(h→g)。对一些核心零部件,整车厂会要求供应商现场生产,这往往会很自然地导致独家配套(h→i)。

4)整车厂和供应商之间的采购及供应关系

(1)制造商的采购集中度

一般来说,采购度集中度越高,汽车制造商越可以享受较大的折扣。但是,如果整车厂过于依赖一个供应商,反过来会增加供应商的砍价实力。较高的采购集中度有助于增加供应商对汽车制造商的信任,使其乐于为汽车制造商做出较大的初始资本投资(i→h)。以通用公司为例,其每年全球采购总额在850亿美元左右,涉及全球范围内的3200家供应商,而85%的采购在300家一级供应商中进行。

(2)供应商共享度

一个为多家整车厂服务的供应商具有较大的成本优势,也可以避免过于依赖一家整车厂而导致不得不满足整车厂的不合理的价格要求。

以上要素彼此相互作用,影响整车厂和供应商的长期利润,同时整车厂和供应商的利润也对上面7个要素有反作用。

4. 跨国汽车公司的全球采购

全球采购的优点是整车厂可充分利用世界范围的零部件竞争优势,适应汇率波动,获取市场的最新技术以及集团采购的批量效果,得到最佳质量、最佳服务和最合理价格的配套产品。汽车零部件供应体系有着清晰的层次:第一协作层以总成配套厂为主,厂家总量少,规模大;第二协作层以汽车零部件配套厂为主,围绕各自的总成厂形成较小区域的配套网,厂家可多可少,规模可大可小;第三协作层以原料厂和工艺厂为主,为零件厂、总成厂以及总装厂提供原料和工艺加工。

跨国汽车企业把世界各国的汽车零部件企业划分为三个梯队:第一梯队是美国、欧洲、日本等国家先进的零部件企业;第二梯队是韩国、中国台湾等国家和地区的汽车零部件业;第三梯队是中国、印度等发展中国家的零部件企业。

跨国汽车公司全球采购方式包括:

①模块化采购与系统供应。

②单一供应商采购方式。

③同步设计与同步采购方式。

④提高零部件通用性的通用平台采购模式。

⑤电子商务采购方式。

二、汽车零部件采购领域的 IT 系统

1. 采购领域的 IT 应用市场概述

如图 7-3 所示,采购领域的 IT 应用主要集中在 4 个领域,即电子化采购(E-procurement)、电子化采购定点(E-sourcing)、合同管理和报表与分析。从图中可以看出,与 ERP 等传统应用相比,采购领域的 IT 应用仍然是一个十分新兴的领域(至今不到十年的发展时间),并且已经受到 ERP 应用的渗透和侵袭。

如图 7-4 所示,企业级采购包括定点(Sourcing)和购买(Buying)两个阶段,两者相互作用、相互联系。

定点阶段的核心是供应商选择决策。企业在决定今后是否要与某个供应商进行业务往来时,通常需要一系列合理的标准。良好的采购技术表现在决策背后尽可能合理的论证推理过程。通常情况下,采购方对供应商能否满足质量、数量、交付、价格、服务目标等的观察将支配决策结果。与这些基本的采购目标相关的还有一些更重要的供应商品质,包括历史记录、设备与技术力量、财务状况、组织与管理、声誉、系统、程序柔性、通信、劳资关系和地理位置等。显然,采购的性质与数量会影响这些项目目标的权值。因此,定点阶段的关键在于提供证据来支持自己的选择决策。

购买阶段包括了实际购买以及与购买过程相关的活动,如发现需求、程序批准、发送采购订单、对订单进行跟踪并催货、接收并检验收到的货物、结清发票并支付款项等,企业会根据采购物的不同分类制订不同的购买流程。购买阶段的目标通常包括确保可靠的供应、使库存投资和损失保持最低限度、保持并提高质量、在企业内部与其他职能部门之间建立和谐而富有生产效率的工作关系以及督促和改进供应商行为和绩效等。

第七章 零部件采购及供应管理

	1997	1998	1999	2000	2001	2002
电子化采购	主要是一些定制化开发的应用	第一批商品化的软件开始在领先的企业中试用	在财富500强的企业中开始得到普遍推广	出现了第一个基于ERP的类似产品，造成市场的震动	客户开始追求应用规模，并重新关注这方面的ROI	
电子化采购定点		出现了基本的拍买应用	开始提供可托管的"全方位"的服务	市场上关于该领域的最好的产品开始得到大量推广	基于ERP的类似产品出现，造成了市场的震动	关注于托管的、订购式的应用
合同管理	主要通过手工方式进行管理，少数情况下集中存储扫描合同版本，ERP对此提供非常有限的帮助	开始使用一些商业智能软件、数据仓库软件以及一些专门的分析工具	市场上关于该领域的最好的产品开始逐步得到应用	出现了新的功能——与采购定点软件连接在一起	出现了各种解决方案——"全方位服务"一直到基本的查询工具	使用率增加，但是仍然比较缓慢
报表与分析	主要基于Excel进行分析以及ERP提供的有限的帮助			出现了"数据工厂"，通过电子化采购提高了报表功能		

图7-3 电子采购系统的演变过程

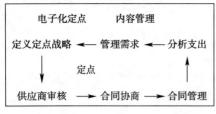 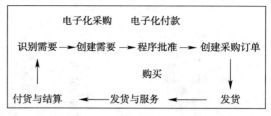

图 7-4　企业级采购的阶段和任务

显然,定点阶段和购买阶段的 IT 应用相互集成、相互作用,共同构成了采购信息化的重要基石。

2. 电子化采购

企业投资于电子化采购(E-procurement)的目的,简单地说就是省钱——通过让采购人员在采购流程中更好地遵守企业的采购政策,最终从购买的商品和服务中省钱。很多大的企业已经开始对一些通用的商品采用战略定点(简单地说就是用分析法为某一特定部分的产品制订采购战略并加以执行),并与供应商就批量采购商谈折扣。对于这些企业,电子化采购方案节省的费用来自于在进行新的定点谈判时,凭借积累的历史采购数据和实时调用这些数据,提高工作效率和帮助采购人员达到预期的目标,以及相应地确保企业采购政策得到更好的执行。而对于那些还没有开展战略定点的企业,电子化采购的效力就更加明显,可以为企业员工提供实时的、逐步积累的采购数据,用于整合采购支出、谈判更低的价格以及扩展选择供应商的视野。此外,电子化采购还能够节省采购的运作成本,如订单处理、需求管理和付款等。据估计,传统的基于纸张的采购订单和手工批准流程的成本达到了每张订单 100～125 美元,这其中包括了办公费用、业务人员的时间、经理批准的时间、装订和文件移交时间、录入系统的时间以及在企业与供应商之间文件流动的成本。电子化的采购处理流程可以将上述过程自动化,将运作成本降低到 10～15 美元或更低,见表 7-1。

电子采购节省成本的潜力和实际情况　　表 7-1

机　会	潜　力	现　实
降低采购成本	降低 5%～40% 的单位成本	对于已经有战略定点的企业降成本的潜力要小得多;可以提供数据以确认新的定点机会
降低采购处理成本	将每张订单的处理成本从 100 美元降低到 10 美元	实际节约值受到裁员限制而较小
更好地遵守采购政策	将员工的遵守程度从 20% 上升到 30%～90%	需要对员工培训和加强纪律,但这可能是最大的收获

3. 电子化定点

电子化定点(E-sourcing)对企业的好处和前面提到的电子化采购属于同一种类型,但是侧重点不同,原因是电子化定点是按照不同类型的商品的不同购买流程设计的。表 7-2 给出了两者之间的差别。

电子化定点和电子化采购对企业带来的益处的对比　　表 7-2

电子采购的益处	电子化定点的益处
降低大量的低价值采购的成本	对少量的高价值的采购提供更多的价值
降低采购处理的成本	在结构化的招标流程中加强与供应商或潜在供应商之间的协同
更好地遵守采购政策	加强结构化的定点流程

从表 7-2 中可以看出买电子化采购适用于数量很大的、中低价值的、非战略性的采购,其价值、速度和方便性是最重要的考虑因素。而电子化定点用于数量很少的、复杂的采购,价格只是决定价值的一个因素。纳入电子化定点范围的例子有:资产性设备、生产性物料的年度合同等。电子化定点也可以被用于保养、维护和运行(Maintenance Repair and Operation,MRO)的采购。当从不同供应商拿到的投标无法直接比较时,对价格、功能、可靠性、产品支持和风险的组合对于最终的决策无疑会起到十分重要的作用。在这种情况下,电子化定点就可以帮助采购部门认识到最低出价的投标商并不一定是最好的选择。这可能是电子化定点相对于电子采购最大的区别和价值所在。

三、整车厂生产性采购流程和 IT 需求分析

1. 整车厂的生产性采购流程

在目前汽车行业的激烈竞争环境下,整车厂对供应商在质量、服务、技术和价格方面提出了越来越高的要求,表现在:

(1)尽管对于质量体系,不同的汽车制造商有不同的要求,但是经过多年的发展,质量体系标准化的趋势已经表现得越来越明显。在整车厂的推动下,传统的美国标准 QS-9000 和德国标准 VDA6.1 开始逐步向 TS-16949 转换,整车厂对于供应商的要求更加严格,例如更加关注供应商对质量的过程控制,供应商的整车厂配套经验以及进行供应商持续改进、降低百万分之缺陷率(Parts Per Million,PPM)的能力。此外,整车厂对于供应商的质量的可靠性和产品质量的一致性也更加重视,普遍采用客户现场评审、分供方的质量管理以及使用统计手段分析出现的质量问题。

(2)在采购过程中,整车厂也对供应商提出了越来越多的要求,包括 EDI 能力(供应商能够通过 EDI 与整车厂进行数据交换)、现场服务能力(要求供应商的现场服务人员具备必下能力:快速到位能力、可以迅速诊断技术和质量问题、有解决问题的办法以及良好的沟通能力)和物流能力[包括对物流的全过程管理、仓储管理、及时供货,把零部件供应到生产线或其附近、提供安全库存并根据整车厂的要求保持一定的库存量(如 1~1.5 个月)、快速响应能力和产品紧急递送能力]等。

(3)在技术方面,整车厂与供应商之间出现了同步开发(Simultaneous Engineering)的趋势,开发的费用则由供应商连同产品价格报出,并与整车厂分担。此外,对于供应商的数据转换能力,根据整车厂的要求,对产品的检测试验能力和生产工艺控制能力都提出了越来越高的要求。此外,供应商的生产能力的提升、快速工程更改能力也是整车厂考虑的重要因素,而这一部分也需要同整车厂谈判分担。

(4)价格历来是采购环节的核心。目前,整车厂普遍制订了降低采购成本的计划,并对供应商提出了逐年采购降价的要求,并且除了产品价格之外,对于物流的价格因素也开始重点关注。在全球采购的环境下,国内的供应商有竞争力的报价应当比国外的整车厂在本地的采购价格低 30%(包括了约占产品出厂价格 20% 的物流费用)。

图 7-5 给出了整车厂进行生产性采购的一般流程,通常可以分为建立采购项目、供应商选择与认证、供应商投产准备和生产与持续改进 4 个阶段,而对整个采购项目的管理则贯穿于整个流程当中。下面将分别对这 4 个阶段的 IT 需求加以介绍。

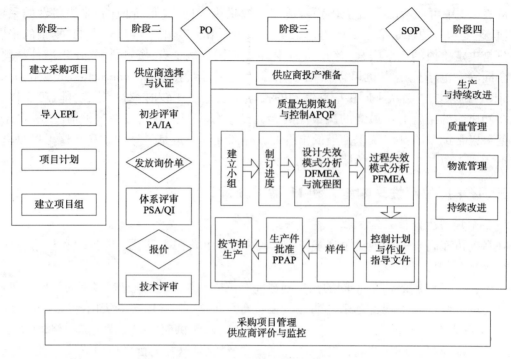

图 7-5 整车厂生产性采购的一般流程

2. 整车厂的生产性采购 IT 需求

通常情况下,每家整车厂都定义了十分复杂的流程和文档标准,对生产性采购进行有效的控制,加上需要采购的零部件数量庞大,因此出现了"每开发一个新车型,对应的采购文档可以装满 14 节拖车"的情况。显然,凭借手工方式来处理如此繁杂和庞大的流程和数据,存在着很多问题,例如:

(1)各种采购文件的提交和审批都需要手工完成,流转效率低下,容易出错,难以管理。

(2)采购所需的数据有多个输入来源,包括手工录入和其他系统的导入,在手工方式下缺乏数据共享和转换的机制,导致数据的重复录入,增加了出错的概率。

(3)由于生产性采购需要一段较长的时间完成,因此提交给采购部门的工程零件清单 EPL 不可能一成不变,不可避免地会遇到工程更改和断点的干扰。在手工条件下导致缺乏有效的手段对单个零部件的采购进度进行监督和跟踪。

(4)在手工方式下缺乏对整个采购项目进行有效的管理和预警机制。

(5)由于缺乏自动跟踪处理机制,对于各种意外情况(如供应商的质量问题、进度问题)的响应较慢,容易拖累整个采购进度。

(6)反映供应商的绩效数据分散在书面文档或其他 IT 系统中(如 ERP 系统、物流系统、质量管理系统、售后服务系统等),缺乏一套对供应商进行管理的数据共享、数据准备和考评的机制。

(7)缺乏对采购部员工的绩效进行跟踪和考评的有效手段。

阶段一:建立采购项目。

在整车厂,采购(特别是针对某一车型的采购)通常是作为项目的形式加以管理的。在本阶段,电子化采购系统从 PDM 系统中导入工程零件清单 EPL。如前面的有关章节所述,EPL 在本质上是一种基于 PDM 的"产品 BOM"。由于 EPL 建立在功能系统结构基础上,尚未引入生产线工位信息,一般可用于"样车"的物料准备和先期采购。除了 EPL 的导入,项目基本信息和项目计划的定义也是本阶段不可缺少的环节。

本阶段的 IT 需求包括:

(1) 从第三方 PDM 系统导入 EPL,以及今后与第三方系统关于 EPL 的同步更新。

(2) 采购项目基本信息的定义,建立从车型平台→采购项目→零部件编号的追踪路径。

(3) 项目计划的定义,包括项目级别、节点、进度、人员的定义,并在后续的流程中,可按照项目、采购员、供应商、零部件编号等线索进行查询、监控和追踪。

阶段二:供应商选择与认证。

整车厂对供应商的选择与认证过程分为三个环节,即初步评审(Preliminary Assessment)、体系评审(System Assessment)和技术评审(Technical Assessment)。如果供应商通过了初步评审,就可以参加整车厂对相关零部件的正式招标,获得 RFQ 并报价。通常情况下,整车厂并不总是选用报价最低的供应商,而是组织了专门的队伍来进行评估,直至选择定点供应商,并进行多轮商务谈判。该阶段的最终成果是向供应商发放采购订单(Purchase Order,PO)。

本阶段的 IT 需求包括:

(1) 潜在供应商信息库的建立、修改及维护流程。

(2) RFQ 的准备与网上发布。

(3) 供应商传送报价和相关技术文件(可以在网上或网下进行)。

(4) 网上的初步评审、体系评审和技术评审流程。

(5) 支持网上向供应商发送评审文档和在线填写。

(6) 商务谈判过程的追踪与过程文档管理。

(7) 合同的特殊内容的管理(如模具、工装的管理)。

(8) 意向书/合同的审批、发放和管理流程。

阶段三:供应商投产准备。

对于一个典型的汽车零部件采购过程,到整车生产为止项目需要的周期为 2 年左右。为了确保供应商能够将采购任务按时保质地完成,在供应商投产准备阶段,整车厂采购任务的核心就是质量先期策划与控制(Advanced Product Quality Planning,APQP)流程,涵盖了从采购决策、部件设计、设计失效试验、流程失效试验等一系列精细的流程,直至最后做出产品原型,并对原型提供可靠性测试。假设整车厂对于 APQP 定义了 17 个需要交付的内容,每个内容包括了 20 个步骤,那么供应商就要从 340 个方面对生产流程着手工作。而保证这些内容和步骤能正确和按时完成,无疑是一个工作量巨大的典型的项目管理工作。该阶段的最终成果是进入量产(Start of Production,SOP)。

本阶段的 IT 需求包括:

(1) 对 APQP 流程的项目管理。

(2) APQP 文档的管理。

(3) APQP 中的特殊工具(如 FMEA 等)的支持。

阶段四：生产与持续改进。

在本阶段，整车厂需要从多个角度对供应商进行考核，并据此提出改进的要求。实际上，每家整车厂都给供应商定义了打分和评估的体系。当供应商出现产品质量或供货上的问题时，需要及时收集这些信息，并找出出现问题的原因。由于这些问题可能出现在整车厂的很多部门（如质量部、生产部、市场部、售后配件部门），因此如何收集、整理、归类这些随时可能产生的问题，并结合对供应商进行纠察整改，是IT系统需要帮助解决的问题。

本阶段的IT需求包括：

（1）根据运行中的信息，识别改进的机会。

（2）对供应商进行持续不断的监督和考核，并提出改进的意见。

（3）对供应商的改进进行监督。

（4）把供应商出现的问题、原因和改进步骤保存在知识库中。

3. 供应链上的生产性采购IT需求

目前，汽车行业大量的零部件采购，使得整车厂和供应商对IT迫切的需求：

（1）对于同时向多家整车厂供货的供应商，由于缺乏统一的流程和标准，因此不得不在多家整车厂的标准之间频繁切换。

（2）一些大的一级供应商对于二级供应商的采购也有严格的项目管理制度和APQP流程，同样也具有与整车厂相类似的IT需求。

（3）一些小的供应商无力自己购买和开发电子采购系统，需要更为灵活的解决方案。

在供应链上，采购在所有的上下层供应商之间进行。大量的采购文档和采购信息并不是在整车厂和系统集成之间产生，而是集中在总成供应商、子系统供应商和系统供应商之间。因此，整车厂实际上只是掌握了整个供应链上采购文档的很小的一部分。

现在，整车厂实际上只掌握了采购链的上层环节中的采购文档。整车厂只能了解有限的供应商，而实施电子采购的目标之一就是能够了解大多数的供应商。

在电子采购发展的初期阶段，整车厂、第一层供应商、第二层供应商等主要采用手工方式处理采购业务，个别的可能会采用一些局部的IT系统帮助实现部分采购流程的自动化。到了电子采购发展的第二个阶段，有些整车厂开始认识到电子采购的重要性，在将自身的采购流程电子化之后，将电子化采购的范畴扩大到自己的供应链，逐步向下层供应商扩展和渗透。到了电子采购发展的第三个阶段，出现了面向多家整车厂的电子化采购平台，通过统一的流程、标准和接口实现整个行业的电子化采购。

4. 汽车行业的电子化采购解决方案

目前，汽车企业在选择电子采购解决方案时有两个主要的购买来源：一是传统的ERP厂商，二是专门从事电子化采购与电子化定点的软件厂商。以SAP和Oracle为代表的ERP厂商，所提供的电子采购方案在广义上是其SCM套件的一个组成部分，并且已经和这些厂商现有ERP产品的财务和人力资源管理模块进行了集成，但仍然需要与其他的系统和环境进行集成，并且在供应商的参与功能上仍显不足。以Ariba为代表的专业厂商则是将电子采购作为企业开支管理（Enterprise Spend Management，ESM）的一个组成部分。从数量上看，仅仅用于非生产性采购的电子采购软件在市场上已经很少见。无论是ERP厂商还是专业厂商，普遍认识到电子采购的真正价值在于通过建立在对企业开支进行精密分析基础上的采购定点协议,来减少采购支出。因此,无论是 ERP 厂商还是专业厂商,在其 SCM 和 ESM 套件中都包含了电子化采购、电子化定点、开支分析和其他与合同管理相关的模块。到目前为止,将电子采购与电子定点完全集成的价值似乎尚未明朗,大多数企业仍然在购买单独的应用。

1)汽车行业的电子化采购现状

目前,与已经比较成熟的 ERP 软件相比,IT 行业在电子化采购和电子化定点领域的解决方案仍处于"军阀割据"阶段。尽管客户都认识到使用这一领域的解决方案可以直接降低采购成本,但是实际取得的效果却往往不能令人十分满意。汽车行业电子化采购系统的发展如图 7-6 所示。

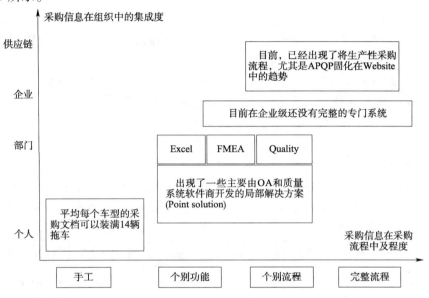

图 7-6　汽车行业电子化采购系统的发展

在戴姆勒—克莱斯勒公司(2005 年)和通用公司(2003 年)的带动下,在互联网门户上提供整车厂和供应商之间 APQP 和 PPAP 信息的交互成为该领域的重要趋势,而提供这种产品的厂商大多数具有质量系统的背景,如 Powerway 和 IQS,其开发的动机主要是帮助供应商获得 QS9000 的认证。目前的倾向性意见是把该领域的功能归纳到整个产品开发生命周期过程中,已经有一些 PLM 厂商开始涉足这一领域。

大的 IT 厂商,如 SAP、Oracle 等,倾向于在已有的产品平台上为先期采购涉及的各方实现协同作业,这样可以实现 APQP 和 PPAP 在多个行业里的应用(如快速消费品、高科技、制药等行业)。对于汽车行业的特殊需求,通过定制的方法来实现。

从国外的经验来看,在开发的协同质量控制方面,整车厂对零部件企业的影响很强,如 APQP 流程的推行与贯彻。因为整车与零部件企业之间如无共同语言,数据是无法共享的。为此,国外已经开始有一些组织开始了这方面的标准化工作,如美国的汽车工业行动组织(Automotive Industry Action Group,AIAG),开始在 XML 语言的基础上定义一整套数据交换标准,为使用不同 IT 系统的上下游贸易伙伴之间提供 APQP 数据交换的标准,从而减少时间浪费和避免数据错误,缩短数据交换的提前期。

下面我们会具体地对三家具有代表性的电子化采购的软件提供商:SAP、Ariba 和 UGS

的产品策略进行对比,这三家厂商代表了从三种从不同的角度出发的流派。

2)SAP 的 SRM 方案

(1)SAP 对 SRM 的定位

按照 SAP 公司主张的定位,供应商关系管理(Supplier Relationship Management,SRM)是一个通过在企业范围内的供应管理,实现可持续的费用节省和价值创造的采购平台。在这里,"企业范围内的供应管理"意味着 SRM 必须对整个企业的相关业务和流程加以管理(这正是 SAP R/3 的强项)。"可持续的费用节省"意味着 SRM 可以帮助企业实现可重复的费用节省而不是一次性的胜利。"价值创造"来自于供应商的参与,从而减轻花费、提高可视化程度和管理供应风险。"采购平台"意味着这是一个涵盖了定点和采购的整个业务循环过程。这里我们可以发现,SAP 充分利用了其在 ERP 方面的积累,充分发挥 SRM 在整个企业系统当中以及与供应商系统之间的协同优势。

利用 SAP 的 SRM 解决方案,企业可以通过下面三个主要步骤获得价值:

①及时、准确地搜集所有关于采购活动的信息制订供应和采购策略。

②让供应商可以实现协作、自动化和自服务。

③集成企业间流程,整合供应关系。

(2)SAP SRM 的功能

如图 7-7 所示,SAP SRM 解决方案的功能主要包括战略采购与定点、运作采购和供应商协同三个方面,为客户带来了一个全周期的供应商管理解决方案,该解决方案可以连续而不是一次性地管理供应关系。

图 7-7　SAP SRM 解决方案功能对应图

①战略采购与定点包括了供应战略的制订、开支分析、供应商的选择、合同管理和采购商品目录管理等内容,其目标是改善开支的透明度以及供应战略,降低出错率,压缩定点的周期时间,并对合同进行规范化管理。

②运作采购包括了自服务采购、服务采购和计划—驱动采购几方面的内容,其目标是简化采购流程、对关键的采购做到采购订单可以自动化生成、对服务条款设置成本限制,从而确保采购过程的高效率和准确性。

③供应商协同包括了供应商注册、设计协同、订单协同和协同补货等方面的内容,其目标是将采购流程的控制延展到供应商,降低与供应商的沟通和协作成本,通过广泛的协作从采购源头开始提高采购质量。

SAP SRM 通过与 SAP 和非 SAP 的供应链管理 SCM、产品生命周期管理 PLM 和企业资源规划 ERP 解决方案的开放式集成,使企业可以全面了解所有面向供应商的关系。另外,通过集成供应商的电子销售解决方案,SAP SRM 还可以推动各种运行在企业内部、企业之间和企业外部的流程。如图 7-8 所示,通过 SAP PLM 的协同文件夹 CFolder(Collaborative Folder)和互联网交易服务器(Internet Transaction Server,ITS),可以实现供应商网上提交投标技术文档和商务文件,而企业内部的采购员和研发工程师也可以在 SAP SRM 和 R/3 系统上发布投标邀请以及添加招标技术文档等,实现与供应商之间的网上交互以及内部的工作流机制。从某种意义上讲,SAP SRM 最大的特点可能就是与其他各种企业相关系统之间的集成,特别是与 SAP 其他子系统之间的连接和相互调用。

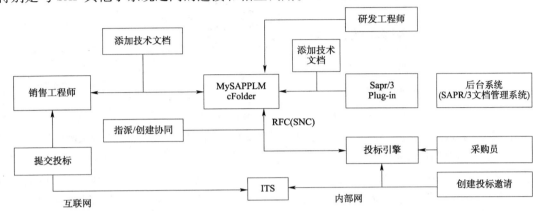

图 7-8 以 SAP 为核心的汽车电子采购系统架构图

3) Ariba 的 ESM 方案

目前,企业开支管理(Enterprise Spend Management,ESM)引起了越来越多的企业的兴趣和关注。对于很多企业,虽然知道预算是多少,但是对于开支却只有一个笼统的概念,即只知道总的开支是多少,但却不了解具体的信息。造成这种现象的原因在很大程度上归结于采购过程的细化与分散化,详细的信息分布在很多不同的 IT 系统中甚至在纸质文件上。有效的开支管理应该搞清楚谁花的钱和钱花给了谁,使得企业可以在经济滑坡时开支降得比收入快,在经济好转时开支上升得比收入慢。

(1) ESM 与企业传统应用系统的区别

Ariba 认为,传统的企业应用系统,如 ERP、CRM 等,无论是哪一家厂商的产品,都是围绕着一组高度集成、针对性极强而又范围狭窄的功能开发和设计的。这些功能被企业的不同客户使用,每个客户其实只使用这些功能的一部分。如图 7-9a)所示,所有的数据都放在一个公用的数据库中共享,并主要由应用系统本身创建。尽管 ESM 的需求开始得到越来越多企业的认可,但是作为一种传统思维定式,人们总是先会将目光放在传统的企业应用系统身上,希望通过这些系统的功能扩展来实现 ESM 的需求。这种通过整合和增强历史系统实现新的需求的做法,不可否认在过去确实取得了很多成功。

但是,这种做法对于以 ESM 为代表的与传统的 ERP、CRM 等相比有较大差别的系统可能并不一定适用。ESM 较之以 ERP 为代表的传统的企业应用系统而言具有更大的广度。ESM 的客户不但遍布整个企业,而且还可能包括客户和供应商,功能的覆盖范围较之传统的企业更为广泛。ESM 的数据由来自许多个不同的领域,包括了企业的内部和外部,数据的类型可以是结构化的(如数据表格),也可以是非结构化的(如合同内容)。因此,ESM 对于系统构架与传统的企业应用系统也存在较大差别,这种应用被称之为"易于接触的"(Accessible)应用,如图 7-9b)所示。

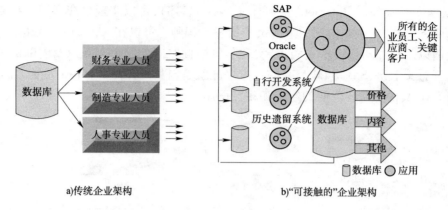

图 7-9 两种企业架构的区别

上述差别并不是可以很简单地解决或是掩饰的。随着 20 世纪 90 年代功能和技术成为系统选型的主要评价标准,有理由认为是否易于"接触"也必将成为另一条主要的评价标准,包括对某一业务流程的关注度、客户的多样性、可适应的技术、集成、升级、培训、定制化以及成本。那些在开始设计时就没有考虑"接触"要求的系统,将很难达到"易于接触的"的要求。

表 7-3 给出了传统的企业应用系统和"可接触的"系统之间的一些常见的区别。由于"可接触的"企业关注于围绕着某一流程如(订单—现金)的最广泛的客户(内部/外部),因此要求系统便于使用、便于培训、便于安装、便于集成和定制,而传统的企业应用系统可能很难达到这些目标。

传统的企业应用和"可接触的"企业应用之间的区别   表 7-3

项　目	传统的企业应用	"可接触"企业应用
关注度	多个分割的、集成的功能领域	单个集成的流程
客户	有限的/内部的,围绕着单一的功能领域或部门	无限的/内部和外部的,不限于一个功能领域或部门
培训	中等到较高的复杂度	较低或无复杂度
技术	客户—服务器结构或 Web 构架	基于服务的,纯 Web 构架
集成	有限的、集中的	无限的、扩展的
升级	复杂、昂贵	简单、昂贵的
定制	对核心系统改动较大,对客户涉及较少	对核心系统改动较小,对客户涉及较多
成本	每个客户 1000 美元到 10000 美元	可订购或根据企业规模决定许可证
举例	ERP、SCM、三维 CAD	支出管理、自我服务的 HR、工作区驱动的即时消息

(2)ESM 的流程

大多数企业在管理它们的开支的时候都明确了若干步骤,包括确认机会、制订战略、定点与谈判、签署合同与执行、发票与付款以及对整个流程的监控和管理等。但是,如果没有适当的技术和系统的支持,上述步骤在不同的部门、地区和开支类别里就有可能变得零碎和无序,造成一系列流程上的差距。例如,与供应商协商达成的合同条款没有严密地在采购过程中遵守,发票没有按照客户进行检验,一些采购的细节数据无法保存下来供今后的机会评估使用等。

为了构筑 ESM 的核心能力,企业必须首先制订一套组织开支管理的战略,通过使用一套单一、集成的 ESM 流程来有效地服务于多个开支类别。这套流程对于帮助企业获 ESM 所承诺的收益是必需的。图 7-10 给出了 Ariba 的开支管理的主要功能。

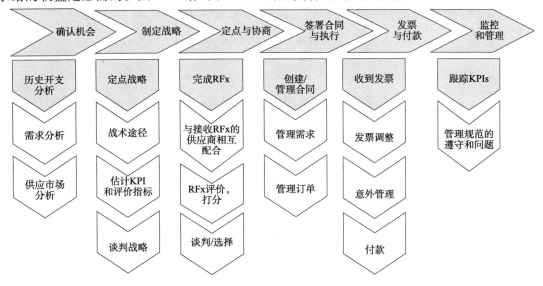

图 7-10　Ariba 的开支管理

4) UGS 的 Teamcenter Sourcing 方案

作为一家产品生命周期 PLM 产品的供应商,UGS 引入了为供应设计(Design for Supply,DFS)的概念,将定点和采购作为供应链设计和执行的重要环节,强调将定点和采购整合到整个产品生命周期中,最终达到提高流程效率、降低采购和供应链运作成本的目标,整个的核心理念是产品生命周期定点(Product Lifecycle Sourcing,PLS)。

(1)将定点引入产品开发

在汽车行业,生产采购人员已经认识到,与其在产品开发后期对供应商说把价格再降 5%~10%,还不如在产品设计阶段就和供应商一同讨论未来产品的成本。长期以来,由于文化的差异,使得采购部门和研发部门相互隔绝,采购人员很晚才会介入产品开发过程,以至于几乎对于最终产品的成本无能为力。这是由于构成产品成本的大多数项目,在开发的早期阶段就已经被确定了。在产品设计完成后,只有 15%~20% 的机会压缩产品成本,其他的都已经固化在产品设计中无法改变了。在某些企业,产品开发部门几乎完全不会与其他人共享信息,无论是与企业内部还是企业外部。采购部门和供应商直到新产品导入(New Product Introduction,NPI)的最后阶段才能接触到产品信息,这导致了以下的一些不是最优化的结果:

①导入新的零部件,而不是重用已采购的零部件。
②丧失了在现有的合同基础上加大采购量获得更低折扣的机会。
③失去将零部件设计外包给战略供应商进而缩短上市周期的机会。
④失去本可以利用供应商的创新技术的机会。
⑤由产品开发定义的零部件在现实中无法得到充足的供应,从而带来更多的重新设计

的成本。

考虑到产品在不同时间的成本,反复的设计变更、采购的晚期介入、产品推迟发布、成本蔓延(Cast Creep)以及其他因素造成的产品最终成本增加。产品生命周期成本如图7-11所示。

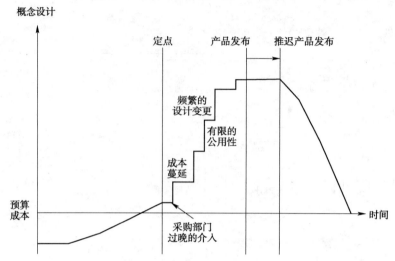

图 7-11　产品生命周期成本

通过对产品生命周期流程和技术的改进,可以实现采购的早期介入,例如可以:

①在产品开发项目的整个过程中,提倡使用批准的潜在供应商名单。

②在设计阶段的早期,进行更加精确的成本估算。

③整合现有的零部件数据库实现零部件重用。

④将产品开发部门和采购部门之间的工作流加以简单化和自动化,为基于BOM数据的采购定点工具的推行提供方便。

上述实践的结果有利于降低成本、保证质量和加快产品开发进程,而产品生命周期管理PLM无疑可以帮助汽车厂实现这些目标。图7-12给出了通过上述内部的改进,可以取得的一系列进步。

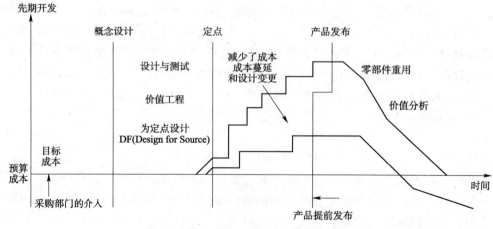

图 7-12　通过采购部门前期介入获得的改进图

在采购部门前期介入的基础上,如果将供应商纳入先期开发的过程中,可以获得更加双赢的结果,如图 7-13 所示。从概念设计起便纳入潜在供应商,一旦在早期设计阶段需要作出决策,设计人员便会同供应商一道工作。供应商会提供关于其核心能力、产品开发能力和历史业绩等信息,技术信息和粗略的价格信息也可以相互交换,这无疑大大有助于整车厂的开发决策。

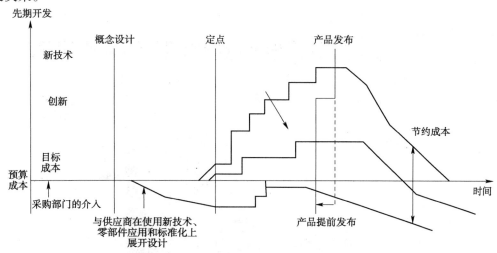

图 7-13　通过与供应商协同开发获得的改进

(2) 产品生命周期采购定点

供应商的早期介入对于整车厂带来的好处是毋庸置疑的,而与供应商的关系也从以前甲方要求乙方"满足产品标准"变为甲乙双方形成一个小组共同开发出最好的产品,因此如何"协同"便成为这一阶段需要重点解决的问题。

对于小的企业,协同的问题可以通过个人的通信工具来解决。但是,对于大型的企业,随着规模的成长、业务和合作伙伴在全球的扩展,如果没有合适的协同工具,这一问题就会变得十分严重。考虑到产品开发和战略定点的复杂性,对流程加以改进的尝试是十分困难的,需要流程的集成和信息的支持,这也正是 PLS 的功能所在——集成战略定点和产品生命周期,促进工程、采购和供应商之间的协同化流程。

PLS 的价值定位将协商过程自动化,提高了透明度,从而达到降低成本的目标。同时,节省成本的将战略定点与产品生命周期管理的产品创新价值定位结合在一起,其结果是更快、更省的设计流程。据估计,采用 PLS 可以带来 20% 的成本节省和 10% ~ 20% 的上市时间。产品生命周期定点对降低成本和加快产品创新的作用如图 7-14 所示。

(3) Teamcenter Sourcing 产品介绍

Teamcenter Sourcing 是 UGS 基于上述理念推出的战略采购定点解决方案,通过将战略采购定点技术和 UGS 的 PLM 软件结合在一起,为 PLS 提供了直接、有效地连接产品开发、采购和供应商的手段。

Teamcenter Sourcing 软件提供了以下主要功能:

① 通过对以前的采购模式的理解帮助选择最优的供应商。

② 采用模板驱动实现与潜在供应商的自动协商过程(包括反向拍卖)。

③提供了分析工具用于评价供应商对 RFx 的响应。
④为所有的合同和采购协议提供了单一的存放机制。
⑤可以深入到合同信息内部,提供诸如过期报警等功能。
⑥对采购定点过程的跟踪。
⑦将零部件库映射到商品结构。
⑧将供应商状态和零部件成本信息映射到工程 BOM 中。
⑨实时地获取数据的单一来源。
⑩提供了与供应商的协同工具,包括可视化会议、可视化事件管理。
⑪集成的工作流。
⑫采购定点约束的 BOM 分级。

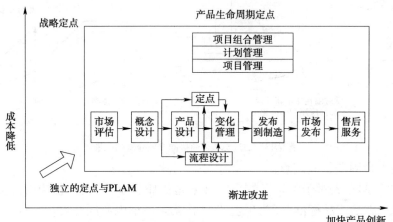

图 7-14　产品生命周期定点对降低成本和加快产品创新的作用

第二节　零部件供应链的分析

零部件的供应对于整车供应链的响应性能而言既可能是一个正面的推动因素,也可能是一个负面的抑制因素。每家供应商对外界的响应能力与它们各自所处的外部环境密切相关(特别是整车厂的行为)。研究表明,供应商对整车厂的响应性能失效的原因更多的是与整车厂的计划信息和交货提前期的变化有关,特别是来自整车厂滞后的变动要求。

目前,尽管汽车行业零部件按时交付率的参考标杆值已经达到了 99%,但这还是意味着每 100 万个零部件中至少会有 1 万个零部件不能及时送达生产现场。因此,找出那些影响零部件按时交付的因素,对于整车厂设计零部件供应流程和相应的 IT 系统无疑具有十分重要的参考意义。

本节首先讨论影响零部件按时交付率的一些主要因素。由于零部件的种类很多,对于不同类型的零部件,在不同的外部条件下,这些因素所起的作用会有很大的不同,但无疑它们代表了未来零部件供应链关注和改进的方向。最后,本章对整车厂与供应商之间的 B2B 信息系统进行了讨论。

一、影响零部件供货性能的因素

整车厂对于零部件供应商的要求是在规定的(通常也是较短的)提前期下提供满足质量要求的正确的零部件。但在实际操作过程中,存在很多制约供应商供货能力的因素。无疑,从整车厂发出的需求信号的波动幅度直接决定了供应商的生产是否平稳。同时,供应商总是被要求小批量、多品种、多频率地供货,但是供应商总是希望将生产安排得尽可能平滑和稳定,因此常常会设置一些缓冲库存——这一对矛盾天生就是存在的。

图 7-15 是对影响零部件供应的要素进行分析的框架。该框架将分析的视野从整车厂一直扩展到了第二层供应商,并给出了在每一层上关键的输入和输出。为了较为完整地描述整车厂对供应商的输入,这里引入了一系列因素,包括需求信息、预测、排程、要货通知、滞后修改以及需求前后的一致性等。对于第一层供应商,其关键输出为批量、交货提前期、产品的多样性以及运输性能等。对于第二层供应商,其关键输出为订货提前期、物料可供应的数量和产品的多样性。

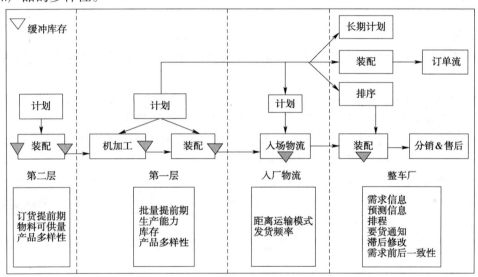

图 7-15 影响零部件供应的要素分析框架

下面从需求波动、生产与库存、生产能力、下层供应商等方面具体介绍这些因素是如何影响零部件的供货过程的(引用的数据来自 3Day Car 对 17 家供应商的调查)。

1. 需求波动

需求波动是汽车行业里人人痛斥但又无法回避的现象。许多供应商对于整车厂发来的要货计划里的数字毫无信心,其变动常常对供应商的生产造成较大的影响。尽管需求波动的一部分原因可以归结为整车厂和供应商之间的沟通不畅或系统之间的信息交换的延迟,但根本原因还是在于市场的波动和整车厂生产计划系统不恰当的反应。根据国外的一项调查结果,当初始需求的波动率大于 15% 时,就会在供应链上被放大传递;当波动率小于 15% 时,那么这种放大效应就有可能避免。

1) 整车厂到第一层供应商

第一层供应商通常从整车厂获得三种类型的要货信息:要货预测、要货计划与要货通知,所覆盖的时间范围视不同的厂家从月、周乃至天不一而定。以丰田公司在日本的工厂为例,整车厂每月要对配套厂公布未来三个月的要货预测,其中有关临近的那个月的部分,则被细化到天,作为要货计划确切地表示着每天的要货数量,下一个月和再下一个月的内容则起到指示的作用,有变化的可能性。而各月的中间,有时要货量也会被调整。所谓的要货通知(Call-off),是指基于整车厂与供应商之间一揽子订购单(Blanket Order)基础上,最终由整车厂发出给供应商遵照执行的要货订单。其频率可能是数天一次,也可能是一天数次。一揽子订购单是指订货数量庞大、品种繁多、要求的交货期很长(通常为12个月或者6个月),同时可以在订单要求期限内多次分批出货、每次出货数量由供应商和整车厂相互协调确定的一种订单。订单期限内,在提前通知供应商的前提下,可以适当变更订单的数量甚至品种,这在汽车行业里较为常见。

在这里,根据供应的特点,可将零部件分为非特别件、标准件、总成、颜色件和选装件。

(1)非特殊件(Non-specific):是指在不同车型之间甚至不同品牌之间都可以通用的那些零部件,如电池、刮水器等,对它们的需求更多的受整个汽车市场而不是一两个车型的影响。

(2)标准件(Standard):是指复杂程度较低,由一种或几种零件简单装配而成的零部件,可能与车型相关,也可能与车型无关,如冲压件、密封件等,相应车型的需求直接影响到对它们的需求。

(3)总成(Sub-assembly):是指由若干零件通过复杂装配过程而构成的零部件,如车灯、发动机等,其需求不仅受到车型的影响,也受到具体车型的配置的影响。

(4)颜色件(Color Coded):是指具有颜色特性的总成或非特殊件,如喷漆的后视镜、内饰等,其需求不仅受到车型的影响,也受到具体车型的配置的影响。

(5)选装件(Option):是指与汽车的选装件相关的零部件,通常会由客户进行挑选,但也会受到汽车厂的约束,如自动空调、合金轮毂、卫星导航、音响等,其需求与车型或配置关联不大,主要视汽车厂为客户提供的选装件范围。

表7-4给出了供应商从整车厂接收这些信息的频率和它们所覆盖的时间跨度以及波动的范围。

第一层供应商需求信息的接收频率 R(d)、覆盖时间范围下(d)以及正负波动百分比   表7-4

项目	预测		计划		通知		其他		预测		计划		通知		其他	
	R	T	R	T	R	T	R	T	+	−	+	−	+	−	+	−
特殊	186	197.5	126.3	139	1	1	1	0.33	1.5	1.5	8.3	1.5	1.5	1.5	—	—
标准件	11.6	100.6	5.5	17.3	4.4	4.4	1	1	15	17.4	10	10	2	2	5	5
总成	22.3	196.3	5	23	0.5	1.5			10	10	2.8	2.8	0	0		
颜色件	22.3	219	5.3	33.3	0.7	1.3			10	10	7.5	7.5	0.7	0.7		
选装件	20.3	167.3	5	56.9	1	31.4			25	25	11.7	7.5	1	0		
平均	39.1	165.4	27.9	53.9	2.1	6.7			14.9	13.9	7.5	7.1	1.1	1.1		

从表7-4中可以看出,非特殊件的需求波动相对小一些,标准件的需求波动最大。随着时间跨度的缩短和提交频率的增加,所有信息的质量也会提高。预测和计划的误差分别在15%和7.5%左右,显然还有较大的优化余地,而要货通知则相对非常精确,这表明整车厂的

生产计划部门在排序后通常不愿意改动。然而,有时整车厂仍然会采用非正规的渠道临时调整要货量,通常来自装配工厂,可能只是一个电话就通知配套厂改变装货数量。无论数量大小,这种临时的非正规变动方式对于配套厂而言造成的负面影响不可忽视。

2)第一层供应商到第二层供应商

第二层供应商从第一层供应商接收这些信息的频率和它们所覆盖的时间跨度,以及波动的范围见表7-5。在这里,第二层供应商得到的预测和计划的误差和第一层十分相似,它们并没有被放大,这也验证了前面的论断。

第二层供应商需求信息的接收频率 R(d)、覆盖时间范围 T(d) 以及正负波动百分比 表7-5

项目	预测		计划		通知		其他		预测		计划		通知		其他	
	R	T	R	T	R	T	R	T	+	−	+	−	+	−	+	−
非特殊	7	60	7	35	15.5	45.5	1	1	2	2	—	—	0	0	—	—
标准件	22.3	207.3	18.5	22.5	7	7			8.3	8.3	5	2.5	1	1		
总成	7	112	14	77.2	—	—			10	10	12.5	12.5				
颜色件	17	134.7	15	69	10.3	9.7			17.5	5	12.5	5.8	5	0		
选装件	18.5	243.3	9	54	7	28	7	28	40	40	10	10				
平均	16.9	154.3	12.7	55.1	10	20	4	14.5	14	10.9	10.3	7.2	2.8	0.3		

2. 生产与库存

在生产与库存环节中,生产批量、换产时的安装调试时间和库存水平对于零部件供应系统的性能有着较大的影响。

(1)生产批量:生产批量的大小在很大程度上决定了产品的生产提前期、库存水平以及当数量和品种发生变化时的响应能力。

(2)换产时的安装调试时间:换产时的安装调试时间对于供应商的响应水平有显著的影响,它也是支持JIT生产方式的主要措施之一。

(3)库存水平:库存水平历来是标示生产系统性能的重要指标,并且直接影响生产提前期。成品库存可以用来对需求的变动提供缓冲。表7-6给出了供应商在不同生产阶段的库存水平。需要注意的是,由于供应商并不总是外购零件,有时也会自制,因此整个库存水平并不是简单地将各个阶段库存水平求和,而是各个阶段加在一起的平均响应。

供应商在不同生产阶段的在制品及产成品库存(单位:d) 表7-6

项目	原材料	外购件	自制件	最后装配前的在制品	最后装配中的在制品	产成品	总计
非特殊	23.0	60.0	30.0	15.8	N/A	13.8	57.5
标准件	2.5	4.0	1.5	2.6	1.6	1.2	7.6
总成	15.8	9.7	7.3	2.5	0.8	1.1	14.8
颜色件	25.0	12.5	N/A	12.5	1.5	7.7	33.7
选装件	10.7	13.5	2.0	2.2	3.3	4.0	19.4
平均	13.1	11.6	5.7	6.2	1.9	4.5	21.9

3. 生产能力和产量的灵活性

产能的储备一直被看作影响整个生产系统灵活性和响应性的重要因素。在这里,需要搞清楚的是产能储备究竟需要达到多大程度。为此,表7-7给出了目前的产能利用率,以及产能在多大程度上可以增加。从表7-7可以了解到平均的产能利用率、目前的设备能力利用率、最长的工作时间以及目前的时间利用率。提高产能可以从以下三方面入手,即增加工作时间、缩短停机时间和增加人手。

目前的产能利用率(单位:%)　　　　　　　　　　　　　　　表7-7

项　目	平均能力利用率	最大设备能力利用率	生产小时(7×24)	有效的7×24能力利用率
非特殊	81.3	83.3	90.5	75.4
标准件	75.9	80.3	62.5	50.2
总成	82.5	82.5	72.3	59.6
颜色件	86.3	88.3	70.8	62.5
选装件	84.6	95.0	56.0	53.2
平均	82.4	84.3	69.3	58.4

显然,整车厂最关心的是当遇到需求波动时,生产能力可供临时增加的比例。表7-8给出了供应商在不同的时间段里可以上调的生产能力。

供应商在不同生产阶段可以上调的生产能力(单位:%)　　　　表7-8

项　目	在一个月内能力的上调幅度	在一周内能力的上调幅度	在一天内能力的上调幅度
非特殊	N/A	N/A	N/A
标准件	29.7	14.0	6.9
总成	42.2	30.0	15.0
颜色件	46.7	41.1	11.7
选装件	52.1	22.1	4.6
平均	40.4	22.3	6.7

从表7-8可以看出,被调查的这些供应商在一个月内生产能力平均可以上调的幅度为40.4%,在一周内就只有22.3%,而如果只给一天的时间则产能就只能有6.7%的上浮空间,由此可以看出临时调整要货计划对于供应商的冲击和影响。

4. 来自下层供应商的影响

表7-9给出了为不同类别的第一层供应商供货的第二层供应商的情况。这里将第二层供应商分为原材料供应商和外购件供应商。平均在每个第一层供应商下面有20.3家第二层外购件供应商和42.5家原材料供应商。

第一层供应商供货的第二层供应商统计(单位:%)　　　　　　表7-9

项　目	外购供应商	原材料供应商
非特殊	30	7
标准件	12.8	46
总成	13.7	46.8
颜色件	26.8	66.8
选装件	27.5	35.2
平均	20.3	42.3

表7-10列出了第二层供应商在给第一层供应商供货时的订货提前期和每天交货的次数。原材料供应商和外购件供应商的订货提前期平均分别达到了42.5d和20.3d,从中我们

可以看出目前第二层供应商目前的响应能力,以及前面提到的第一层供应商平均有21.9d库存的原因。但是与较长的订货周期相反,交货次数却比较频繁,几乎达到了每天一次,最少的也是每周一次,但是按时交货率却仍然有待提高。

第二层供应商在为第一层供应商供货的性能　　　　表 7-10

项　目	订货提前期(d)		每天交货次数	按时交货率(%)
	原材料供应商	外购件供应商		
非特殊	—	30	1.5	96.7
标准件	46	12.8	0.6	98.4
总成	46.8	13.7	0.6	87.1
颜色件	66.8	26.8	0.5	99.1
选装件	35.2	27.5	0.2	96.8
平均	42.5	20.3	0.7	95.6

二、零部件供应链内对需求波动放大的控制

1. 需求不稳定的特征

1958 年,Forrester 公司首次指出了需求波动放大效应的存在——在需求信息沿着供应链从一个公司传递到另一个公司的过程中,很小的需求变化会被逐渐地扩大和夸大。1961 年,Burbidge 在此基础上提出了"工业生产动态定律",即如果产品需求沿着一系列的库存被传递(即每一个公司都采用库存作为缓冲手段),并且每一个公司都采用经济订货量 EOQ 作为订单控制的手段,那么需求变化将会在每一次传递中被放大。

在由英国政府和 9 家第一层供应商资助的旨在对精益思想在汽车工业的上游企业中建立竞争优势的精益效益变革项目(Lean Processing Program,LEAP)中,研究人员对一家整车厂的钢材供应进行了研究(图 7-16)。图 7-16 表明,钢材从钢厂的铸造开始一直到总成供应商的产品配送一共经历了 10 个环节。其中,整车厂根据未来 6 个月的需求预测制订生产计划,上下游之间每天都会交换要货信息。

图 7-17 给出了上图所示的钢材供应链的运作情况,可以看出供应链需求易变性的表现。

(1)如图 7-17a)所示,在实际需求驱动下,整车厂每天的零部件需求是很稳定的。但是在第一层供应商的最后一道生产流程(装配)中,这种稳定性就消失了,并且向上追溯,这种不稳定性会被逐渐放大。

(2)如图 7-17b)所示,对于第二层供应商的需求计划(第一层供应商的采购计划)是由第一层供应商的最后一道加工流程的装配车间发布的,由于装配车间执行的是使需求和计划尽可能平稳和均衡的策略,因此该需求计划是相当平稳的。但是对第二层供应商的实际每天的订单量却是由第一层供应商的第一道流程发布的,该需求是相当不稳定的,这导致了两个公司之间实际需求的不稳定性。

(3)如图 7-17c)所示,查看半年内的全部数据,就会清楚地理解第二层供应商和第三层供应商(钢厂)的订货、送货模式。图 7-17c)表明,第二层供应商的订货量和订货时间间隔都是不规则的(为了获得厂家提供的批量订货价格折扣)。

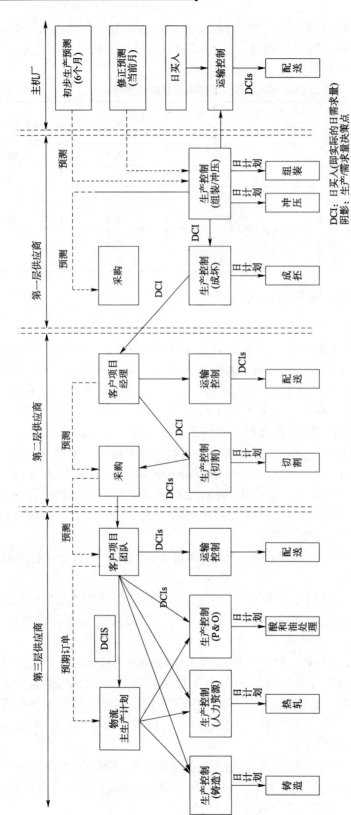

图 7-16 LEAP 项目中整车厂钢材供应链示意图

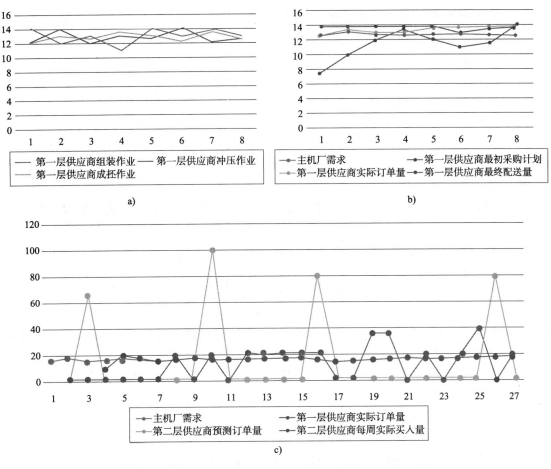

图 7-17 供应链需求易变性在各个方面的图现

结论明显证明了供应链内需求和生产存在不稳定性,尽管事实上:

①整车厂每星期的需求都是相对稳定的。

②供应链中的第一个生产车间(第一层供应商的装配车间)尽力实现需求和生产的平稳。

2. 需求不稳定的原因

导致需求不确定的原因主要可以从内因、外部环境和部门的职能化以及对库存最小化JIT的过分追求等方面进行分析。

1)内因驱动导致的需求不稳定性

需求放大是决策制订时依据需求变化的产物。当需求发生变化时,公司的决策层趋于对变化做出过度反应——夸大生产或订单数量,以确保在未来的一段时间里有足够的供应(或者避免过度库存)。在这里,需求放大主要是由内因驱动的,而不是由外部需求变化引起的。当然,外部需求一旦变得不稳定,将更加强化这种不稳定性。

2)外部环境的不稳定性

上游供应、设备、产量、流程和产品质量的不稳定性等,都会导致需求的不稳定。

3)部门职能化

部门的职能化使得人们都是以各自的职责为基础作出"最理性"的决策。例如,生产经理为了实现其经济规模通常会最大化生产规模;销售经理希望有更多的存货来满足客户要求。一般情况下,经理们很少会关心这些决策在供应链其他环节引起的潜在负效应。

4)库存最小化和JIT的期望

高层管理人员出于财务压力都要求实现库存最小化。而一般情况下,较低的存货水平是为了实现财务目标,而不是通过精确计算供应量来缓冲需求或供给的变化。因此,大多数公司希望通过上游供应商的快速反应能力来处理这种不稳定性,而不是通过持有适当水平的库存来解决问题。先天条件的不足加上缺少作为能够提供缓冲的安全库存,必然引起生产和需求的不稳定性。

3. 降低需求放大的策略

根据前面对引发供应链发生需求放大的具体原因的分析,可以得出应该采取什么样的应对措施。

1)改善需求不稳定性和提高需求能见度的策略

(1)零部件生产供应商的需求水平应该根据整车厂的平均需求水平来制订。

(2)对于供应由于最小批量的规定引发的与需求之间的差异,应该与供货频率结合在一起加以考虑。

(3)与供应商之间建立稳定的长期供货关系,包括建立联合需求管理小组,平时通过需求管理小组共享整车厂的实际需求信息。如果整车厂的需求严重偏离了平均水平,应立即通知零部件供应商,并由需求管理小组来确定如何调整供应链内的生产和存货水平。

2)抵制供给不稳定性的策略

(1)鼓励每一家供应商制订常规生产计划时,应使其尽可能接近整车厂的平均需求水平。

(2)企业之间的送货应该有规律,以便于各个企业生产和配送的合理规划。

(3)在出现中期货物短缺时,供给的不稳定性因素将会出现。在找到根本的解决办法之前,这种不稳定性只能通过安全库存加以弥补。

3)库存策略

(1)在供应链的每个环节,都通过设置安全库存来应对供给的不稳定性。

(2)通过需求管理小组共同作出决策,来避免相邻企业或职能部门重复设置安全库存的问题。

(3)仅为应对外部(即整车厂)需求不稳定性的需要,在供应链的末端设置少量成品的安全库存。供应链内部的所有需求的不稳定性应通过其水平需求策略加以消除。

4)价格策略

通过价格策略作为杠杆来影响最终客户的需求,以及供应商之间的需求。

5)决策原理

(1)需求管理小组的决策将影响到所有公司的生产和需求模式,他们应该从整个供应链的角度来考虑问题,而不应仅仅代表各自公司的利益。

(2)通过记录一个星期以来整个供应链的需求模式、活动进度和存货水平来监控其性能。

(3)需求管理小组每月应召开例会来监控项目进展情况。

三、配套厂与整车厂的供货方式

1. 配套厂对整车厂的供货方式

如图 7-18 所示，描述了配套厂对整车厂的供货过程以及相关的信息系统。在这里，整车厂透过供应商门户，向供应商发出要货计划和适时要货指令。根据是否需要排序供货，供货形式可以分为以下两种：

（1）非排序供货的零部件。

（2）排序供货的零部件——根据整车厂的生产排序计划和车间现场的反馈（如图 7-18 中所示的 MES 驱动的要货信息），实时向供应商提出送货要求。供应商可以将排序件直送总装工位，也可以先送往仓库，等待 JIT 驱动的要货单然后送往生产线。

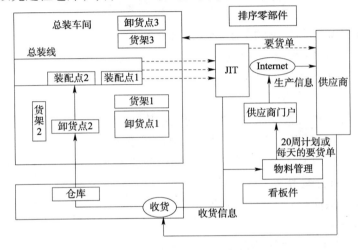

图 7-18 配套厂对整车厂的供货方式

而无论是何种方式，对于原先习惯于按库存生产供货的供应商来说都将是一场挑战。为此，该供应商设计了"订单生产/排序供货"方案，其要点是：

（1）首先，基于工业工程和生产工艺路线，对车间和工厂的生产布局和物流进行了设计，使之适合于订单混线生产的要求。在此基础上制订自制零部件、装配件的在线基量和转移量，完善订单生产基础的工作。

（2）其次理顺了物流关系，构筑供应链机制，推行看板管理。对于供应商的供货半径在 30km 内、零件价值和体积相对比较大的零部件，要求供应商根据拉动单确定的品种和数量直接送货上线。对于其他零部件，通过第三方物流，按拉动单将物料配送上线。在工厂内部，总成装配和零部件制造按日订单分解看板、拉动生产。

（3）在上述基础上，依托电子信息网络支撑，以整车厂的实时要货信息触发其订单生产管理信息系统的运行。

在上述"订单生产/排序供货"的方案实施以后，由市场部根据整车厂的日订单平衡成品库存品种与数量，每天直接向工厂的装配车间下达日要货订单，装配车间从原来的单一品种轮番生产改为混线生产。装配车间再根据日订单向零部件车间（以及外购零部件仓库）拉动补料、组织生产。下线成品则直接向第三方物流仓库补货，第三方物流仓库按整车厂每隔两小时下达一次的拉动单所指定的品种与数量，向整车厂排序供货。

2. 整车厂与供应商的 B2B 实现
1) EDI

汽车制造业可能是全世界最早大规模实施 EDI 的行业,主要的原因就是汽车制造业集成装配的生产特征要求零部件的供应要准确和适时,而 EDI 的运用正好能够满足这个要求。早在 20 世纪 80 年代,英国的汽车制造行业就开始规划 EDI 的实施。目前,在欧洲二十几家汽车制造商中,几乎所有的制造商都已经实施了适时管理控制的 EDI。

当初,汽车行业在规划 EDI 应用时所确定的实施目标是:

(1) EDI 的通信联系要基于一对多的模式。

(2) 企业端的 EDI 要易于使用和管理,必须避免技术的复杂性给客户带来的麻烦。

(3) 要有严格的安全措施,防止非授权者侵入。

(4) 提供无差错的数据交换。

(5) 要求与各种品牌和类型的电脑硬件设备兼容。

(6) 适用于汽车行业所有的客户或供应商。

(7) 使用一个共同的传输方式。

(8) 达到节省成本的目的。

(9) 针对每个报文种类要使用一个共同的数据格式。

(10) 向数据的发出者提供数据接受者对数据接受的确认。

在汽车制造业实施 EDI 的初期,虽然不同的企业从中获得了不同程度好处,然而总的来讲,EDI 的实施为企业普遍带来了以下好处:

(1) 支持企业适时库存管理控制,表现在:

① 按日交付货物的安排成为可能。

② 使货物的运输情况得到了跟踪。

③ 使迟交货物的情况能够事先甄别,从而在很大程度上减少了风险。

(2) 无论是采用载货汽车,集装箱,还是托盘运输,EDI 可以使货物接收程序简化、时间缩短,减低了企业的运营成本,具体表现在以下方面:

① 使用无纸的单证传输方式,无须人工处理和实物邮寄。

② 提供了可以用电脑自动处理的数据,无须人工重复录入。

③ 消除了纸张单据的储存和提取。

(3) 提高了企业的运营效率,具体表现在:

① 使单据的交付速度更快。

② 对单据的交付进行自动确认。

③ 使企业收款速度加快。

④ 保证了数据的准确性,避免了出现错误。

⑤ 建立了更为规范的企业运作环境。

⑥ 提高了数据的准确性和可靠性,从而增加了数据和信息的价值。

⑦ 提高了业务人员的工作效率,因为他们不再为固定的工作程序耗费精力,在处理特殊情况方面可以花更多的时间。

汽车制造业的 EI 电子商务系统主要体现在供应链的管理上,相互独立的零部件供应商、制造厂商,以及与它们相关的运输企业之间的信点交往成为 EDI 信息系统当中的主要任务。为了到适时库存管理和控制,在汽车行业,EDI 系统主要是依靠以下两种报文系统来实现的:

(1)物料交付时间表(Material Release Schedule,MRS),这是汽车制造行业物料采购中随附在采购订单中的物料交付的时间安排表。为了达到适时库存管理控制的目的,MRS 规定了每月,甚至每天的物料供应时间表和相关的许多单据格式。

(2)提前通知货运单(Advanced Shipping Note,ASN),这是由供应商向汽车制造商和货运公司发送的货物运输的提前通知单。这个货运单发出有关货物在途的信息,并预期货物到达的时间,提供的信息包括货物的地点、数量,以及产品描述等。

汽车制造行业的 EDI 在早期实施中初见成效。据测算,在英国,由于建立了适时库存管理系统,每生产一辆车平均节省成本 200 英镑。在单据方面,原来出具每张发票的成本为 9.50 英镑,而在实施 EDI 后下降到 30 便士。另外,随着条形码的使用,货物的运输信息与条形码自动比较,使货物的流转程序缩短,操作的错误和疏忽情况大大减少。

然而,EDI 也存在着实施成本高、集成度低、每个供应商采用自己的应用系统和流程等缺点。

2)供应商门户

供应商门户是目前被整车厂所广泛采用的另一种实现 B2B 的方式。通过供应商门户,可以方便地实现数据共享。供应商能够查看数据,帮助他们以最小的工作量实现最快速的反应,并对生产同步负全部责任。供应商也可以发布信息,使整车厂掌控供应商。供应商还可以通过门户做许多工作。例如,出货确认、打印标签、打印发货文件、发送预先发货通知(ASN)等。相对于 EDI 方式,供应商门户的反应更快,协同性好,通常费用比 EDI 低。但是,供应商仍然使用自有系统和流程,这在一定程度上限制了它的优势发挥,不能实现全供应网络自动化的可追溯性和排程。

下面给出了一个典型的供应商门户具有的功能。

对于整车厂,供应商门户提供了以下设置功能。

(1)整车厂属性设置。

(2)发货人属性设置。例如,对于供应商向整车厂提交的 ASN,除了零件号信息外,还可以附带拉动信号和采购订单号等信息。通过设置,可以让系统选择以下三种方式:

①ASN 完全不区分拉动信号和采购订单号(对于同一零部件,通过不同的拉动信号或不同的采购订单号生成的 ASN 将会被合并为一个)。

②ASN 区分零件号和拉动信号(对于同一个零部件,如果拉动信号不同,将会生成不同的 ASN)。

③ASN 区分零件号和采购订单号(对于同一个零部件,如果采购订单号不同,将会生成不同的 ARN)。

(3)装箱特征。确定装箱细节信息以及装箱序列号是否需要加入到 ASN 中。

(4)发布特征。整车厂规定物料需求发布时的细节信息(基本的信息包括整车厂、设施以及发送地点和零部件,此外还有可能需要提供采购订单号、工程更改层次、年度车型等),以及供应商是否可以拒绝整车厂的供货要求以及拒绝的层次(可以拒绝单个的需求或者可以拒绝整个要货计划)。

(5)替换策略。定义了当整车厂将新的要货计划发给供应商时,原有的要货计划将如何被更新(有几种可能,如该工厂所有的计划都被更新,或者只更新该工厂的对应需求,或者更新该工厂对该供应商的计划等)。

(6)累计/新增策略。确定了整车厂发布的数字是累计的数字还是在原有的基础上新增的数字。

(7)履行策略。定义了当新的计划发布或取消了原有的计划以后,对于在此之前未完成的发运或者在途的货物将如何处理的问题(决定是否算做对新的计划的履行),以及是否允许对一个需求进行多次发运。

(8)其他一些特性。例如,是否允许供应商欠交采购订单,是否需要整车厂对供应商的ASN作出响应,是否允许供应商拒绝零散的采购订单以及收货收据的状态(如全部收到或部分收到)等。

整车厂使用的主要模块包括以下内容。

(1)采购订单:发送对非生产件的需求。

(2)看板。

(3)供应商管理库存(Supplier Management Inventory,SMI)。由供应商管理的整车厂希望留在手中以确保生产供应的库存。整车厂一般会设置这部分库存的最小和最大值。

(4)授权的超额运输成本(Authorized Excess Transportation Cost,AETC)。跟踪供应商超出合同规定的运输成本的请求。

(5)运输保险。授权或拒绝供应商关于额外的运输保险费用的请求。

(6)收货收据。

(7)开票。包括自动转账(在没有收到供应商的发票时根据收据就直接转账付款,这需要ERP的支持)和杂项发票处理(指对于发运的货物的额外费用的发票,如特殊的装箱费用等)。

(8)交货绩效考核(Delivery Performance Review,DPR)。整车厂通过供应商门户统计供应商的交货绩效信息。

(9)缺陷件通知。整车厂通过供应商门户发出的对货物检测发现缺陷的报告。

(10)PPAP流程。允许供应商将PPAP报告发布到供应商网站上。当新的零部件投入生产(如当一个新的零部件被引入到一个新的年度车型时),整车厂会通过PPAP流程对新的零部件投产进行评审。

(11)零部件PPM。在供应商一侧,供应商的设置十分简单。

(12)发货源:包括发货地址、默认的从发货地址到整车厂的运输、对发货人和ASN显示和打印的发货地址。

3)系统整合

系统的整合是实现B2B的最理想的模式。通过整车厂与供应商之间的系统整合(如不同应用系统之间的Web Services调用),可以赋予不同的供应商跨系统作业和数据共享的能力,供应商门户传输的主要数据如图7-19所示。其优点是可以实现流程集成,不同供应商之间实现信息共享;实现跨供应网络的完全的可追溯性和多级跟踪;实现跨供应网络的全球供应链优化。显然,这是一种领先时代的方法。

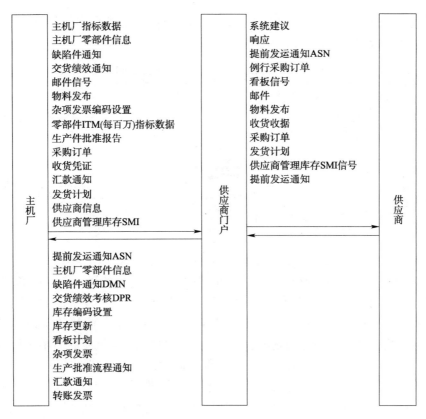

图 7-19　供应商门户传输的主要数据

第三节　汽车零部件供应链管理

一、汽车零部件行业面临的挑战

目前在全世界,由于市场环境不断发展以及竞争的不断加剧,以美国、欧洲、日本为代表的全球性汽车产业链正在逐步改变原有的整车厂与供应商的关系。在精益战略和横向一体化的导向下,全球的零部件供应商正面临着新的发展趋势和挑战。

如图 7-20 所示,在国内,汽车零部件供应商同样遇到了一系列的挑战,主要表现在:

(1)需求波动放大。由于市场的波动和整车厂生产计划系统的不恰当反应,对供应商的需求波动常常会被不恰当地放大,造成不必要的波动和影响。

(2)多种供货方式。供应商对整车厂的供货方式逐步转向模块化供货,支持批量送货、适时送货、适时排序送货等多种入厂物流方式,以配合整车厂采购政策的调整和变化。

(3)进行持续改进。供应商面临着来自整车厂的不断加大的成本压力和对质量与性能的持续改进要求,不仅需要把成本逐年降低,在质量领域也愈发严格。

(4)培养研发能力。从供应商自身的发展轨迹来看,国内传统的三大集团内部的非独立供应商的局面逐渐被打破,取而代之的是具有模块和系统研发能力的独立供应商在市场上逐渐流行。而从整车厂的要求来看,许多整车厂从削减成本和提高质量的角度出发,已经开始让供应商承担一些产品生命周期的成本。由于供应商承担了更多的设计开发责任,他们所承担的行业研发费用比重也将上升。

图 7-20 在国内,汽车零部件供应商同样遇到了一系列的挑战

(5)供应链的竞争。随着整车厂事实上通过供应链将自身的风险向供应商转移,供应商也必须找到进一步消除风险的方式,在开发、生产制造等方面与开发伙伴共担风险。

(6)业务运行透明。供应商必须对自身的业务运行具有十分清楚的认识,就像"把企业放到玻璃房子中"一样。这一方面是来自外部整车厂的要求,当供应商向整车厂报价和协商价格时,供应商必须具备精确清晰的流程以确保他们的报价的合理性,其中包括对其产品整个生命周期内会发生的成本(开发费用、制造费用、物流费用、质量费用等)。此外,透明的业务运行流程也是风险管理的要求。在将来,风险管理将成为供应商的核心能力之一,必须面对来自产量波动、制造、测试、订单变动、设计、知识产权、审计、保密性、责任、召回和索赔等系列外部和内部的风险,而建立透明化的流程并式可置于监控之下,有利于供应商有效地规避风险。

二、汽车零部件供应商的运行流程

通常认为,汽车零部件供应商的日常运作流程可以分为以下三个部分,即产品开发、物流与生产、财务与控制,如图 7-21 所示。

图 7-21 汽车零部件供应商的日常运作流程

1)第一阶段:产品开发阶段

产品开发阶段从收到客户的预研要求开始,一直到客户进入采购流程为止,主要包括了以下工作内容:

(1) 收到客户的任务需求,包括相关技术文档、时间计划和成本范围(可进一步向下游供应商发出询价)。

(2) 检查客户的任务需求是否有吸引力(进行可行性分析和概要分析),然后决定是否启动项目。

(3) 制订所需材料、服务和工具的请求报价单。

(4) 制订产品成本和开发计划。

(5) 根据下游供应商的报价信息以及后续的批量生产信息,向客户提交报价,包括产品成本和开发计划,获得客户的订单后启动项目,随后启动开发项目,采购开发阶段所需物料、工装和服务,实施开发项目,完成对原型产品的测试,制作样品并进行试验。最后,连同测试报告、开发费用的发票和下游供应商的发票一同提交给客户。

2) 第二阶段:售前阶段

售前阶段从收到客户的标书开始一直到达成框架供货协议,主要包括了以下工作内容:

(1) 收到客户的需求任务,包括相关文档、时间计划和成本范围(客户的需求任务可能只提交给一家也可能在全球询价)。

(2) 检查客户的需求任务是否有吸引力(如果不是内部研发可以解决,需要进行可行性分析和概要分析),然后启动项目。

(3) 制订所需材料、服务和工具的请求报价单。

(4) 制订产品成本和开发计划。

(5) 根据批量生产所需的工具和试生产的报价,提交报价(包括产品成本和开发计划)。

(6) 签订框架供货协议并收到批量生产的样品/工具订单,项目启动,项目细化,系列化生产试件、物料、工具和服务的采购,项目实施,检测入厂的和自制的系列化生产样品,发运包含服务维修、发票和供应商发票。

(7) 进行服务维修,并为批量生产的工具付款。

3) 第三阶段:批量生产阶段

批量生产阶段起始于收到客户的供货协议进行试供货开始,一直到最后停止供货,中止批量生产为止,主要的工作内容包括:

(1) 收到客户的供货协议,包括计划协议的发布、JIT发运计划(包括发运日期和配额)、变化状态的处理、通过EDI传输的产品规格。

(2) 检查变化以及每天能力的极限是否与客户的需求吻合,必要时进行分解,通过主计划集成。

(3) 将需求发给生产部门,运行MRP,组织零部件生产以及外购件采购。

(4) 与生产进行协调,组织生产,并将发运清单提前发给运输商。

(5) 发运流程:包括完工产品的包装,打印发运票据和发运单据(包括发运清单)。

(6) 将发票发给客户或自行开具单据,进行生产确认,以及供应商发票处理和自行开票、收款和付款过账。

如图7-22所示,从客户给供应商的订单角度,除了最初的供货订单之外,由于产品的变更和升级与替换,还会有产品变更订单和产品替换需求订单等形式,而按照时间的角度,零部件的从最初的产品开发到最后中止生产,中间会经历售前阶段(包括最初的售前和产品变更或替换的售前)和正常生产供货(包括最初的生产、变更后的生产和替换后的生产)阶段。

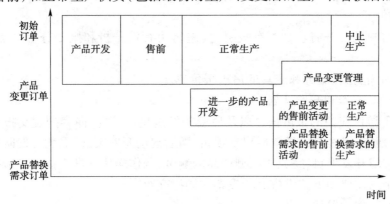

图 7-22　产品订单-产品周期的阶段对照

三、供应商供货过程

长期以来,汽车厂一直在给供应商施加各种压力,包括降价、为汽车厂的研发提供赞助和支持等,威胁着协同合作的伙伴关系。尽管汽车供应链上的许多重量级的厂商都正在向基于 Web 的通讯和交易发展,但是大多数零部件厂商仍然在怀疑这些厂商的最终目标。尽管这些技术可以用来对供应链进行集成并对全体供应链成员都会带来好处,但是它们也可以被用来作为控制成本的武器或者仅仅是对那些弱小的供应商成为入门的障碍。

1. 当前的供应商系统

如图 7-23 所示,根据 3DayCar 对英国的 20 家第一层和第二层供应商的一次调查发现,目前已经有 80% 的第一层供应商在使用 EDI 从整车厂接收数据,但是只有 28% 的第一层供应商给其他供应商发送数据时使用了 EDI,而大多数仍然使用了传真和邮件,显然在第二层供应商的 IT 系统上还有很多改进的空间。通过建设从"整车厂→第一层供应商→第二层供应商"完全集成的执行系统,可以加快信息流动,减少供应链上各处不必要的库存。

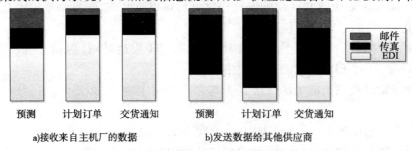

图 7-23　数据传输的方法

整车厂在向第一层供应商发出交货通知的时间间隔通常有两种:一是以"天"计算,二是以"小时"为单位的同步供应。以"天"为间隔的交货通知是最为常见的使用一对一的 EDI 连接的情况。为了满足整车厂愈来愈苛刻的供货要求——按小时供货,不仅第一层供应商越来越多地会被要求,这种做法也会蔓延到第二层甚至第三层供应商。

EDI 已经在汽车行业里被使用了三十年,为客户带来了诸如提高生产率和工作效率等益处。但是,EDI在实施过程中仍然存在很多限制条件,影响了它的广泛使用。"Web-EDI"作为一个新的概念,在实施过程中的约束条件较少,具备在整个行业中广泛使用的潜力。然而,出于对于数据在互联网上传输的安全性的担心,该技术目前还有较大的发展空间。

2. 信息可靠性

信息的可靠性意味着两点:一是相对于客户需求的数据精度,二是信息在层层传递过程中的失真程度。在目前整车厂给供应商的预测和计划的可靠程度,只有15%的整车厂的预测的误差在5%以内,54%的预测的误差在6%~10%。周计划相对比较可靠,69%的周计划误差在5%以内,而所有的日要货通知的误差率都在5%以内。显然,对于供应商的关键挑战在于如何在中长期应对需求波动。

由于供应商通常是在较短的时间内对需求的变化作出反应,因此预测的困难在供应商身上反映得十分明显。随着汽车产品种类的不断丰富,这一问题变得更为恶劣。随着颜色件的增加,对于某些供应商,预测的误差可能会被放大30倍。由于整车厂常常是在最后时刻才改变要货计划,并且供应商也无从得知整车厂更改计划的理由和方法(如是否考虑了已有的零部件库存),因此整车厂的行为对于供应商来说是一个黑盒子。可以预见,在将来,整车厂和供应商的信息系统将会在实时响应和开放透明的基础上运行,所有的第一层供应商都可以查看生产线上的排产情况,基于实时的数据进行决策。这可以消除很多由于上游厂商传递来的不准确的预测而造成的猜测和误解。今天,已经有一些供应商通过ISDN与整车厂的装配线联系起来,获取整车厂制造计划的"快照",自己来决定究竟是以按订单生产方式还是按计划生产方式为整车厂供货。但是,整车厂在决定将自己的敏感信息交给供应商时,总是会对网络传输的安全性和保密性作出一些考虑。

3. 供应商系统的BTO能力

下述系统对于实现BTO系统具有十分重要的意义:

(1)实时导入未来的产量和品种需求。

(2)在线检查主要的零部件。

(3)服务水平的监控。

(4)电子化采购。

(5)Web-EDI。

主要在于使用EDI将所有的厂商的MRP或ERP系统集成起来。目前,很多已经被第一层供应商使用的技术可以被其他供应商使用,如EDI支持、生产控制、条形码标签、发货校验和排序。

XML是Web-EDI、电子化采购和交易交换的基础,它提供的数据标签和数据字段可以为操作系统方便地读取。XML目前已经在全球得到了推广,因此有可能使供应链上的所有成员都可以有权实时接触到同样的信息,这将消除那些过去设置的对于小的供应商无法跨越的成本门槛。

4. 电子化市场、电子交换中心与贸易交换

目前已经有越来越多的企业为了采购和供应独自甚至与竞争对手一起协作实施B2B的电子化市场。已经出现的汽车行业的"E-hub(电子化交换中心)"为按订单生产提供了许多便利,如加强了企业之间的联系、促进了系统的标准化、推动了企业之间的协作等。目前出

现了两种模式:一是由行业协会牵头的贸易交换,二是由个别企业建立的贸易交换。研究表明,如果建立一个 E-hub 的主要动机是价格(如 Covisint),那么通常会采用前一种方式;如果主要动机是对供应链进行管理、供应商开发,则通常会采用后一种形式。

四、订单拉动生产的实现

1. 按订单生产 BTO 还是按库存生产 BTS

整车厂通过看板或其他手段拉动供应商实现 JIT 供应,这已经是一个十分流行的趋势。但是,这却并不意味着供应商一定能够真正从中收益,表现在以下两点:

(1)表面上的准时化。库存战术性地从总装厂转向供应商。以往由总装厂保持的原材料水平降到最低,供应商被要求提供准时送货服务。对于很多供应商,由于无法在企业内部实现准时送货方式,这种做法导致了供应商成品库存的增加。整车厂对此问题毫不关心,或者选择"不干涉供应商内部事务"的策略。但显而易见的是,用于维持的成本只是从一个环节转移到了另外一个环节,仍然存在于供应链中,任何一方都没有从这一做法中真正获益——尽管整车厂从表面上已经实现了准时送货方式。

(2)适时仓库。供应商被要求自费在整车厂附近设立仓库,以保证零部件库存(极端的做法,是向占用场地的供应商收取租金)。同样,这种做法使整车厂认为准时送货方式已经实现,但用于库存的费用仍然存在,供应链并未真正获益。这一做法并未采用将整车厂的原材料移至供应商成品仓库的做法,而是将材料移至别地,并要求供应商在深加工成品方面加大投资。

因此,在整车厂越来越多地采用按订单生产模式要求供应商的环境下,供应商该如何组织生产就成为一个十分现实的问题。业界普遍认为,对于一家汽车零部件企业,按订单生产所取得的效益在短期内往往不是十分明显,因此上述问题被转化为零部件企业的长期生产战略。众所周知,通过适当的 IT 系统可以在整车厂和供应商之间加强信息沟通,进而显著地降低零部件库存。在此基础上,一些整车厂和第一层供应商实现了更加快捷的交货能力,如排序直送工位、在总装厂附近进行模块化装配等,但是这些手段并没有改变供应商自己仍然需要保有库存的现状。如果只是整车厂将库存压力转嫁给了供应商,并不会达到真正降低成本的目标。

显然,对于供应商来说,也有一个和整车厂相同的问题,那就是"推"和"拉"的边界点在哪里的问题。根据零部件的通用性、复杂程度和价值等,"推"和"拉"的边界也不相同(图 7-24)。但是毫无疑问的是,需要根据零部件的分类选用适当的生产方式。

2. 基于订单拉动的供货方式的实现

如图 7-25 所示,我们将零部件供应商基于订单拉动的供货方式在 IT 系统中的实现分为以下 4 个部分。

(1)销售与运作计划。负责对整车厂的要货计划进行响应,编制主生产计划和能力平衡。需要配备的 IT 系统功能包括各种期间的预测和计划、中长期的能力平衡以及 ATP 和预计可用库存(Projected Available Balance,PAB)的计算。

(2)市场、销售与服务。负责将整车厂的日订单转换为客户要货看板,以及 IT 成品发货。

(3)制造数据管理。负责整个系统主数据的维护。

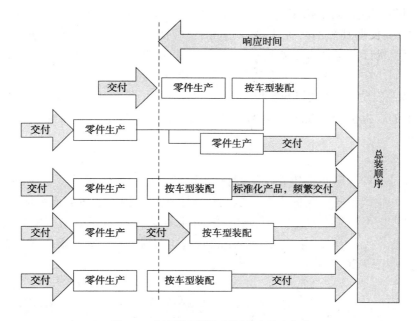

图 7-24 零部件"推"与"拉"的边界示意图

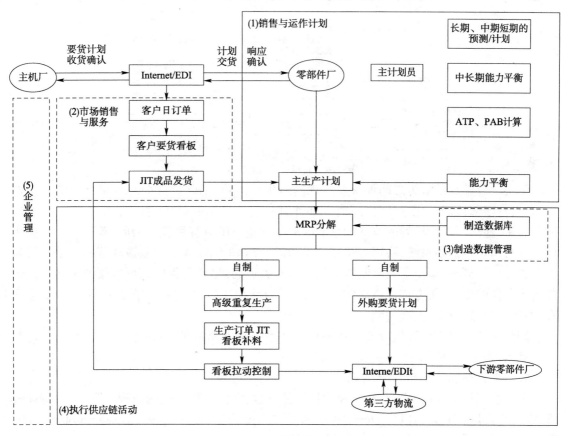

图 7-25 零部件供应商的基于订单拉动供货方式

(4)执行供应链活动:根据主生产计划,运行MRP,生成自制计划和外购计划。在采购领域,会给供应商长期和短期两种计划。短期的供应商要货计划用来确定每天的交货数量,长期的供应商要货计划包括未来要货数量的信息,以方便供应商安排资源,这与整车厂的要货计划基本相似。在生产领域,使用高级重复生产方式,制造过程中不需要处理单独的订单,通过JIT成品发货驱动的看板拉动生产,通过反冲维护系统中的BOM上原材料的消耗。而生产过程中的看板也会变成对供应商的要货看板,定时(如两小时)拉动供应商(或第三方物流)送货。

3. 同步化生产

同步生产是一种工序间不建立库存,前一工序结束后立即转到下一工序;装配与机加工几乎同时进行的生产模式。其核心思想是:彻底排除浪费(因生产过剩而造成库存积压所引起之浪费)。同步生产的要点是"一个流生产"和混线生产的模式。为了实现这一要求,必须确保生产过程中无不良品(生产线上能做品质自主保证,不良品不流入下一工序,且要具备防呆功能),如图7-26所示。

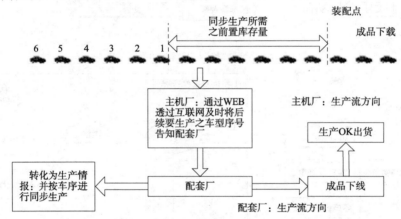

图7-26 订单拉动的供货模式

配套厂与整车厂双方之间如果要实现同步生产,达到消除供应商与整车厂间的库存储备、主机与零部件同步化生产、供应商零部件直接上线装车的目标,双方的生产信息联系要非常紧密,整车厂生产计划的改变能够实时地驱动整个供应链系统。为此,首先需要在整车厂建立自动车辆识别系统,将每台车与订单相对应,对车辆在各生产制造环节的流动进行监控。整车厂将订单、车身上线时间等信息传递给邻近的供应商,供应商可以据此来同步组织相关零部件的生产,将零部件准时送到装配工位,无须经过出入库过程,从而大大降低了库存,节省了仓储面积和上线时间。

同步生产对整车厂和供应商的供应保证体系要求非常高的适用范围,即生产周期与整车厂相当、距离近、体积大、价值高的零部件。

4. 订单拉动生产下的SAP实现

SAP按照从供应商一直到经销商的物流方向,划分为7种协同的流程。其中,供应商管理库存(Supplier Managed Inventory,SMI)和供应商能力协同(Supplier Capacity Collaboration SCC)可以应用在供应商向整车厂的供货流程中。

供应商管理库存SMI是一个基于最小/最大库存水平、当前需求、在途和计划发运等信息,由供应商驱动的主动补料和计划的流程。通常,传统的补料方式是由整车厂向供应商下达订单,对于整车厂的需求没有任何早期的预警,供应商不得不准备一些库存作为应对不确定性的缓冲。同样,整车厂也会保留一些库存,作为供应商不能按时供应时的紧急备用库存。显然,这存在浪费。

而通过供应商管理库存的方法,供应商可以为整车厂提供一种增值的服务。除了让供应商对整车厂实际需求有更加透明的了解外,SMI 可以使供应商对于物流过程也能够有更加充分的掌握和控制,最终达到提高对整车厂的服务满意度、降低运输成本、压缩库存水平等目标。

5. 订单拉动生产下的 MES

下面以一家给多家整车厂供货的汽车座椅厂的 MES 系统为例介绍具体的实现方式(图7-27),从中我们可以看到,零部件厂商是如何通过 ERP 和 MES 的集成,以及对车间自动化数据的采集,实现与总装厂同步的订单拉动生产的。

1)系统模块及物理构架

(1)ERP 系统:ERP 和 JIT 系统在这里是分开的两套系统。ERP 系统是集中式的,而 JIT 系统则是分布式的。ERP 为 JIT 系统提供一些静态的数据(图 7-27 中的数据流 2),JIT 系统则提供生产情况和库存交易信息(图 7-27 中的数据流 1)。ERP 负责处理发运以及发出提出发运通知 ASN。如果 ERP 出现故障,JIT 系统将执行发运,但是不会发出 ASN。

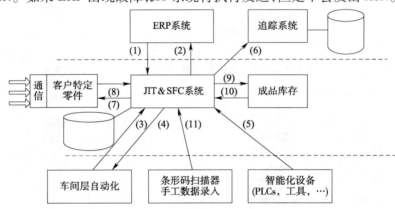

图 7-27 基于 MES 的 JIT 实现方式

(2)通信:通信模块提供和不同的客户之间的物理线路上的连接,并支持不同类型的连接方式和协议。

(3)客户特定零件:该模块从通信模块中获取数据(同步信息),并处理整车厂的各种请求。它将同步信息发给 SIT 的主模块(图 7-27 中的数据流 8),该数据流仍然是整车厂特定的。接收到的信息在 JIT 模块中进行语法分析和标准化处理。整车厂通常会发出不同的信息给供应商,要求供应商进行生产或发运。例如,有的整车厂使用"送到涂装车间"这类的信息来要求供应商生产和发运,而有的使用"送到总装线"这类的信息。

(4)追踪系统:保存了所有整车厂所需的供日后查询的数据(如某些零件序列号、某些紧固螺栓的扭矩数值)等。JIT 模块在收集了这些数据后发给追踪系统保存(图 7-27 中的数据流 6)。

(5) 成品库存:成品库存管理与 JIT 系统是分开的,它既可以是一个真正的库存管理,也可以是一个再次排序的地点(图 7-27 中的数据流 9、10)。

(6) 智能化设备:在车间层通常会使用一些智能化的工具和设备来完成一些任务,检测的结果根据要求将发给 JIT 系统,由此决定下一步座椅的去向(被接受或拒绝)以及为了日后的追踪保存一些数据。这些智能设备包括:侧防撞保护气囊检测仪、OC 传感器、有扭矩和角度控制的螺栓扳手。

(7) 条形码扫描器:在车间层配备了一些条形码扫描器,同时也配有其他一些设备可以让操作工人手工录入数据。

(8) 车间层自动化:包括所有用来制造和传输座椅的设备,它们与 JIT 系统通过数据流 3 和 4 交换数据。

(9) JIT&SFC 系统:这是集成上述所有子系统的中央模块,实现对整个订单拉动生产的管理。

如图 7-28 所示,整个系统的物理架构分为客户管理系统、JIT&SFC 控制和车间层三个层次,分别用于获取整车厂的要货信息、控制整个车间层的活动(生产订单执行、数据收集、可追踪性、托盘和发运料箱的管理)以及与车间层各种设备的通信。

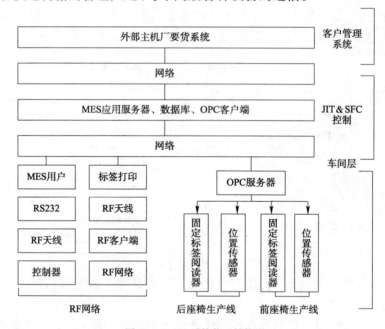

图 7-28　MES 系统物理结构图

2) 系统功能及业务流程

JIT 系统的主要功能有以下几项。

(1) 产品数据管理:物料主数据、BQM、工艺路线。

(2) 接收来自客户要货系统的要货信息,进行校验。

(3) 根据物料的参数,以生产订单为手段,管理库存、生产和采购。

(4) 自动根据客户订单生成工作订单。

(5) 管理成品仓库。

(6)基于系统对以下方面的参数定义,管理对整车厂的发运。

①装运组合(每次装运的料箱数、不同算法的优先级等)。

②料箱在装运中的位置(JIT顺序:成对/放在下层、成单/放在上层)。

③在料箱里的JIT顺序。

④在无法满足JIT排序时生成空的位置(保证料箱的顺序正确)。

(7)根据客户订单中的JIT排序要求,管理成品的分配。

(8)根据排序的要求,当召回成套零部件时,进行对应的配套管理。

(9)如果在成品仓库里没有所需的产品,允许在JIT排序里分配一个空的发运料箱。

(10)准备发运文件和打印,包括:领料单、每个SIT排序件的标签、带条形码的领料单以及发运单和与ERP、车间层系统的接口。

图7-29所示为MES系统的主要流程。通信及主系统接收从整车厂发来的数据,经过分析和处理,创建相应的客户订单,也就是整车厂的订单。订单的内容包括整车厂的名称、需要送货的总装线目的地、整车厂所需的零部件(可以是生产性零部件,也可以是用于售后市场的配件,这两种情况需要分别处理)、JIT排序信息(可以用一张订单中的多个订单行来代表多个需要排序送货的零部件)、成套配对信息等。有时通信及主系统也需要处理整车厂改变或替换JIT顺序的情况。

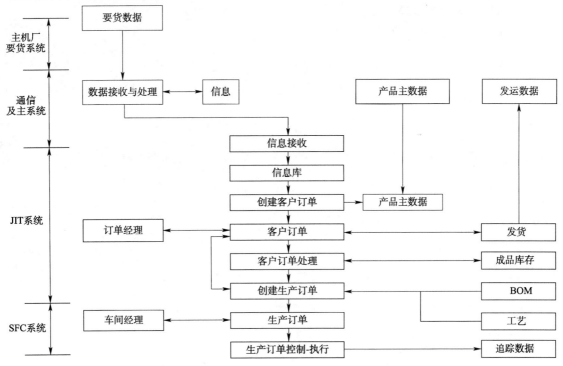

图7-29 系统业务流程表

订单经理通过MES系统,可以随时了解当前的JIT顺序(客户订单行)、在需要时执行改变、检查和管理装载发运、根据仓库或生产的人为要求创建订单。系统可以根据预先的设定条件,决定如何满足客户订单:通过库存、通过生产还是在未来通过供应商。随后,系统会根据JIT顺序、成套配对以及根据物料清单需要生产的零部件,创建和发布相应的生产订单。

车间经理则负责根据上游传来的生产订单负责执行,并将执行过程的追踪数据保存在系统中。

 思考题

1. 简述汽车零部件采购方式及内容。
2. 简述标准间的定义。什么是特性零件?
3. 简述整车厂和供应商的供应关系。
4. 简述全球性采购的特点。
5. 简述采购领域的IT应用领域。
6. 简述电子化定点的内容和特征。
7. 简述生产性采购的目的和将会遇到的问题。
8. 简述供应链需求易变性的表现。
9. 简述汽车零部件供应商遇到的挑战主要的表现。
10. 简述同步化生产的工序和核心思想。
11. 简述客户特定零件的内容。
12. JIT系统的主要功能有哪几项?

第八章 车载 IT 及车联网的应用

第一节 车 载 IT

一、车载 IT 系统的类型

尽管目前车载 IT 系统市场还存在着很多不确定因素,如用户需求不明显、设备成本昂贵等,但仍然没有人质疑这个市场存在的合理性。车载 IT 系统给汽车厂商提供了留住客户的机会,给购买者非现金形式的激励以及丰富的可以带来业务高效率的数据。车载 IT 系统的应用领域及发展趋势如图 8-1 所示。

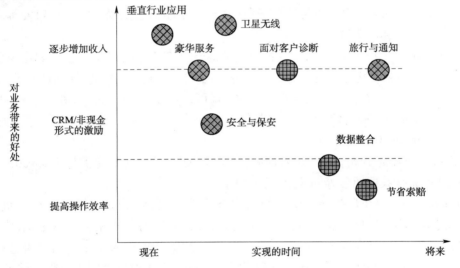

图 8-1 车载 IT 系统的应用领域及发展趋势

车载 IT 系统(Telematics)所代表的并不仅仅是一项新的无线应用,而是一个新的应用平台和价值链上新的环节。总的来讲,Telematics 的应用可以分为以下三大类。

(1)个人服务:该类服务项目包括了常见的一些无线应用,如娱乐、通信、互联网等。

(2)驾驶服务:该类服务项目关注于类似安全、保密以及提供行驶信息(如车辆定位、道路和路况)等信息。

(3)车辆服务:该类服务项目关注拥有汽车的需求,包括车辆状况检查、检修。

按照 Telematics 的服务方式,可以分为被动式——商家、被动式——消费者、交互式——消费者三种类型。

(1)被动式——商家:其特点为自动的数据通信,由外部指令驱动的数据通信;服务和设备的成本由受益于服务商家承担。例如,汽车驾驶数据记录、汽车轨迹跟踪、远程排放监视等,通信方式为机器对机器的低速传输。

(2)被动式——消费者:其特点为自动的数据通信,或由外部指令驱动的数据通信;服务和设备的成本由受益于服务的消费者承担。例如,自动事故报警、远程引擎诊断、远程开启门锁、被盗车辆跟踪等,通信方式为机器对机器的低速传输。

(3)交互式——消费者:其特点为语音/数据通信,由驾驶员的行为驱动,服务和设备的成本由受益于服务的消费者承担。例如,汽车救援、私人门房、信息娱乐、导航服务等。

二、车载 IT 系统的发展和应用

Telematics 最初的发展是与全球定位系统(Global Positioning System,GPS)的民用化分不开的。1997 年,通用在卡迪拉克汽车上安装了"On-Star"Telematics 系统,揭开了 On-Star 服务的序幕。On-Star 把无线通信模块、车辆定位(GPS)技术及服务中心综合为一体,提供了一体化的通信服务。On Star 首次把汽车 Telematics 终端机上的三个按键和 GPS 卫星、中央信息服务中心相互连接起来形成一个网络,提供路况介绍、远程车辆诊断、失窃车辆报警及跟踪、紧急出动等基本服务。

据市场调查,全世界 Telematics 系统市场包括售前市场、售后市场及基本导航功能。2001 年以后的 Telematics 系统在原有的导航功能上,添加了紧急求助、安全、保安等功能,主要应用在大型货车和高级汽车上。

美国在发生"9·11 事件"后,规定移动通信运营商有义务提供紧急救助和定位服务,从而加速了 Telematics 市场的发展。高速移动通信方式的实施,更加快了播放"彩色动画"手机的普及。因此,只要在汽车上安装免提设备,就可以接受 Telematics 服务。这样的根本变化成为普及 Telematics 服务的契机,为携带终端机的个人和所有移动物体提供定位服务(Location Based Service,LBS)。

从 2002 年下半年开始,随着 Telematics 市场规模迅速扩大,推动了与 Telematics 相关的内容、终端机、无线数据通信等 IT 行业的全面发展。

Telematics 对于整车厂提高车辆的售后服务水平,降低索赔和维修成本有着重要的意义。随着技术的不断发展,汽车变得越来越复杂,经销商有时很难跟上技术节拍,掌握最新的维修技术。PSA 通过在其全球的经销商实施统一的服务售后系统来试图解决这一问题。该系统在每家经销商和中央呼叫中心之间建立通信联系,在中央呼叫中心保有诊断和维修的知识和技能。当客户开车来到经销商处,车辆将自动通过互联网接入呼叫中心,车辆里的相关数据将传给呼叫中心的服务人员,随后呼叫中的服务人员将和经销商的维修人员共同进行诊断,提出最佳的维修方案。通过将维修和诊断技能集中起来,PSA 可以减少对经销商进行价格昂贵的培训,并且有技能的维修人员的知识可以有效地共享。

PSA 的这种做法取得了预期的效果。不但提高了客户一次上门修复率,而且返修的概率也随之减少。由于 PSA 每年用于索赔的费用始终徘徊于每年总收入的 3~4 个百分点,该项目最终使索赔的成本降低了 1 个百分点。

通过将车辆故障的诊断集中进行,PSA 在降低了索赔成本的同时也提高了经销商的运营效率。尽管目前还不能完全解决车辆接入互联网的最后 1km 问题,但 PSA 已经在 Telematics 上走出了第一步。随着无线应用的基础设施的完善,实时的故障诊断乃至预测将会在车辆维修和配件管理方面发挥更大的作用。

第二节 车联网的技术

目前,交通事故已经成为全球公共的交通安全问题。当车主身处浓雾或者超视距范围的地方时,可见度低,驾驶汽车往往面临着严重的危险。如果能获得邻近车辆的实时信息,包括车速、行驶方向、位置等,车主就能在第一时间内做出相应的操作以避免交通事故的发生。车联网的发展,无疑将对减少交通事故起到一定的作用。2011年,随着北京限购令的出台,我国大城市的交通拥堵和安全问题再一次凸显出来,车联网因此更被人们关注,特别是两会期间,"车联网"再次被推上了台面。

另一方面,随着自组织网络的不断发展和成功应用,人们提出了更高的车辆服务要求,如从纯数据传输、纯语音传输以及有某种限制的视频传输,到语音、数据、图像的综合传输,这就要求网络具有一定的服务质量(Quality of Service,QoS)保证能力。对于无控制中心、完全分散式体系结构、动态的网络拓扑结构的自组织网络,尤其是拓扑经常发生变化、带宽很窄、能源和内存非常受限的移动自组织网络而言,网络管理QoS保障、安全以及实时应用等方面的难度较大。传统的适合静态网络的网络管理体系结构存在很多局限性(如可扩展性、灵活性、可维护性和可靠性等方面的局限),已不再适用于现时的需要,必须提出新型的适用于动态自组织网络的管理体系。

一、国内外车联网研究现状

随着汽车和公路的日益智能化,越来越多的汽车和路边基础设施装备了通信设备,整个车联网以及针对车联网的相关应用发展已经成为必然的趋势。

2010年中国国际物联网大会上,"车联网"这一词被提起,并有传闻"车联网"将作为国家重大专项;但"车联网"这个词语在提出后,仍仅仅停留在概念阶段,并无实际产品和应用推出。长此以往,车联网的发展堪忧。

在2010年上海世博会期间,"上汽—通用汽车馆"播放了一部科幻影片《2030》,讲述了通用汽车对20年后汽车生活的展望。在片中,车辆在智能交通网络指挥下有序地行驶,车内触屏终端随时收取交通信息及咨询,汽车自动寻找停车场以及充电站进行充电。更重要的是,它提供了前所未有的交通安全保障,将汽车驾驶员发生交通事故的概率降低为零。

2011年,大唐电信与长春一汽旗下的启明信息技术股份有限公司携手共建联合实验室,研究下一代通信服务与汽车电子产品的融合,开发有自主知识产权的高性能、低功耗汽车电子产品。这标志着我国车联网从概念阶段正式走向应用阶段。

"2011中国车联网产业发展论坛"在广州隆重举行,共同探讨"见证科技推动生产力、车联网产业上下游资源无缝对接"这一主题。针对"车联网时代消费者到底需要什么样的后台服务"、"应用车载应用和服务有哪些盈利模式"、"我们如何把握住这轮商机如何打通产业链"以及"将IT、通信、物联网、互联网、汽车影音资源整合"等议题进行深入讨论。来自电信运营商、汽车电子厂商、服务提供商的专家以及汽车车主从各个角度讨论未来车联网的发展方向,包括电信运营商如何为车载终端提供通信服务、车联网一站式软硬件方案以及车联网增值服务等。

通用汽车产品采用的是 On-star 系统,它通过全球卫星定位系统和无线通信技术为汽车提供安全信息服务,包括自动撞车报警、道路求助、远程车辆解锁以及全程音控导航服务等。

丰田公司的"G-Book"基于消费者会员的公共建设信息服务系统,通过车上无线通信终端来提供互助信息服务。其特色在于数据通信模块(DCM)及最新网络服务的安全数字卡运用。用户只需轻轻一按按钮 DCM,即可享受高速通信,下载电影、音乐、电脑游戏等;而且在网络中断情况下,DCM 具有自动联机功能。当文字资料通过"G-Book"传输到车载终端,用户可以聆听到近似于人声的信息。

除此之外,美国的智能车辆公路系统(IVHS)、日本的道路交通情报通信系统(VICS)等系统已经在道路与车辆之间建立了有效的通信,实现了智能交通调度和管理。而近年来 WLAN、蓝牙、无线识别等无线通信技术在智能交通管理上已经得到了应用,如在智能停车场管理、路桥电子不停车收费、车流量信息采集等方面获得了一定的成就。

二、车联网体系结构

车联网是装载在车辆上的电子标签通过无线识别等技术构建的一种特殊移动自组织网络。车联网具有节点特性、移动特性以及数据流特性。其节点特性表现为具有强大的计算能力、存储能力以及几乎没有能量限制。其移动特性表现为网络拓扑变化快、节点移动速度快以及移动轨迹可预测。其数据流特性表现为实时的路况信息以及突然增大的通讯负载。

车联网通过汽车收集并共享信息,汽车与汽车、汽车与路边基础设施、汽车与城市网络实现互联,从而实现更加智能和安全的驾驶。通过在道路、停车场等场所安装无线识别系统,在所有车辆上安装唯一的电子标签,可以将所有的汽车信息传输至信息平台。由于车联网是交互式的,城市的交通管理中心可以通过它疏导交通,车主可以通过它了解实时路况信息、停车场停车情况等信息,并减少交通事故的发生,即使发生了交通事故,也可以在第一时间内将信息传输至服务平台,经过服务平台的分析、判断,然后向最近的救援中心发出求救信息,救援中心便会赶赴事故现场。

车联网最大的价值在于处理信息,而且能够以最有效的方式解决交通拥堵问题。据预测,车联网的应用可以使交通拥堵减少约 60%,使短途运输效率提高将近 70%,使现有道路网的能力提高 2~3 倍。除了提高效率,减少成本之外,车联网能够实现对整个公众资源的有效利用,政府也可以大幅度减少管理费用,如图 8-2 所示。

三、车联网应用

车联网可应用在紧急信息通告、实时交通路况监测、避免交通事故发生等方面。车联网不仅可以保证交通安全,还可以为车主提供丰富的娱乐服务。

1. 协助驾驶

协助驾驶是指利用车辆与路边基础设施之间收集到的传感与状态信息,如交通事故、汽车抛锚、道路紧急情况以及潜在的危险等。通过车联网提前告知车主,建议车主做出及时、恰当的驾驶行为,这有助于提升车主的注意力,保持合适的车速及车距,提高驾驶的安全性。如果此类信息能够及时传送给车主,就能避免交通事故的发生。典型的应用是紧急突发事件的通告。同时,协助驾驶还可以运用于智能停车场管理,如车主驾驶到一个陌生地方,可能找不到停车的位置,此时就可通过车联网搜索周边 100m 之内的停车位,给驾驶带来极大的便利。

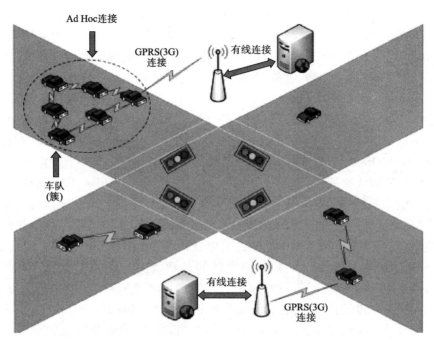

图 8-2　车联网示意图

2. 交通信息收集

交通信息收集是指收集到的车联网信息不直接影响车主的驾驶行为,而仅仅让车主掌握整个道路的相关信息,便于交通管理中心的智能管理。典型的应用是交通流量信息的分发,如车辆周期性地广播自己的位置、行驶方向、车速、路况以及从别的汽车收集到的信息等,同时收集这些相关信息可让车主对当前交通状况有一个大概的了解。

3. 汽车间的协作驾驶

汽车间的协作驾驶是指利用汽车与汽车直接通信的方式来控制汽车的协调驾驶,即制动、倒车、转向都可以协调操作,即使道路上行驶的汽车发生了故障,也能被及时发现并告知后方的汽车采取操作。这些操作不仅要求掌握前方车辆的信息作出相应判断,而且要获得整个车队的信息做出协作的步骤。

4. 辅助交通管理

辅助交通管理主要包括协助交通管理部门实现远程指挥调度、路桥电子不停车收费、超速驾车、肇事车辆逃逸追踪等。

5. 用户通讯与应用

用户通信与应用的目的是让乘客享受娱乐,使用各种基于无线网络的业务。典型的应用是下载音乐、电影以及游戏等。例如,在堵车的情况下,车主可以将车载终端接入 Internet,在线听音乐以及看电影等。

四、车联网与其他车辆控制系统

车联网的架构同物联网一样,主要包括3个层次:感知层、传输层和应用层,因此具有其他车辆控制系统无法比拟的优势。车联网与目前在道路运输领域广泛使用的智能交通系统相比,可以实现更全面的感知、各种各样的互联以及智能化的信息处理和应用集成,因此车联网的出现是智能交通系统发展的必然结果,是提供道路极限出行能力的必然选择。

由于是针对交通提供相应的服务,车联网不能完全脱离于智能交通系统,从国内外开展的一批高水平的研究及试验项目可以看出,车联网的发展与智能交通系统有着紧密的联系。智能交通系统发展的历史较早,主要对交通安全和效率问题进行大量研究并提出解决方案。随着技术的不断演进,目前智能交通系统正在大力发展智能车路协同系统,具有代表性的如e-safety、Coopers、CVIS、PReVENT、SmartWay、VII、IntelliDrive等。其中,美国、欧洲和日本在实现城市车路协同智能交通方面处于领先地位。美国的IntelliDrive,作为VII(汽车与道路基础设施的集成系统)的后续项目,旨在通过车载传感器与车路或车车通信为主要信息获取手段,为美国道路交通提供了较好的安全和效率。它通过开发和集成各种车载和路侧设备以及通信技术,使得驾驶员在驾驶中能够做出更好和更安全的决策。车路协助系统(Cooperative Vehicle-Infrastructure System,CVIS)研发计划是欧盟所支持的大型ITS研究与发展项目。该项目的主要目的是设计、开发和测试为了实现车辆之间通信以及车辆与附近的路边基础设施之间通信所需的技术,旨在建立集硬件和软件于一体的综合交流平台,从而提高旅客和货物的移动性以及道路交通运输系统的效率。日本于2006年启动的下一代道路服务系统,包括车载信息系统和路侧集成系统的开发与试验,该项目名称为"智能道路计划(Smartway)"。Smartway的发展重点是整合日本各项ITS的功能,包括先进的VICS(Vehicle Informatioand Communication System)、ETC、DSRC、AHC(Automated Highway System,自动公路系统),并建立车载单元的共同平台。从上述项目的描述中可以看出,智能交通系统向车联网发展的趋势越来越明显,正在试图通过引进先进的信息技术,建立人、车、路高度一体化的协作系统,从而在广域范围、整个时段为所有车辆实现综合的交通控制。

车载信息服务(Telematics Telecommunication Informatics)即安装在车上的资讯平台,该平台通过通信网络提供多样化的信息服务,其功能是给用户提供导航、路况、天气、联网资讯以及多媒体娱乐为主,主要考虑在用户体验角度基于现有无线网络和车载应用为汽车提供信息服务。广义上讲,车联网包含车载信息服务,Telematics作为车联网的一种应用为用户提供车载信息服务,但是没有提供实时性更强的安全服务,以避免交通事故发生。而车联网由智能感知、智能信息传递、智能信息处理构成,能够实时感知车辆以及车辆周围的信息,为安全驾驶提供帮助。与此同时,车辆之间的互联能够构成车辆与车辆,车辆与路边单元的协同系统。在此基础上为用户提供安全和非安全的应用。总的来说,车联网作为车辆间的物联网,而车载信息服务属于车联网的一种应用形式。

车辆自组织网络(VANET)是近几年研究得非常热的一个领域,很多研究者希望借助车辆自组织网络提高行驶安全。不同于车联网,车辆自组织网络指装有射频单元的车辆通过自主方式组建的一种网络,它只是车联网中的一个有机组成部分,描述了车辆之间、车辆和路边单元之间的组网方式,以及相应的信道分配和转发方式。车联网除了车辆与车辆、车辆与路边单元之间的连接之外,还包括路边单元和交通控制中心之间的连接、车载单元与车内设备的连接,以及车、路与 Internet 的连接。因此,从协议来看,车联网的通信方式既包括802.11p、WiFi、Zigbee,也包括 3G、LTE,还包括 WSN(无线传感网)。从层次来看,车联网的通信方式既包括车内通信、也包括车车、车路、路路通信,还包括车、路与后备网络的通信。从组网方式来看车联网既包括像车辆自组织网络这样的分布式组网,也包括将交通信息中心作为服务器的集中式组网。因此,车联网包括了不同组网方式、不同形态的异构网络,最终通过 Internet 将所有的网络汇集在一起。

五、车联网的关键技术

车联网的发展历程中,有一些关键的技术需要解决,包括异构无线网络的融合、全面的感知、智能化信息处理、与电动汽车的整合。

1. 异构无线网络的融合

车联网将有多种不同的无线通信技术并存,包括 WLAN(如 IEEE802.11 a/b/g/n/p 协议)、WIMAX(IEEE802.16a/e)、超宽带通信 UWB(IEEE802.15.3a)、2G/3G 蜂窝通信、LTE 以及卫星通信等网络。不同的网络有不同的通信方式和特点,适用于不同的场景。为了达到信息共享的目的,车载网中的很多信息需要在不同的网络中传递。另外,车辆作为一个移动单元,在移动过程中将发生水平切换和垂直切换,也需要进行移动性管理。因此,需要在车联网环境下考虑异构无线网络的融合,实现无缝的信息交换和无缝的切换需求。

2. 全面的感知

车联网想要为地面交通提供极限通行能力,首先必须依赖于全面的感知,包括对整个道路的感知和对车辆的感知,从而分别结合道路和车辆获取相应的状态信息。如今,各种不同类型的感知节点已经大量应用于地面交通,如何将这些多元的感知节点进行有效的利用是一个非常关键的问题。它涉及感知节点的选择、功能定位(如汇聚节点)、布局、特征提取与分析以及多元信息的融合。车内感知和车外感知考虑的重点不一样,而道路的感知与车辆状态的感知关注的重点也不一样。比如,道路感知对路面是否结冰很关心,但车辆感知可能更关心车辆的行驶速度和当前的位置。

3. 智能化信息处理

车联网不仅涉及众多的节点,而且可能存在各种各样的业务在并发运行,因此车联网需要考虑云计算或并行处理提高运算能力。车联网所收集到的交通信息量将非常巨大。如果不对这些数据进行有效处理和利用,就会迅速被信息所埋没。因此,需要采用数据挖掘、人工智能等方式提取有效信息,同时过滤掉无用信息。考虑到车辆行驶过程中需要依赖的信息具有很大的时间和空间关联性,有些信息的处理需要非常及时。另外,很多车联网的应用与车辆行驶的速度和当前的位置有密切的关系,因此如何基于速度和位置作移动预测,并建立业务自适应的触发机制显得非常必要。

4. 与电动汽车的整合

电动汽车和未来的交通基础设施之间存在密切的互动关系,也是车联网中的一个重要组成部分。尽管电动汽车在环保方面比传统汽车做得更好,但在可预见的时间内,续驶里程、充电时间和电量可持续性等都是其软肋。今天的电动汽车的行驶距离还很有限,因此车联网必须规划好充电路径,并通过与智能电网的融合(V2G)进行智能充放电,以满足长时间行驶的要求。此外,电动汽车将拥有比传统的内燃机汽车更先进的远程信息处理和导航技术。这样可以更好地对交通流量进行控制,减少交通拥堵,并从整体上提高交通安全。不同服务提供商之间通过数据交换也可以允许增值服务的跨地区共享,以信息通信技术为基础的导航系统可以将电动汽车更好地集成到交通基础设施中。

第三节　车联网行业的行业前景

一、车联网面临的挑战

目前车联网没有构建统一的协调中心。尽管已经有了像交通信号灯警告、路桥电子不停车收费等这样的应用,但这些应用之间是相互独立的。这些应用所使用的单一信道方式要与分布式控制的要求相结合,是车联网设计的关键问题所在。显然,媒体接入控制是车联网设计的核心所在。尽管提出了基于时分多址和空分多址等方法,但目前主要使用的是基于车联网介质访问控制子层的载波监听多路访问协议。信道带宽的频率范围为10~20MHz。在车辆密度大的地方,很可能造成信道拥塞,然而利用多个信道就会造成多信道同步问题以及同道干扰问题。

其他的挑战包括由于车辆移动以及无线电波影响所带来的动态网络拓扑变化。无线电波必须考虑天线的高度以及移动车辆自身金属反射对无线信道造成的不利影响。同时需要考虑车辆自适应发射功率和速率控制,以保证可靠、低延时的通信。除此之外,车联网还需考虑安全问题和隐私问题。一方面,车主需要了解可靠的交通路况信息以保证驾驶的安全。例如,某个车主在行驶的路上发送错误的信息给其他车主,告知他们该路段交通拥挤并鼓励其绕道而行,造就了对自己有利的行驶环境,但却给其他车主带来了极大的交通危险。其挑战关键在于如何对广播消息的车辆进行认证。另一方面,车主不希望车辆信息被非法泄露,以防止未被授权的跟踪,保持其隐私性。这样就很有必要在安全问题和隐私问题上寻求一个平衡。

二、车联网未来发展趋势

未来车联网将利用传感技术、无线通信技术以及GPS技术的相互配合,组成全立体、多层次的网络拓扑结构,逐步建立一个车辆与车辆内部之间、车辆与路边信息基础设施之间的移动自组织网络。在未来的车联网时代,将主要整合车与车通信交流技术、传感技术及通信技术。未来汽车之间能进行信息沟通并感知周围环境,具备行人探测、3D智能导航、无人驾驶、自动制动以及紧急停车等智能功能。

总之,车联网是下一代智能交通系统的发展方向,是我国下一代互联网的典型示范应用。虽然目前车联网技术的研究还处于起步阶段,各项关键技术还有待完善,但是可以预见随着互联网技术、传感技术、信号处理技术、汽车技术等技术的发展,车联网的框架体系将更加完善,其应用与服务将越来越广泛。

第四节 汽车大数据与云计算

基于云计算的大数据服务对包括汽车在内的诸多行业都产生了重大影响。大数据不仅是车联网、智能交通、无人驾驶汽车等创新汽车科技发展的基础，同时传统背景的产品营销、后市场服务模式也在其推动下悄然发生着变化。

汽车全产业链是数据的生产端，如主机厂、4S店、快修店等，又成为数据的受益者。车辆在生产初期、交易、维修、老化的整个生命周期中，信息在交易行为中不断迭代，大数据都在高速运转着。生产初期，车辆的原始数据是建立数据库的基础，但是原车在经过各个环节最终到达零售端的过程中，配置已有修改。在汽车行业数字化程度较低的情况下，如能掌握数据，统一标准，那自然就掌握了话语权。

车管所、主机厂、维修商、电商平台，各自掌握着数据，但又徘徊在信息的孤岛上。早在2003年，美国政府为防止汽车制造端对配件和维修市场的垄断，就已规定须开放车辆诊断、维修所必需的技术信息。孤立的数据平添了汽车后市场的运营阻力。

整个产业链中，整车厂拥有较大的数据量，通过品牌专营4S店，掌握维修信息，并形成专有零部件的市场垄断，又通过零售端掌握销售数据，目前这些信息都停留在车企内部。而电商平台只能通过与OBD厂家合作，OBD即车载自动诊断系统，包括发动机、控制系统检测等，读取部分主机厂愿意公开的数据。连接信息孤岛，共享车辆维修数据只是开始。

汽车产业数字化程度太低，主机厂的信息化建设仍然滞后，从生产端到销售端，IT业务系统就先需要整合。

汽车产业生态圈急需大数据技术对数据进行处理，并使之产生真正可见的价值。从技术上讲，它包括了大数据的收集、转化、存储、分析、共享、可视化，和应用集成等领域，需要对产生于各系统终端的结构化、非结构化数据进行采集，对数据的分析挖掘，建立相关模型，并针对客户及行业需求。例如，行为分析及个性化推荐服务提供有力支持。从业务上讲，它涉及了车辆安全、车辆管控、车辆维修、保险服务、资金服务、娱乐及信息服务等方面。车联网大数据的应用需要端到端的技术和跨界的业务能力，掌握车联网数据的企业，应建立云端协同的大数据分析平台，实现车、路、人的数据协同整合、管理与分析，并提供服务接口支撑跨界及特色价值的应用。

通过"大数据+云平台"的服务模式，车联网的企业客户可很好地构建用户360°视图，扩大服务范围的纵向深度及横向广度，从而更好地为车联网系统产品研发及服务模式的创新提供更多帮助，形成独有的竞争优势。车联网的最终用户也可以利用该平台，实现包括车载导航定位、娱乐资讯、安防系统、安全驾驶预警、节能驾驶服务及出行诱导服务在内的多角度覆盖。车联网的企业用户则可以在此平台上实现车队管理的预警监控、配置优化、故障排查、节能减排等多方位应用。

更为重要的是，以该平台为基础可以拓展全方位的车联网关联解决方案，为汽车驾驶员、4S店维护、OEM厂商以及保险公司等车联网参与方提供数据支持和服务拓展。对内连接车联网前端的服务应用开发（如车载信息娱乐系统、车联网服务及APP）以及车企后端的服务运营平台、数据管理及数据应用；对外则为汽车保险、汽车售后服务及相关的销售/市场门户等提供增值应用服务及相应的平台对接。

一、汽车大数据

1. 大数据概念及特征

大数据指所涉及的资料量规模巨大到无法通过目前主流软件工具,在合理时间内达到撷取、管理、处理、并整理成为帮助企业经营决策更积极目的的资讯。大数据指不用随机分析法(抽样调查)这样的捷径,而采用所有数据的方法。

大数据的特征通常用 4 个 V 来概括:大量化(Volume)、多样化(Variety)、快速化(Velocity)、价值密度低(Value)。只有具备这些特点的数据,才是大数据。大数据是工程技术和策略技术的结合。大数据要求改变人们以往对精确性的苛求,转而追求混杂性,不再偏执于对因果关系的追问,转为追求相关关系,这种思维的转变是革命性的。

2. 汽车大数据应用

大数据的核心在于预测,预测性保养或维修是其一。根据车辆的使用情况,形成的市场调研报告包括:车辆问题报告、预测性维护、分析报告、售后配件市场覆盖率报告等,反馈给客户,电商平台、主机厂和零部件商都在其中。用到数据分析的场景很多,如根据车辆的运行情况,预测保养需求。又或是,对零部件进行失效监控和预测分析,厂商可以调度配件,提前备货,并给出预防性维护建议,以避免保修费用和潜在的召回风险。

大数据的分析平台获取了车辆传感器数据以后,通过后台对大数据的分析计算,可改进汽车前端的制造质量,包括对车况数据的分析,找出产品质量问题和背后的原因,反馈给主机厂。在新车开始量产前得到快速发现和消除,也降低今后进行产品召回的风险。

IBM 则通过大量原型车试驾的数据和维修商报告获得数据。经过系统分析,对于重复出现的问题,出具数据分析的解决方案。目前已有数百个分析应用程序,为企业提供解决方案。2015 年,IBM 在商业分析和大数据方面的营收为 200 亿美元。

本田在一级方程式比赛中,采用的就是 IBM 的解决方案,将包括温度、压力和动力水平的车辆数据直接分享到云中,从而快速高效地查看剩余燃油量,并且预估机械问题出现的可能性。分析快速行驶的车辆和车手数据,实时调整比赛策略,包括补充燃油的方式,这些都是比赛需要的关键数据。

精准营销的大数据来源主要为车企自有的数据,比如官网信息、投放的广告等。其次是媒体和第三方提供的数据。传统的广告营销耗费了车企每年几十亿元的费用,而基于大数据分析的精准营销对特定人群定向投放,收获了比传统方式多 3 倍以上的覆盖率。

通过大数据分析,可以准确把握每个客户的需求和购买预期,推送给客户是一方面,同时客户的购买行为也可以反馈给主机厂,帮助其更好理解客户。车企早已意识到了精准营销的重要性,比亚迪就专门成立了数字化营销部门,通过新型营销的探索,线上引导线下,这一方式占了将近 50% 的成交率。车企的大数据逻辑在于个性化营销和提高转换率,使用大数据分析建立详细的客户档案,以触及很多潜在客户。车企希望了解目标客户的精准图像,知晓哪个环节会提高客户订单,再进行定向营销。预测与精准营销是目前为数不多已经实现的大数据商业模式。此外,大数据在汽车维修服务、保险理赔、交通建设及智能驾驶等方面都有广阔的应用前景。

(1) 4S店服务。车况信息会定期传递到4S店,4S店根据情况及时提醒车主保养或维修,尤其是对于可能危及安全问题,在客户同意下甚至可以采取远程干预措施,同时可以提前备货,车主一到4S店就可以马上维修而不需要等待,从而保证车主车辆使用连续性。

(2) 红绿灯优化。一方面交通网络系统根据路口各方车辆情况等即时数据自动调节红/绿灯时间长度,另一方面根据定期路口流量分析确认红绿灯的新建或者取消,从整体大幅提升道路通行效率,降低尾气污染。

(3) 定制车险。创新车险模式为个体提供个性化、更有竞争力的保险解决方案,应该说风险控制是保险公司的核心,保险公司可以通过车联网获取基本车况信息,比如车型、使用年限、保养记录等;获取车辆常走路线事故概率;获取主要驾驶员驾驶习惯,比如和周边车辆的车距、变道频率、制动频率、加速频率等信息。综合数据分析对于车况好、常走路线事故率低、驾驶员驾驶习惯好的车辆可以大幅降低保费,提升车险竞争力;对于车况一般、常走路新事故率高、驾驶员驾驶习惯一般的车辆可以提升保费,降低风险。可以通过保险的杠杆作用提升驾驶员行车规范。

(4) 城市交通建设规划。道路建设/地铁网络建设/公交线路优化。根据个体车辆日常行驶路线信息可以获取城市日常车辆运行图,类似2014春节期间百度全国迁徙图。根据这个运行图可以更精确规划城市交通网络建设,比如新道路建设、地铁网络建设、公交线路优化建设,提升道路综合利用效率。同时这个车辆运行图结合车主的日常消费模式分析,还可以做出城市商业规划,如在哪个节点设立商圈、停车场等。

(5) 智能驾驶。智能驾驶除了依靠汽车本身的摄像头、传感器来感知周边车辆距离情况,结合周边车辆车主的驾驶行为分析,更准确协助控制当前车辆驾驶动作;可以结合目的地附件停车场实时信息协助选择有空位的停车场;可以在车辆出现紧急情况,自动接管驾驶系统(比如爆胎)提升安全性。

二、汽车云计算平台

1. 数据交换总体方案

汽车产业链第三方云服务平台分别以占据主导地位的整车制造企业为核心进行搭建。由于每家整车制造企业涉及采购、销售、售后服务、物流等业务协作,故每个企业联盟又与遍布全国各地的产业链上下游供应商、经销商、服务商、物流商企业群展开业务协作,由此形成了复杂而庞大的多核网状式产业链业务协作信息网络与利益共赢体系。无论是处于核心支配地位的整车制造企业,还是处于产业链上下游的供应商、经销商、服务商、物流商企业群,均由云服务平台进行统一的权限认证与联盟协作关系维护。随着不同的整车制造厂在企业应用集成(Enterprise Application Integration,EAI)建设过程中的逐步深入,整车制造企业主要以其自身企业资源计划(Enterprise Resource Planning,ERP)为核心进行外延业务扩展与数据交互。产业链协作涉及多家整车制造企业相当数量的不同业务逻辑的ERP信息系统,这些系统均为独立的数据源,不同数据源必然存在异构差异。在构成庞大异构数据源环境的同时,这些系统还具有协作内容多样性、部署地域分布性等特征,使得而向产业链的多源异构数据集成与交换成为产业链协作的屏障。

云服务平台数据交换体系在产业链上下游多类型企业群与整车制造企业的业务协作过程中扮演着与中小型协作企业群进行数据集成以及向核心整车制造企业进行数据中转的重要角色。考虑产业链云服务平台与每个整车制造企业均为基于 Internet 的分布式异构数据源交互，采用基于 Web service 的数据交换技术，既能有效地支持在互联网上构建而向产业链云服务的大型复杂 Web 应用，又能有效地解决多源异构数据源的交互难题。为解决云服务平台与不同核心企业联盟的多源异构动态数据交换需求，需要提供一套统一的数据交换 Web 服务接口，以实现与不同核心整车制造企业的数据交换服务对接的整合。

针对传统的数据交换配置模式无法满足不同核心整车制造企业数据交换的差异化需求问题，这里采用双向关联的柔性化动态配置机制的解决方案。该方案把云服务平台与不同核心整车制造企业的数据交换配置统一整合于平台 Web 服务接口对接的数据交换处理中心，与之对应的另外一套则分别配置在各个核心整车制造企业。这样通过为数据交换源端和口标端的配置文件构建匹配规则，以此来完成双方的远程数据交换。

产业链上下游企业群与整车制造企业的业务协同以云服务平台为载体，其主要协作过可描述为：产业链上下游企业群通过云服务平台进行业务逻辑的操作访问，经过云服务平台业务逻辑处理中心的交互，将产业链上下游企业群的业务数据存储于云服务平台数据中心。整车制造企业通过定时向云服务平台发出调用 Web Service 请求，云服务平台收到调用请求后，通过平台数据交换体系的处理规则，将对应数据交换至整车制造企业数据库中。整车制造企业对相关数据处理完毕后，通过调用云服务平台交换至平台数据库中的 Web Services 等处理流程，最后将数据库中。

2. 数据交换服务统一认证

为保障产业链云服务平台数据交换的安全可靠性，必须对数据交换服务进行身份认证授权。由于具有数据交换需求的核心整车制造企业协作系统数量众多，加之不同整车制造企业与云服务平台存在着多类型（协同采购、协同销售、协同售后、协同物流）的信息平台交互，虽然通过整车制造企业特有的全局唯一标志符（Globally Unique Identifier, GUI）身份认证标志可以实现与平台口标数据源的信息交换，但由于这种模式需要向每个整车制造企业都单独配置一个点对点的认证接口，势必将使云计算平台认证服务变得异常庞大而复杂。因此，如何构建一套统一通用的第三方公共认证应用程序接口（Application Programming Interface, API）便成为产业链云服务平台数据交换的关键。

云服务平台因其集成了企业群的统一权限认证与联盟协作关系维护，故可构建一套通用的 Web 服务接口，以供众多整车制造企业客户端数据交换适配器进行远程分布式调用的统一认证，再由平台通用的 Web 服务去路由选择相应的数据交换配置文件。这样在解决整车制造企业群统一身份认证授权的同时，还能实现对多源异构数据源交换规则的动态可扩展配置。

3. 数据交换规则框架设计

由于整车制造企业信息系统架构的松散耦合性存在固有差异，且开发技术和模式千差万别，加之数据库结构也不尽相同，这些多源异构系统既有差异特性加大了与云服务平台数据集成的难度，这也从根本上决定了与云服务平台数据交换规则的配置及读取必须构建为一套统一的标准化模型。此外，考虑到整车制造企业在云服务平台中业务协作内容等的动态可变性需求,数据交换规则必须构建为一套柔性化框架,以支撑数据交换的动态可配置。

由此可见,要解决第三方云服务平台与多源异构系统的数据集成,将数据封装成通用标准化格式无疑是可行方案。同时,为解决数据交换的动态可配置需求,数据交换规则应具有动态可扩展特性。此外,多源异构客户端数据交换内容各异,故数据交换框架应支撑自我描述、自定义需求。基于上述分析,这里采用基于XML来统一封装数据交换规则的解决方案。XML是W3C推荐的国际通用标记语言,具有自定义、可扩展、自我描述性等特征,因其设计宗旨是传输数据,而不是显示数据,能较好地满足云服务平台与多源异构信息系统的远程数据交互。

利用基于本体建模方案,采用UML对数据交换规则框架体进行建模。由于平台数据交换业务规则集较为复杂,为尽量构建一套完善、可靠的数据交换API体系,在此将云服务平台数据交换规则配置框架定义为(Connect DB)、(DataItems)、(Remote Method)、(Controllers)4类配置节体系。这4类配置节既各负其责,又相互协作来完成数据的远程交换,形成了数据交换规则的有机整合体。XML配置规则具体设计如下:

(1)(Connect DB)配置节体系。定义待交换数据库的连接配置信息,用于与多源异构数据库建立数据连接,以便对客户端数据库进行待交换数据的提取和已交换数据的更新。为保障数据交换的安全性,需要将该配置节的明文信息加密为密文。

(2)(DataItems)配置节体系。定义基于Web服务数据交换的具体处理规则,包含了进行数据上传或下载的执行序列规则集。该节是数据交换的核心体系,由多个并列的数据交换执行序列标记构成。为同步处理与待交换核心主表存在数据关联的数据子从表(DataItems)设置了可嵌套的配置节(DataChild Items,以支持对其进行自定义扩展,并通过嵌套子标签所指定的 ForeignKeyID 与待交换主表进行同步关联。

(3)(Remote Methods)配置节体系。定义Web服务数据交换的远程调用与访问等相关信息,通过该配置节可实现与云服务平台远程服务提供端的数据交换交互。

(4)(Controllers)配置节体系。对数据交换进行总体控制,匹配对应数据交换控制器、设置数据交换时间间隔等。

基于远程Web服务数据交换过程的执行,正是因为数据交换适配器按照本章所设计的数据交换规则框架,屏蔽了数据交换过程中多源异构数据源与运行平台、开发语言、系统架构的关联性,从而保障了第三方云服务平台与核心制造企业业务系统的多源异构数据交互。

4. 云数据安全存储面临的挑战

在云环境下数据安全面临的挑战在传统信息系统中,数据安全主要关注数据的加密存储和传输、安全审计和容灾备份。而在云中,除了要关注上述内容外,还有更多关注,云计算的特点决定了要实现集中式的数据存储,必须确保不同用户数据的安全隔离。云端的服务器可能会"宕机",在这种情况下,如何高效地进行数据安全地迁移很关键。云计算采用租赁方式向用户提供资源,这意味着一个用户使用过的存储区域会被其他用户使用,因而必须解决好数据残留问题。云环境下数据安全存储面临以下挑战。

(1)数据的加密存储。在传统的信息系统中,一般采用加密方式来确保存储数据的安全性和隐私性。在云中,似乎也可以这样做,但实现起来却不那么容易。在基础设施即服务(Infrastructure as a Service,IaaS)云模式中,由于授权给用户使用的虚拟资源可以被用户完全控制,数据加密既非常有必要也容易做到(无论是在公有云或者私有云中)。但在平台即服务(Platform as a Service,PaaS)云模式或者软件即服务(Software as a Service,SaaS)云模式中,如果数据被加密,操作就变得困难。在云中,对于任何需要被云应用或程序处理的数据,都是不能被加密的,因为对于加密数据,很多操作像检索、运算等都难以甚至无法进行。数据的云存储面临这样的安全悖论:加密,数据无法处理;不加密,数据的安全性和隐私性得不到保证。

(2)数据隔离。多租户技术是 PaaS 云和 SaaS 云用到的关键技术。在基于多租户技术系统架构中,多个租户或用户的数据会存放在同一个存储介质上甚至同一数据表里。尽管云服务提供商会使用一些数据隔离技术(如数据标签和访问控制相结合)来防比对混合存储数据的非授权访问,但非授权访问通过程序漏洞仍然是可以实现的,比如 Uoogle Docs 在2009 年 3 月就发生过不同用户之间文档的非授权交互访问。一些云服务提供商通过邀请第三方或使用第三方安全工具软件来对应用程序进行审核验证,但由于平台上的数据不仅仅针对一个单独的组织,这使得审核标准无法统一。

(3)数据迁移。当云中的服务器(这里的服务器是指提供 SaaS 和 PaaS 的物理机,对于 IaaS 而言,服务器或者是物理机,或者是虚拟机)"宕机"时,为了确保正在进行的服务能继续进行,需要将正在工作的进程迁移到其他服务器上。进程迁移,实质上就是对与该进程相关的数据进行迁移,迁移的数据不仅包括内存和寄存器中动态数据(或称进程快照),还包括磁盘上的静态数据。为了让用户几乎无法感觉到"宕机"的发生,迁移必须高速进行。为了让进程能在新的机器上恢复运行,必须确保数据的完整性。另外,如果进程正在处理的是机密数据,还必须确保这些数据在迁移过程不会泄露。

(4)数据残留。数据残留是指数据删除后的残留形式(逻辑上已被删除,物理上依然存在)。数据残留可能无意中透露敏感信息,所以即便是删除了数据的存储介质也不应该被释放到不受控制的环境,如扔到垃圾堆或者交给其他第三方。在云应用中,数据残留有可能导致一个用户的数据被无意透露给未授权的一方,不管是什么云,SaaS、PaaS 或 IaaS 都有可能。如果一个未授权数据泄露发生,用户可以要求第三方或者使用第三方安全工具软件来对云服务提供商的平台和应用程序进行验证。迄今为比,没有哪个云服务提供商解决了数据残留问题。

(5)数据安全审计。当数据以外包方式存储在云中时,用户会关注两个问题:外包存储的数据确实已存储到云中并归数据所有者所有;除所有者和授权用户外的任何人不能更新数据。这两个问题的解决都离不开安全审计。在数据存放到本地或企业可信域中时安全审计较易实现,而一旦将数据以外包方式存储到云中时,安全审计就变成了难题。显然,用户不可能将数据都下载下来后再进行审计,因为这会导致巨大的通信代价。更可行的思路是:只需取回很少数据,通过某种知识证明协议或概率分析手段,就能以高置信概率判断云端数据是否完整或为用户所有云存储问题的成因云计算的商业模式和其采用的两种关键技术虚拟化和多租户是其面临安全挑战的主要原因。

1. 美国通用汽车On-star系统有什么作用？
2. 简述车联网的定义及特性。
3. 协助驾驶的内涵和意义是什么？
4. 交通信息收集的内涵和意义是什么？
5. 简述车联网未来发展趋势。
6. 什么是大数据？其特征是什么？
7. 为什么汽车云服务平台要对数据交换服务进行身份认证授权？

第九章　汽车信息服务系统设计

汽车信息服务业务也称车联网业务,是指综合利用先进的传感技术、网络技术、计算技术、控制技术和 GPS 卫星定位技术等,为汽车驾驶员及车内成员提供包括车辆诊断、安防、位置导航、交通信息、娱乐咨询、互联网等服务在内的总称。

汽车信息服务业务是伴随着汽车产业的发展和通信信息技术的不断成熟而出现的。其概念始于 1978 年的法国,而真正付诸实践的则是 20 世纪 80 年代的美国。目前,全球汽车信息服务业务市场主要分布在北美、欧洲及亚太地区,如北美地区的加拿大和美国,欧洲地区的英国、法国、德国和意大利,亚太地区的日本、韩国和澳大利亚。

近年来,我国汽车行业发展迅猛,在汽车行业快速发展的背景下,基于汽车信息服务业务的潜在市场巨大。目前包括车厂、移动运营商、服务提供商和设备商在内的产业链都开始积极参与汽车信息服务业务的提供,从而促使了汽车信息服务业务的快速发展。

第一节　汽车信息行业的设计方案

一、汽车信息服务业务分析

1. 汽车信息服务业务简介

汽车信息服务业务是以汽车为载体,为满足驾乘人员在安全、方便、娱乐等方面的需求下产生的。借助于车载终端和后台系统的交互,汽车信息服务业务形式多样化,为驾乘人员带来了丰富的安全、娱乐和信息获取上的体验。汽车信息服务业务的类型主要包括以下几种。

（1）辅助导航。辅助导航是指由车载终端为驾驶员提供路线导航,帮助其顺利到达目的地的功能。与普通的 GPS 导航设备不同,汽车信息服务业务的辅助导航路线不仅可由驾乘人员直接操作车载终端来进行路线设置,也可通过一键呼叫人工座席由座席人员为其进行远程路线设置。此外还可由驾乘人员通过互联网登录后端汽车信息服务平台系统进行路线设置,并经由后台系统将导航信息下发至车载终端。这两种方式都能为驾乘人员的导航信息设置带来很大便利,避免了行车过程中操作车载终端的不便和潜在的安全威胁。

（2）紧急救援。紧急救援功能是指在车辆发生事故或其他紧急情况时,驾乘人员通过车载终端或由车载终端自动发起到后台呼叫中心的紧急救援电话,以得到救援机构的快速救助。该功能不同于普通的 120 及 119 等紧急救援电话。在发起紧急救援请求时,车载终端会将车辆信息（如车辆型号、车辆当前位置、车主信息等）和从汽车总线获取到的车辆异常信息（如碰撞程度、碰撞位置、车辆故障原因等）及时上传至后台系统,方便救援机构能在第一时间获取事故现场情况,从而快速发起救援。在出现严重交通事故等特殊原因导致驾乘人员神志不清的情况下,该功能将会对及时有效的救援起到至关重要的作用。

(3) 车况及安防。车况及安防功能包括车况信息通报、车辆异常报警、车辆远程位置跟踪和车辆维保通知等。

(4) 车况信息通报功能。车况信息通报功能是指车载终端通过与行车电脑、车载总线的互联,实时获取车辆运行状况并上传至后台系统,除车主可随时查看车辆的各种车况数据外,车厂也可及时方便地对车况数据进行提取,对车辆相关特性进行统计分析,以升级改进车辆缺陷。

(5) 车辆异常报警功能。车辆异常报警功能是指车载终端通过与行车电脑、车载总线的互联,实时获取车辆异动情况(如车门异常开启、异常位置移动等)并上报至后台管理系统,及时进行短信、电话呼叫等形式的报警;也可根据车主的远程遥控指令进行鸣笛、闪灯等提醒操作。

(6) 车辆远程位置跟踪功能。车辆远程位置跟踪功能是指车载终端实时进行车辆位置 GPS 定位并上报至后台系统,根据授权情况,被授权人员可实时查看车辆的当前位置和历史位置踪迹。

(7) 车辆维保通知功能。车辆维保通知功能是指当车载终端从行车电脑、车载总线获取到车辆已有或潜在故障信息(如车辆冷却液过少、胎压过低、车辆需进行维保等)时,及时提醒车主进行车辆维护和保养。

(8) 实时交通信息。车载终端可通过无线网络实时获取交通信息并在车载终端上展示,以供驾乘人员选择行车路线时参考。

(9) 位置服务。位置服务主要是通过车载终端进行 POI 信息、生活资讯信息等的查询和获取。该功能除在车载终端上进行查询外,也可通过语音方式让后台座席人员查询后通过无线网络同步至车载终端进行展示。

(10) 娱乐资讯。娱乐资讯服务主要包括天气预报、股市交易、实时新闻、移动社交网络、移动办公、在线电台、在线音视频等内容。娱乐资讯服务可通过车载终端实时向服务平台请求获取。为保证驾乘人员的行车安全,在车辆行驶状态下,车载终端还可为客户进行文字类信息的语音播报。

(11) 基础通信。当驾乘人员有通信需求时,可一键接通呼叫中心,由呼叫中心座席人员提供语音呼叫、代拨服务、短信服务和客户通信录管理服务等。

目前国内汽车信息服务业务还处在初期发展阶段,已开展的业务主要为上述几种类型。除上述业务类型外,汽车信息服务业务还可衍生出诸如互联网浏览、短彩信服务、预订服务、路书、论坛等服务。

2. 国内汽车信息服务业务开展情况

目前国内多家汽车厂家已推出了自己的汽车信息服务业务和品牌,以期提升品牌价值和吸引用户。在已开展的业务中主要是合资车厂品牌,自主品牌也在积极跟进并推出自己的汽车信息服务品牌。

下面将从搭载车型、主要功能和资费策略三个方面对国内已推出的汽车信息服务品牌进行简要说明。

1) 丰田/雷克萨斯 G-Book 智能副驾系统

(1)搭载车型。丰田凯美瑞、皇冠、雷克萨斯系列等高端车型。

(2)主要功能。个性化实时路况导航、多媒体语音资讯、语音服务、道路救援、防盗追踪、保养通知等。

(3)资费策略。购车后至少两年免服务费,两年后收费情况未定。

2)通用安吉星 On-star 系统

(1)搭载车型。凯迪拉克赛威、CTS、SRX、凯雷德、别克昂克雷、新君越、新君威、雪佛兰科鲁兹等。

(2)主要功能。碰撞自动求助、车况检测、车辆遥控、个性化语音导航等。

(3)资费策略。第一年免费。免费期后有两款服务套餐可选,分别是每年780元的安全驾驶套餐和每年1580元的全能领航套餐。

3)日产 CARWINGS 智行。

(1)搭载车型。2011 款天籁 2.0L XL-NAVI 致尚版、2.5L XL-NAVI 智领版、公爵系列和2011 款逍客的顶配车型。

(2)主要功能。实时智能导航、节能油耗分析、车况实时监测、遇险自动救助、车辆入侵警报等。

(3)资费策略。暂时免费。

4)福特 SYNC

(1)搭载车型。几乎所有福特、林肯和水星车型。

(2)主要功能。同步和语音控制、紧急援助、导航功能、车辆体检报告等。

(3)资费策略。新车附赠三年免费使用期,后续费用标准未定。

5)荣威 inkaNet 3G 智能网络行车系统

(1)搭载车型。荣威 350。

(2)主要功能。语音导航、在线语音帮助、多媒体资讯、电话短信通信、可扩展互联网服务等。

(3)资费策略。两年免包月费。两年后包月费约为126元,包含400MB流量、100min国内通话及5次语音咨询等。

6)吉利(G-Netlink)(2011 年年底前推出)

(1)搭载车型。吉利帝豪 EC8。

(2)主要功能。语音导航、在线语音帮助、多媒体资讯、路书、可扩展互联网服务等。

(3)资费策略。待定。

(3)资费策略。待定。

二、汽车信息服务业务系统实现方案

1. 方案系统架构

汽车信息服务业务系统架构见图9-1。

由图9-1可知,汽车信息服务业务系统架构主要包括车载终端、汽车信息服务平台、车厂 IT 系统、计费支撑系统和应用系统。各功能体的主要功能如下。

(1)车载终端。直接向用户提供汽车信息服务业务的终端设备。负责与行车电脑、汽车总线系统互联,采集各种行车电脑和传感器信息并能触发对汽车的相关操作指令;能通过无线网络与汽车信息服务平台交互同步、请求相关数据;提供与驾乘人员的人机交互界面,接收驾乘人员的各种操作指令并呈现相关业务信息和内容。

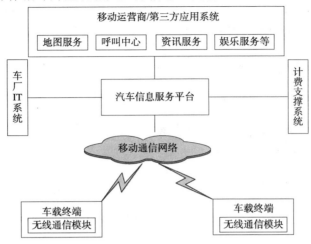

图 9-1　汽车信息服务业务系统架构

(2)汽车信息服务平台。汽车信息服务业务提供的核心平台。直接与车载终端交互提供相关业务,负责各种汽车信息服务业务的业务集成和提供,并负责业务运营管理和车载终端的相关管理功能,其具体功能模块可包括:终端接入控制,安全管理,流量控制,会话管理,路由转发,认证鉴权和话单生成,车厂信息管理,车主信息管理,车况数据管理,呼叫处理,辅助导航,统计分析,CPSP 管理,业务、产品管理及终端、卡管理等。

(3)车厂 IT 系统。提供车况、安防等车厂自有服务,同时实现车型信息、用户业务使用状况信息、车况信息等,与汽车信息服务平台的相关信息同步。

(4)计费支撑系统。移动运营商计费支撑系统。负责实现集团客户管理,业务、产品管理,订购关系管理和计费结算等支撑管理功能。

(5)应用系统。包括移动运营商自有业务系统和第三方业务系统。主要负责提供地图服务、呼叫中心、娱乐资讯等应用和内容服务。

2. 关键业务流程说明

对汽车信息服务业务主要主要有人工辅助导航流程和紧急救援业务流程两个典型业务流程。

(1)人工辅助导航流程

人工辅助导航业务流程见图 9-2。

在图 9-2 所述的业务流程中,汽车信息服务平台负责业务的整体逻辑控制、车载终端的安全接入、将用户的一键呼叫请求转接至人工座席提供人工辅助导航服务,在服务结束后生成用户业务使用记录并将话单同步至计费支撑系统。

(2)紧急救援业务流程

紧急救援业务流程见图 9-3。

在图 9-3 所述的紧急救援业务流程中,车载终端负责在汽车发生紧急事故时及时将用户当前位置信息和采集的事故数据通过无线网络上报至服务平台。在汽车服务平台收到车机的紧急救援呼叫请求后直接将请求转接至专业救援机构,同时将车载终端上报的位置、事故数据等关键信息通报给专业救援机构,以方便及时了解事故现场情况并快速发起救援行动。

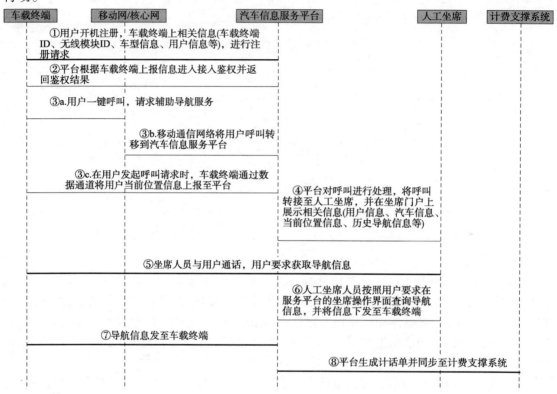

图9-2 人工辅助导航流程

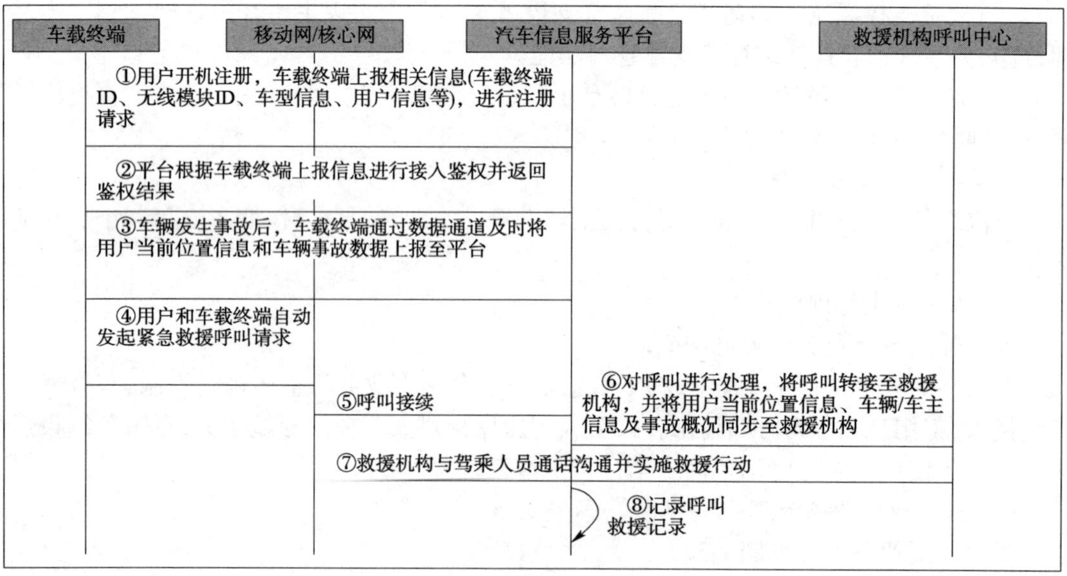

图9-3 紧急救援业务流程

第二节 车载终端设计

近年来,随着国民收入的不断提高,汽车已进入普通家庭。据预测,今后数年,我国的车辆保有量将以 10%～15% 的速度持续增长。在车辆保有量高速增长的同时,我国的移动、无线技术领域也正处在一个高速发展的时期,各种移动、无线创新技术不断涌现并快速步入商用,应用市场异常活跃,移动、无线技术自身也在快速演进中不断革新。正是基于汽车与网络高速发展的背景下,以汽车为载体,通过无线网络连接的"车载物联网"概念浮出水面,并且立即成为汽车与通信产业共同关注的焦点问题。国家规划的汽车产业发展目标中,明确提出要大力推动以 3G 无线物联与智能远程控制为手段、基于车载信息化的物联网战略。规划中同时也提出要发展宽带融合安全的下一代国家基础设施,推进物联网的应用。在物联网的分支中,最容易形成系统标准,最具备产业潜力的应用就是车联网。车联网作为物联网在交通领域的应用,将成为未来智能交通系统的重要组成部分。

一、国内外车载终端研究现状

在国外,车联网系统已广泛应用,且产业成熟度较高。美国、欧洲与日本的车联网产业各有不同特色。

美国是较早推行车联网产业发展的国家之一,早在 1997 年,通用公司就已经推行了 On-star 业务,On-star 把摩托罗拉无线通信模块、车辆定位技术及服务中心综合为一体,为汽车提供全方位的通信服务。而福特公司也适时推出了 Wingeast 车载互联网服务,与 On-star 展开竞争。2010 年以来,硬件价格大幅下降、需求增加、服务内容完善,美国的车联网产业进入了新一轮的快速发展阶段。美国政府与工业界也积极参加到车载物联网的研发中。车辆基础设施集成计划(Vehicle Infrastructure Integration)致力于利用无线通信技术,使行驶中的车辆更紧密地与周围的环境相联系,从而提高交通系统的安全性。

欧洲的车联网产业呈现出和美国不同的特点,即以项目促发展。目前,欧洲汽车年产量接近 1400 万辆,有将近 2 亿辆汽车在欧洲大陆行驶,与之相对的是基础设施已经不能维持道路安全的基本要求。基于这种情况,欧洲推出了 e-Safety 项目。该项目涉及各国政府、车厂、汽车零组件厂、电信业者、科技厂商、服务提供者、金融保险业者、研究机构等各个方面,以进一步提升行车安全。Fleet-Net 是一个由欧洲多个汽车公司、电子公司和大学的合作项目,包括 NEC 公司、DaimlerChxysler 公司 Siemens 公司和 Mannheim 大学,其利用无线多跳组织网络技术实现无线车载通信,能够有效提高驾驶员和乘员的安全性和舒适性。FleetNet 的设计目标包括实现近距离多跳信息传播以及为驾驶员和乘员提供位置相关的信息服务。

日本车联网以市场需求为导向,产业发展呈现出发展快、功能性强的特点。在市场规模方面,目前,在日本使用 e-Book 服务的用户大约为 300 万人,并以每年 50 万人的速度在增长。

和以上国家相比,我国的车联网产业刚刚起步,是以一种简化版的车联网运营模式(Telernaties)向前推进,围绕车载智能平台进行集成,实现各类信息服务。我国 Telernaties 服务(即车联网服务)发展相比起国外,实属后起之秀。自 2009 年 3 月 25 日,装备了 e-Book 系统的雷克萨斯第 3 代 RX350 正式登陆我国市场,标志着由汽车厂商主导的 Telernaties 服务在我国正式商用。进入 2010 年,自主品牌生产商接过了接力棒,同年 4 月,上汽荣威 350 上市,配备 Telernaties 系统(Inkanet)。而吉利、华泰、一汽和长安汽车等自主品牌汽车厂相继开始实施推出车联网服务。目前能提供车联网服务的车型偏少,信息服务不充分,不同厂商生产的智能终端、服务平台及信息服务还不能实现互联互通,因此也制约了车联网及其应用的发展。

智能终端是车联网的重要组成部分,目前国内外的终端产品还是基于嵌入式系统开发模式开发的,研发内容包括硬件、驱动软件、通信软件及其他应用软件多个方面,技术难度与开发工作量大,产品成本与可靠性也难以得到保证,制约了车联网系统的广泛应用。基于终端模块/芯片的解决方案可以较好地解决这一问题,但目前国内外还没有能满足智能终端需求的模块与芯片。

二、车载终端的硬件架构设计

目前,国内汽车行业使用的车载智能终端主要有两种:基于 ARM + DSP 的信息终端和基于 X86 架构工业 PC 机的信息终端。前一种系统开发技术难度较大,且成本较高;后一种系统易受振动、灰尘、潮湿、高温以及其他环境问题的影响,电能消耗量大,运行不稳定,升级困难,容易出现故障和数据丢失。

经过大量调研,本文主要研究基于 CAN 网络、2G/3G 通信模块、ARM 处理器和 Linux 的车载网络信息终端模块,并在此模块的基础上开发信息终端系统,功能和结构上进行高度集成,只需要外围添加少量电路元器件就可以设计出各种不同功能的车载信息终端。其模块硬件结构如图 9-4 所示。

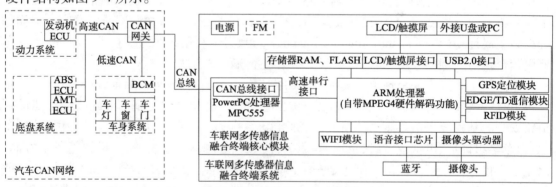

图 9-4　车载网络信息终端模块硬件结构

在信息终端模块的基础上,可根据市场需求扩展各种外围接口电路,从而研制出各种型号的车载信息终端。系统在车载信息模块基础上可以扩充 Wifi、FM 收音机、蓝牙和摄像头等模块,根据不同的功能需求可以进行裁剪,使车载信息终端的灵活性大大提高。

三、智能车载终端的软件架构设计

车载智能信息终端是一个复杂的系统,集成了多种通信与数据 IO 硬件,并提供对多种通信协议数据处理、应用服务的支持,其软件非常复杂。因此,将终端软件分成基础软件部分和应用软件部分两个大类。

基础软件部分集成到模块中。计划设计的终端模块核心软件架构如图 9-5 所示。软件构架共分为 5 层，从低层到高层分别是硬件抽象层、操作系统内核层、基础软件层、应用软件层。应用软件部分即为应用软件层。

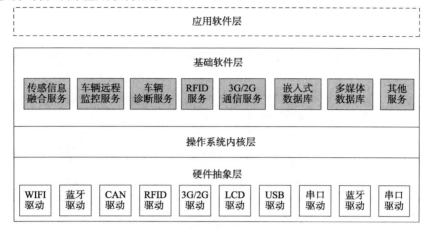

图 9-5　计划设计的终端模块核心软件架构

1. 硬件抽象层

硬件驱动及系统启动等组成了硬件抽象层，位于操作系统以下，提供给操作系统层一个抽象的硬件概念，使操作系统能在不同种类的硬件设备上运作，具有灵活移植能力，使设备的持续发展与升级成为可能。针对车—路—网协同的需求及终端模块硬件架构，与现有终端相比，硬件抽象层增加了 CAN 和 RFID 的驱动。

2. 操作系统内核层

对于车载智能信息终端而言，一个可裁剪、低资源占用、低功耗并同时满足实时性和多任务同时处理需求的操作系统是必需的。在众多的操作系统中，实时嵌入式 Linux 操作系统是比较合适的选择。Linux 开放源代码，可以自由添加组件、修改基础框架，并可免费下载或授权，价格相对较低。

3. 基础软件层

该层是操作系统和各种软件应用之间的夹层，是为了更方便地实现对操作系统的利用而设计的，它的开放性直接关系到第三方软件商的进入便利性和产业链的结构。怎样充分利用现有开源的支持库和插件丰富信息终端支持功能，以及怎样开发专用的支持库，是构架设计主要解决的关键问题之一。该层提供重要的终端软件支持功能，这些功能总体上分为通用功能与专用功能两种类型。

（1）通用功能可以充分利用已有的开源支持包来丰富和支持应用软件的运行和开发系统功能，如字库引擎、图形引擎、文件系统、嵌入式数据库、浏览器引擎、多媒体支持库等。该部分还包括一部分通用通信服务功能包，如 TCP/IP 协议包、语音通信支持包、蓝牙等。

（2）专用功能是开发的嵌入式应用中间件，专门用于车联网智能信息终端的服务，包括传感信息融合服务、车辆远程监控及诊断服务、RFID 服务、3G/2G 通信服务等，用于支持车—路—网协同信息服务，为应用层提供统一接口。

四、车载终端样机

车联网车载终端通信示意图如图9-6所示。车联网的车载终端增加了以下的装置:控制模块总成(集成了核心控制模块、GPS无线定位模块、3G无线通信模块、RFID模块等)、液晶显示屏、GPS天线及3G天线由于车内空间狭小,通信时延要求较高,车联网通信对于智能信息终端的可靠性和实时性提出了更高的要求,即稳定性:除了需要满足安全消息传输的高可靠性外,在实际电路中还需要减少毛刺和干扰,使系统在车内和室外环境下仍能保持稳定高效地工作。实时性:车联网通信系统中对可以看出,系统软启动功能防止了电感电流的突变。根据输出电压认出的波形可得到稳定时纹波小于100mV。负载电流突变后,可以在100Ns内恢复稳定。

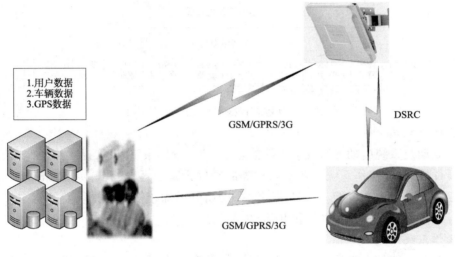

图9-6 车载终端通信示意图

第三节 汽车远程监管系统

汽车远程监测与故障诊断系统能够适应当今汽车电控系统与电子设备的日益多样化、故障维修诊断的复杂化以及用户对车辆状况了解及时化的发展趋势。这对于及时发现汽车故障隐患,促进车辆行驶的安全性,减少车辆因技术状况不明而发生道路行驶的交通事故,起到非常有效的促进和保障作用。系统能够准确分析车辆状况,提高汽车维修服务质量和水平,延长汽车的正常使用寿命;也能够存储、保留车辆很长一段时期实际运行的原始数据,在车辆发生故障时为修理企业提供可靠的信息资源,促进故障快速准确地排除,提高修理企业的维修服务水平,获得较高的客户满意度。系统实时采集存储车辆使用的技术数据,为汽车制造企业即主机厂跟踪、改进产品设计,及时发现产品缺陷,提供了最直接、最真实的数据,这是在新车试验场无法做到的。系统满足了用户对自己车辆行驶的安全性、可靠性以及维护保养的及时性和合理性的需求。设计、开发基于车载OBD-Ⅱ的嵌入式设备,并通过无蓝牙线技术传送到手机,与相应的APP软件配置,用手机调取车辆运行状态的数据流和故障码,并通过GSM传输到远端处理器(或监控中心),让专家系统或专业技术人员提供必要的维修指导或养护建议。通过完成对汽车的实时运行状态参数进行采集、传输与分析的设计目标,为更专业、更具规模的汽车远程监控与服务企业和研发团队提供有益的支持和借鉴。

一、汽车远程监管系统的发展

近二十多年来,汽车在液压控制、无线通信技术和机电一体化的方向上不断发展,汽车产品也越来越高端化、复杂化,可以说世界上新发明的任何一项先进技术都可以直接或间接地用在汽车上。汽车远程监测与故障诊断系统通过服务器专家系统,以及跨地域维修技术专家会诊等手段,更能排除一些疑难性、综合性汽车故障,适应汽车产品日益复杂化发展趋势的要求。同时此项技术还能派生出许多其他的服务,便于车辆的运营与管理。因此,汽车的远程监控技术在国外早就得到了重视,并得到一定程度的实际应用。

汽车远程监测方面的研究在国外起步较早,并且有逐步得以开发实现的趋势。英国帝国理工学院在2000年进行了汽车运行和排放状态远程监测系统研究,通过采用嵌入式的数据采集技术、GPS车辆定位技术、信息技术和数据仓储技术实现准确可靠而有效的汽车运行状态及尾气排放远程监测。系统监控中心对车辆传输的数据进行存储、分析及显示。

由于汽车远程监测与故障诊断系统涉及车辆电控技术、汽车通信协议、电子技术和无线通信技术等诸多领域,研究开发的难度较大、维护的成本高,而且关系到车辆管理部门的执法和人们思想意识的接受程度。因此,即使在国外也没有取得实质性的进展和在用车辆上普及推广。现实中,这项技术只是在一些国外车企的部分产品中得以设计实施,而且仅限于一些使用维护、简单服务功能。比较典型的国外车企带有远程服务功能的车辆有以下几种。

1. 美系车辆的远程监测系统

美国通用汽车公司的Onstar系统和福特公司的SYNC系统。

2. 日系车辆的远程监测系统

丰田的G-BOOK系统诞生于2002年,如今在日本本土市场上已经得到了普遍的应用。它的功能主要包括"方便、舒心的用车体验"和"安全、放心的用车保障"两大类,可为车主提供8个服务项目,包括中心话务员服务、G路径检索、提供信息、远程诊断、紧急通告、道路救援、被盗通知、远程维护在内的。G-BOOK系统主要立足于于丰田公司消费者会员的公共建设信息服务系统,依靠车载无线通信终端机来提供中心与车主间互助信息服务。

3. 德系车辆的远程监测系统

德国宝马公司的Idrive系统是专门针对宝马车型所设计的智能驾驶控制系统(Intelligent-Drive System)。它除了具有基本的车内电气化控制DVD导航等功能外,还整合了一套名为Connected Drive的车载信息服务模块,该模块把BMW AssistBMW Online、BMW Tele Service、BMW Tracking和驾驶员辅助系统这些强大功能整合起来。使宝马车主体验到非常完善的车辆安全、路况信息、远程救援等服务。

二、汽车远程监测与故障诊断系统

汽车远程监测与故障诊断系统是保障车辆安全运行、提高车辆使用可靠性的重要装置。它利用新技术、新手段实现对车辆运行状况实时在线监测,掌握车辆电控系统运行数据,提前做好汽车运行状况数据的收集和分析工作,确保汽车在故障发生前得到合理维护和保养,对于汽车生产厂商、服务经销商、客运及货运企业以及广大车主都具有很好的指导意义。

汽车生产厂家、经销商以及售后服务商(4S店)采用汽车ECU远程监控系统,可以建立大量、长期、有效的车辆运行参数数据库,结合专家库知识库系统,评估车况,及时发现设计、工艺缺陷,及时召回,及时改进,在建立良好品牌信誉、改进用户体验、提高用户忠诚度的同时,对改进或升级车型、新车型的设计研发提供科学的数据与经验。

长短途客运企业、各种物流运输企业采用汽车无线远程监控系统,能为其提供更为全面、及时的汽车安全行驶保障,大大减少因车辆故障甚至事故而造成的损失。同时,对运营车辆的维修保养也可建立更为科学的制度,延长车辆零部件的使用寿命,减少不必要的维保开支。

对于广大车主,车辆安装车载终端远程监测设备,车主可以很方便及时地了解自己爱车的状况,并可以与服务器专家系统(监测中心)进行互动,接受一些好的日常养护及维修的方案,做到科学用车、减少不必要的使用成本,有利于全民节约意识的养成。

1.汽车远程监测与故障诊断系统的基本原理

现在汽车上的电控单元越来越多,其中包括电控燃油喷射系统(PGM-FI)、电控自动变速器系统(A/T)、电控悬架系统、牵引力控制系统(TCS、防抱死制动系统(ABS)和电子制动力分配系统(EBD)、电动助力转向系统(EPS)、采暖、通风和空调(A/C)系统(HVAC)等。如此多电控单元的出现,当然一方面会使车辆的动力性、燃油经济性以及安全性得到很大的提升,车辆运行性能更加先进、车辆的使用功能更加强大,但同时也使车辆电控系统结构变得更加复杂。汽车电控系统一旦出现故障,往往不是像以前通过经验和简单观察就能发现。因此,现代汽车维修企业,不论是特约维修站(4S店),还是普通的二类修理厂,都要配备汽车厂家专用的或通用的一些汽车故障诊断仪,通过它与车辆诊断接口DLC进行连接,读出发动机或其他系统运行的数据流或调取故障代码,来帮助维修人员分析故障产生的位置和原因,从而获得重要提示,以便正确查找出故障予以排除。

对于条件相对较为落后的汽车修理企业和普通驾驶员,要想准确获取车辆运行的技术数据和进行较为复杂的汽车故障维修是不可能的。为了解决这个问题,可以根据现在汽车的自身结构特点,即自带的车载自诊断OBD系统,采用嵌入式(或外挂)车载信息采集终端,采集车辆内部系统的实时信息,并通过WIFI或蓝牙技术,无线传送到客户手机,再通过手机的SIM卡,通过GPRS/3G无线通信,将这些数据传送到远端服务器(或监测中心)。服务器具有比较完善和强大的处理系统,能够准确分析车辆的技术状况,给出客观、准确的车辆"体检报告",并反馈回手机,供客户参考。同时,服务系统如果发现车辆存在异常情况,将及时向驾驶员发出警示信息,避免安全事故的发生。作为一般维修人员,如果遇到本身无法解决的较为复杂的汽车电控系统故障,也可以应用此项技术,将故障车辆的数据信息或故障代码发送到远端服务系统。由远端服务系统的专业技术人员或专家通过服务器故障分析系统和实际经验来帮助分析、判断和解决汽车故障,系统的基本原理如图9-7所示。

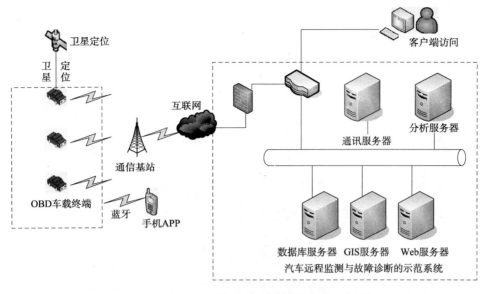

图 9-7　汽车远程监测与故障诊断系统基本原理示意图

2. 汽车远程监测与故障诊断系统的结构组成

系统采用汽车智能电子技术与无线网络技术和计算机技术相结合，对车辆在行驶过程中发动机、变速器及其他等关键总成的系统运行参数予以实时采集、存储、分析、显示，并通过无线传输技术传送给服务器监测中心。在汽车发生故障，而驾驶员或现场技术人员不能对其作出诊断时，通过无线传输技术与监控中心（即服务系统）建立连接，由监控中心的故障专家诊断系统、维修技师或其他先进故障诊断技术及时对其进行诊断，并给出诊断结果，指导现场排除故障或有利于车辆故障的快速合理地解决。汽车远程监测与故障诊断示范性系统的结构组成如图 9-8 所示。

车载数据采集终端基于车载自诊断 OBD 系统的特点，它允许外来设备从 DLC（汽车诊断数据接口）获取车辆内部信息，通过串口总线与车内 ECU（电子控制单元）连接并读取汽车故障码和车内传感器数据，然后通过 GSM 将采集的数据发送到远程诊断服务器（PC 机），专家人员可根据传来的车况数据流指导现场人员进行故障维修。它包括 OBD 数据采集模块、GPS 模块、蓝牙或 GPRS 模块以及稳压电源模块。

现在的 APP 软件主要指智能手机的第三方应用程序。开发设计出一套能够解读车载设备基于蓝牙发射的车辆运行状态数据和故障代码的软件，安装到苹果、安卓系统的手机上，显示出车辆的相关信息。

数据传输部分。即无线信息传输技术，主要由 GPRS/3G 无线通信链路等构成，其功能是实现车载数据采集终端和服务处理器系统之间的双向通信，以达到快速、及时、准确发送传输数据的作用。

服务器监控中心。包括专家系统知识库、推理机、监控中心数据库、管理软件以及装有通信软件的通信服务器，数据库存放有各类与故障、动态刷新的工况和车辆的各种性能参数有关的数据，其作用是实现车辆监控、故障诊断服务以及数据库维护等功能。监控中心的专家系统或专业技术人员可以直接指导故障车辆进行现场抢修，也可以与技术实力更加雄厚和资料更加丰富的主机厂或汽车4S店通过GPRS/Internet互联,双方进行互动交流,获取专业品牌上的技术支持与服务合作。

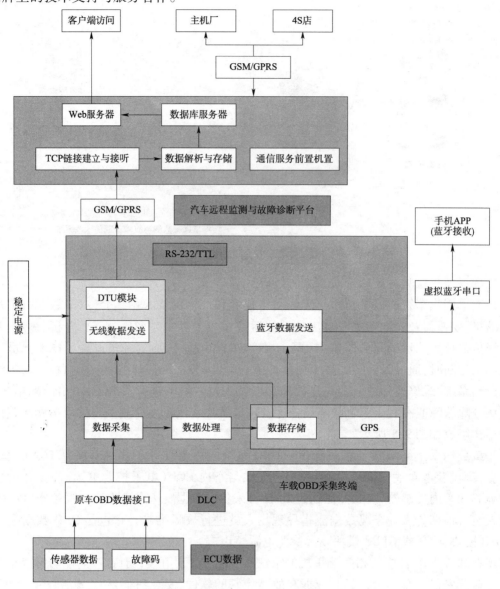

图9-8 汽车远程监测与故障诊断示范系统结构组成图

3.实现汽车远程监测与故障诊断系统的技术途径

1)系统方案的选择

现阶段,关于汽车远程监控的方案主要有两套:一套是车载终端设备基于Wifi蓝牙技术先传送给手机,再通过手机传输到远程服务器的方案;另一套是车载终端设备基于GPRS/3G无线传输技术直接把车辆的实时数据传输到远程服务器。

(1)基于Wifi/蓝牙技术传输的车载终端方案

如图9-9所示,设计一个OBD车载终端,它包括车辆数据采集模块、GPS模块、蓝牙模块以及稳压电源模块等。将它插在车辆的 DLC 接口上,它就可以通过 Wifi/蓝牙将采集的车辆数据发送到智能手机上,手机中安装了与之配套开发的 APP 应用程序软件,操作软件界面指令就能读取并分析车辆数据(如发动机转速、水温、油耗、车速、行驶里程、故障代码等),手机再通过无线通信技术将这些信息传给远端服务器系统。这套方案的特点是技术相对成熟、车载终端设备电路相对简单、易于开发、成本低。该系统的缺点是工作时都需要人工手动开启手机蓝牙设备,这样会带来使用上的不便,而且无法保证车主每次驾车都会连接到 OBD 模块。还有出于数据全面性的考虑,远端服务器无法得到完整的汽车运行数据来作出全面的判断、分析,因此不利于复杂车辆故障的诊断与排除。同时,如果设计的 OBD 车载终端没有 GPS 模块,监测中心就无法实时查看汽车的当前位置或此前的行驶轨迹,不利于车辆的准确定位和实施道路故障救援。

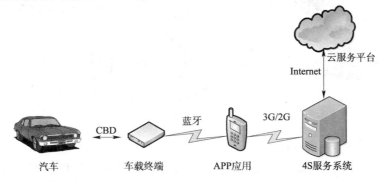

图 9-9　基于 Wifi/蓝牙传输的车载终端方案系统示意图

(2)基于 GPRS/3G 传输的车载终端方案

如图 9-10 所示,这套方案有效地避免了基于 Wifi/蓝牙技术传输的车载终端方案中所涉及的操作不便问题,它把 OBD、GSM 及 GPS 三个模块都集成做到 OBD 车载终端设备上。在汽车成功起动后,车载终端设备就会自动与 OBD 系统进行连接通信,开始读取汽车运行的相关数据,并会每隔几十秒通过内置的 GSM 模块把数据上传到云端,服务器经过诊断和分析以后,再把诊断结果返回到网站和车主的手机客户端上。使用者或客户可以通过查看手机直接获得车辆的实时信息或者故障代码,在专家系统或专业人员的指导下进行故障的排除。同时,由于它装有 GPS 模块,系统中心可以对其实时定位,对于汽车防盗和现场故障救援很有好处。这套方案的不足之处就是设计开发这种"三合一"功能的车载终端相对技术难度较大,车载终端内必须带有能直接实现无线通信的 SIM 卡,且 SIM 卡始终要有一定的流量预存,显然此方案的设计成本和使用成本要高出第一套方案的几倍。

2)汽车通信协议的解读

要能够知道采集车辆信息的含义,远程监测与诊断系统就必须对编码其进行解读,要想解读信息编码就必须知道该车型的通信协议。对于带有 OBD-Ⅱ系统的车辆,ISO15031 标准规定了汽车 OBD-Ⅱ系统与数据诊断接口(DLC)的物理形状以及针脚定义,并且详细的描述了通信协议和数据格式;但它没有限制厂家规定自己车辆特殊的通信协议,这就造成了不同车型所使用的具体的通信协议也各不相同,作为主流的通信协议主要包括 K-Line 的 ISO/9141-2、PWM 以及 VPW 的 SAE J850、ISO/14230-4(KWP2000),还有 CAN 总线的 ISO/15765、SAE/J2480 等。

目前，市场上 TL718、ELM327 和 STM32 系列芯片已经能够直接解读 OBD-Ⅱ系统的数据和故障码，它们一般能支持十几种车型 OBD-Ⅱ的物理层和链路层。考虑到车载系统的兼容性，采用了 STM32 芯片来与汽车数据诊断接口 DLC 进行通信。STM32 芯片能够支持汽车 OBD-Ⅱ系统的标准通信协议。将其接到汽车的 DLC 接口后，便可以实现自动检测通信协议并通过串口 RS-232 与其他系统通信。并且，无须考虑通信的文件头、校验等内容，只需要在 RS232 界面进行编程，便可实现所有数据读取的功能。

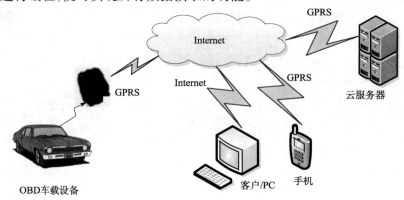

图 9-10　基于 GPRS/3G 传输的车载终端方案系统示意图

3）监测中心服务器专家系统

远程监测中心要有大量的服务器系统，用来接收和存储来自车载系统的汽车运行参数，并要通过建立强大的服务器数据库来分析汽车运行状态，得出专业的结论。系统中应设有 Web 服务器，以支持远端客户的访问以及实现客户与监测中心的互动。由于在用汽车的品种繁多，每个品牌的汽车都有属于自己严格保密的核心通信协议和相对独创的故障诊断程序，要建立一套通用的专家知识库系统有一定难度。因此，我国迄今为止还没有建立起来有一定规模、能够实现多种车型共享的远程监测与故障诊断系统。目前在用的只有少量的小规模汽车远程监测与故障诊断系统。

4. 汽车远程监测与故障诊断系

（1）车载自诊断系统 OBD 是进行远程监测设备的基础。OBD-Ⅱ系统在汽车上的功用、诊断故障的原理方法以及它能够支持外来设备嵌入的特性，这是汽车本体进行故障诊断的基础。要实现远程监测车载终端的设计开发，必须掌握 OBD-Ⅱ的 16 针 DLC 诊断接口的物理层面的相关通信协议的含义，这样才能往下进行车载终端产品软硬件的设计。

（2）设计一个基于蓝牙传输 OBD 车载终端产品。这个终端包括硬件和软件两本部分。硬件部分由 OBD 数据采集模块、数据处理模块、蓝牙发送模块，以及稳压电源模块及相关控制器电路组成。将它连接到车辆的 DLC 接口上，它就可以采集车辆运行的实时信息，并通过蓝牙与智能手机建立联系。软件部分主要是数据分析处理模块的编程，以及开发一套在安装到智能手机上的 APP 软件。手机打开蓝牙后，与车载终端配置，并通过 APP 应用程序，操作软件界面指令来能读取并分析车辆数据（如发动机转速、水温、油耗、车速、行驶里程、故障代码等）。同时，手机也可以通过无线通信技术将这些信息传给远端服务器系统与服务器专家系统进行互动。

（3）对所设计的车载终端产品进行试验测试。测试主要在以下几个方面实施：

①验证它所能适合的车型种类。
②车辆正常工况下读取运行参数的数量。
③用汽车厂家专用诊断仪调取车辆运行参数进行对比,验证其准确度。
④人为设置车辆故障,检查产品调取故障码的功能,并用专用诊断仪对其进行验证,判断产品解读故障的准确性。在试验测试结果的基础上,进行科学、客观的评价,并提出测试产品可行的修改、升级方案。

第四节 汽车信息安全

一、汽车信息安全面临的问题

20世纪80年代,电子控制单元(ECU)的软件源代码行数不到2000行。而近年来,汽车中开始嵌入了各种软件,汽车正不断地应用大量信息技术。有些汽车甚至安装有100多个ECU。据称,这些ECU的源代码接近1000万行,汽车正成为一个安装有大规模软件的信息系统,信息安全问题自然不可小视。"实时性"在车载系统和计算机等信息系统中都非常重要。但是,拥有实时性认证、通信功能的车载软件,存在信息安全性脆弱的一面。未来,车载软件系统受到攻击的可能性越来越大。因为,车辆的外部接口类型不断增多,攻击路径也不断增多。具体而言,除了车载诊断系统(OBD-Ⅱ)、充电控制接口之外,如今的汽车还具有与智能手机、平板电脑之间的互联功能等。

汽车嵌入控制软件等信息技术,并非是近几年的事。那么,为何如今汽车信息安全问题不容忽视呢?这并不只是因为前面提到的软件规模扩大了数千倍,还与汽车技术的三大发展趋势密切相关。

(1)以利用智能手机为主,汽车融入互联网越来越普遍

智能手机与传统手机的最大差别在于用户可以广泛开发各种应用,并能自由发布、下载与安装。应用软件的种类很多,从娱乐应用到实用型软件,也有许多面向汽车的应用软件。问题在于,这些应用软件中可能存在一些可靠性很低、不安全软件。攻击者有可能通过其中的漏洞,借助智能手机,使车载设备和车载导航仪系统造成异常,或是经智能手机泄露车内信息以及驾驶员个人隐私信息。同时,使用智能手机,就意味着汽车随时都与外部网络连接。那么,经由外部网络和智能手机,就能够对行驶中的汽车发起攻击。

除了智能手机之外,自动收费系统、智能车钥匙系统等通过无线网络与外部网络连接的功能,并且纯电动汽车经由充电插头连接汽车网络的功能也在开始普及。

随着汽车开始随时随地接入外部网络,攻击者无须靠近汽车,就可以跨网络攻击全世界的任何一辆汽车了。即使不是随时随地接入网络,用户误安装的智能手机恶意应用软件也有可能危害汽车安全。

(2)汽车外围设备广泛采用通用系统

第二个趋势是车载软件、汽车局域网对于汽车基本控制功能的影响正在增加。例如,汽车厂商使用通信或信息终端来提供门锁控制、调整发动机功率、更新应用软件等服务。这些功能一旦被攻击者成功入侵,将很容易产生严重的危害。

为了降低成本、确保通用性,部分车载系统开始使用 Linux 之类的通用操作系统。汽车用户使用各项服务越来越方便,但攻击操作系统的难度也随之越来越低。不只是操作系统,汽车局域网的通用性也在提高。比如,德国政府扶持的项目"基于 IP 协议的安全嵌入式系统 CSEIS",该项目计划让汽车局域网采用 Ethernet 网协议,并使用标准通信协议"TCP/IP"。2008 年,宝马率先将 Ethernet 网作为车载诊断接口之一来调整了软件内容。

过去,汽车厂商主要采用"控制器局域网 CAN"协议,汽车局域网的通信方式虽然在电路层级实现了标准化,但请求指令、响应机制等具体内容上大多各不相同,构成了实际使用过程中的"不方便"。然而从信息安全的角度来看,这样的"不方便"其实是一道"防火墙"。但现如今,已经出现了采用近距离无线通信协议"蓝牙"、"Wifi"无线局域网等汽车局域网通信协议的适配器。随着越来越多的汽车局域网采用互联网标准,车内外的众多设备和信息系统都将与汽车紧密连接厂连接汽车局域网越来越简单,突破"防火墙"也就变得轻而易举。

(3) 车辆与更多外部系统进行信息交换

第三个趋势是,伴随电动汽车、智能交通系统的普及与推广,车辆与更多的外部系统进行信息交换的必要性越来越高。电动汽车中,为了管理价格高昂的电池的充电状态、充放电次数等,就采用了信息处理技术。

如借助一个云计算系统,电动汽车内部可不保留充电状况记录,而是在网络上的服务器中保存。收集电池充放电次数、电量等数据,使用 3G、LTE 等移动通信服务汇总到服务器上。

美国正在研究,通过管理电动汽车充电状态的信息,实现汽车共享等服务。此外,还在研究利用 ITS 系统采集车辆信息的服务。目前,通过道路中设置的摄像头等可以确认道路状况,未来通过各个车辆的信息共享,将能够准确把握道路状况。实现这一点,汽车与互联网互联不可或缺。为了推广服务,将通信协议标准化并公开的呼声也很高。

未来,自动驾驶中如果采用 ITS 系统技术,将通过外部信息来控制汽车,实现极为便捷的汽车社会,但应该注意确保信息安全。

二、攻击车载软件案例

信息安全研究人员已经开始探讨"汽车攻击者"可能采取的攻击方式和方法。在信息安全领域,既要思考如何防御,也要研究可能遭遇怎样的攻击。

2010 年,美国华盛顿大学 Kohno 发表过一篇题为《Experimental Security Analysis of a Modern Automobile》的论文。论文指出,通过在汽车的维护保养端口设置特殊仪器,从并排行驶的车辆一侧,能够攻击车载系统的漏洞,能够控制制动踏板、刮水器等。这篇论文提到,由于没有对盗听对象车辆通信以及进行解析过程的验证,甚至没有限制网络通信地址,所以很容易进行攻击。

当然,利用这些漏洞成功实施恶意攻击的难度很大。攻击者需要具备信息安全的专业知识、开发攻击软件的能力及搭建用来连接车载网络、植入汽车自动控制命令的电子平台的经验。而且,完成攻击所需要的设备和软件的功能单靠市面上的产品也无法实现,大多需要重新开发修改。

轮胎压力监测系统是利用无线通信方式来不间断地监测轮胎压力的系统。美国要求汽车必须配备该系统,其目的是防止低压轮胎高速行驶导致轮胎破裂的事故发生。为了该系

统正常运行,首先需要通过无线通信把轮胎压力信息收集到车辆中。2010年在美国高级系统协会发表的论文《车载无线网络的信息安全漏洞》可能造成重大危害的是远程打开门锁、监控汽车等行为。如果攻击者为实施远程攻击,利用逆向工程技术,通过解析通信及信息终端,开发出了针对特定车型的入侵代码和可执行代码。实施攻击的难度很大。但倘若有人开发出了攻击大企业提供的通信及信息服务的代码,并且将其散布,就有可能造成大范围危害,损失严重。

一般防范措施包括切断不必要的外部通信、取消多余的通信服务、监测通信状况、从车载系统的开发阶段开始,编写程序代码时就要有安全意识、安装软件升级功能以及需要考虑多种功能相互融合后产生的信息安全问题等。

因此,汽车信息安全领域开展的研究正在逐渐增多,今后必将还会发现其他各式各样的潜在威胁。

三、攻击汽车信息的途径

相关信息处理机构通过分析与汽车信息安全相关的攻击方法,提出以下三种攻击汽车途径。

(1) 直接攻击

汽车不同于个人电脑和手机,由于其拥有较大的体积及某些特性,用户很难时刻监控车辆,攻击者很容易直接接触到汽车。

(2) 从外围产品入侵

除了汽车厂商提供的功能之外,用户购买并安装在车上的外围产品也种类繁多。安装这些产品的同时,来自外部的病毒等威胁有可能进入车载系统。

关于外围产品,尤其是智能手机,一方面很容易就能获得面向汽车的通用应用软件,但另一方面,其中也掺杂着大量恶意应用软件或者包含恶意代码的应用软件。所以,在汽车研发阶段,就必须要考虑到用户可能携带哪些外围产品进入车内,其中就包括智能手机。

(3) 从外部网络攻击

为确保便捷性和安全性,汽车上有很多使用网络通信的设备。例如,智能钥匙、轮胎压力监测系统、路车间通信都使用短距离无线通信功能,都有可能受到通信信息被窃听、被恶意中断等潜在威胁。

最近,智能手机与车载系统联网的功能越来越普遍,汽车连接外部网络的环境日益完备。再加上车载信息服务开始普及,从外部网络实施攻击的潜在威胁已成为现实。以电动汽车为例,充电时充电信息将被发送至外部网络,用于管理充电情况和充电记录。

从攻击者的角度来看,只要连接外部网络,就意味着打开了一个攻击入口。通用系统被广泛采用,则意味着攻击难度下降。继而,服务多样化将使汽车拥有更多信息。如果盗取有价值的信息,就会获得收益。

四、对待安全问题采取的措施

如果通过攻击破解汽车信息,就能够简单地盗得汽车或者控制汽车厂那样一来,受害的仅仅是个人,还将延伸到整个社会。因为,无数汽车交织组成的交通基础设施是社会平台之一。正因如此,美国和欧洲在应对恐怖袭击过程中,由政府主导推进汽车信息安全对策。为了保障社会平台的稳定,今后也必须对汽车信息安全问题采取对策。可以说,应对汽车信息安全问题刻不容缓。但是,我们知道汽车信息安全措施没有"标准",不能一概而论。因为随着使用环境、服务内容的小同,采取的措施也大小相同,而且一旦确定了"标准",也会方便攻击者进行恶意攻击。另外,车载系统与网络、信息系统的互联今后还会加速发展。

由于不同厂商和不同等级的汽车,在结构和功能等方面存在很大差异,因而很难定义全行业通用的汽车模型。信息处理机构在研究汽车系统的信息安全时,从汽车可靠性等角度出发,按照车辆功能模块进行分类,对可能攻击汽车系统的途径、不同汽车功能模块的信息安全对策等做出了系统的整理。把所有功能分成行驶、停止、转弯等基本控制功能、提升舒适性和便利性的扩展功能、用户带入车内的外围产品等的普通功能。容易成为攻击入口的外部接口包含于汽车的各项功能中,将外部接口归纳为扩展功能与普通功能之间的连接部分。而将基本控制功能与扩展功能合称为车载系统,明确信息保护范围并采取相应措施。

1. 明确保护范围

信息处理管理汽车的信息和动作见表9-1。在研究某项车载系统的安全时,要首先理清该系统与哪项功能联动、使用哪些信息,然后再有重点地研究相应的安全问题。

应当保护的信息资产　　　　表9-1

应当保护的对象类别	说　　明
基本控制功能的运行	基本控制功能的连贯性和可用性,基本控制功能的执行环境和使其运行的通信
汽车固有信息	包括汽车车体中固有的信息(车辆ID、设备ID等)、认证信息码、行驶及运行记录等积累信息
汽车状态信息	表示汽车状态的数据、位置、车速、目的地等
用户信息	用户(驾驶员和乘坐人员)的个人信息、认证信息、缴费信息、使用记录和操作记录等
软件	ECU固件等关系到汽车基本控制功能和扩展功能的软件
内容	视频、音乐、地图之类的应用数据
设置信息	硬件和软件的运行设置数据汽车手机APP

2. 在各个生命周期汽车信息安全采取措施

信息处理按照汽车的生命周期借理、设计、开发、使用、报废,整理出相应的信息安全对策(表9-2),共分几项。

汽车的生命周期信息安全对策　　　　表9-2

生命周期	安全举措	概　　要
管理	制定安全规则	设定安全组织的规定和规则
	实施安全教育	对参与开发和使用的人员,实施安全概念和安全技术的培训
	安全信息的收集和发布	收集可能与自己的组织开发的系统有关的漏洞的信息、事件信息、标准化动向等,向相关人员发布
设计阶段	定义安全事项	对于将要开发的系统,结合其使用方法和使用的信息,定义安全要件
	确保安全预算	为开发阶段的信息安全对策费、使用阶段实施的安全升级等制定预算
	外包开发时的安全措施	确保外包开发时的签约规则、能担保人员和委托品的安全质量的规则及筛选方法
	应对与新技术相关的威胁	探讨今后汽车可能采用的新技术的威胁和风险

续上表

生命周期	安全举措	概　　要
开发阶段	设计	结合安全功能的安装方式和日志收集方式等进行设计
	安装时的信息安全对策	利用可防止漏洞出现的安全编码和编码标准
	安全评估和调试	在测试环节利用源代码的复查和模糊测试等方式检验
	准备向用户提供信息所需内容	汇总有助于用户正确利用系统的信息
使用阶段	安全问题的应对	构筑发生事件时能快速采取应对措施的联络体制,实施训练等
	向用户和汽车相关人员提供信息	探讨在发现漏洞时向用户发布安全补丁和信息的方法
	充分利用漏洞相关信息	合理使用漏洞相关信息,防止已发现的漏洞再发,减少漏洞对于相关系统的危害
报废阶段	制订报废方针等	在汽车报废时提供信息删除功能,以防用户信息流失

(1) 管理

在管理方面,尤为重要的是培养精通信息安全的人才,制订贯穿整个开发体制的基本规则,不断收集与新型攻击方式相关的信息。

无论在汽车生命周期的哪一个阶段,产品提供商都必须要坚持不懈地实施信息安全对策。制订整体方针,并按照这一方针,在各个阶段实施连贯的信息安全对策。如果每次开发产品和服务时都从零开始制订信息安全对策,不仅会造成大量浪费,还有可能让组织的信息安全对策出现偏差。

(2) 设计阶段

在这一阶段,汽车的理念、配备的功能都将明确。此时,需要考虑各项功能安全性的重要程度。而且在选择车辆配备的功能然后转交给开发阶段时,一定要提交包括信息安全在内的需求。

(3) 开发阶段

在生产制造阶段,汽车厂商及零部件厂商开始设计硬件和软件并安装到汽车上,这是采取信息安全对策的最重要环节。这一阶段必须要做的是"按照需求定义进行准确安装"、"安装时杜绝漏洞"、"万一存在漏洞,也要能在出货之前发现"。

(4) 使用阶段

这是用户买到汽车并实际使用的阶段。在车辆使用期间,位置信息、用户下载的应用软件、用户的操作记录和行驶记录等大量信息将存储在车辆和数据中心之中。而且,还会有很多像汽车共享、租车、公司用车这种用户并非车主、用户会在短期内更替的情况。虽然信息安全对策要配合用户使用场景来实施,但也要注意保护个人信息隐私。

(5) 报废阶段

在用户因换购、故障等原因报废汽车的阶段,往往最容易忽视信息安全对策,因此在这一阶段尤其要注意。报废的方式包括通过二手车销售商店等渠道转让给其他用户、注销后报废等。不同的情况应采取不同的对策。

1. 简述汽车信息服务业务的内容。
2. 简述车载终端的内容。汽车信息服务平台。
3. 简述智能终端的地位和内容。
4. 美系车辆和日系车辆的远程监测系统有哪些?
5. 实现汽车远程监测与故障诊断系统的技术途径有哪些?
6. 车载终端产品进行试验测试的有哪些方面?
7. 攻击汽车信息的途径有哪些?
8. 简述在各个生命周期汽车信息安全采取措施。

参 考 文 献

[1] 余志生.汽车理论[M].4版.北京:机械工业出版社,2007
[2] 李翔晟,蒋淑霞.汽车服务信息系统[M].北京:中国林业出版社,2011
[3] 彭俊松.汽车行业供应链——战略、管理与信息系统[M].北京:电子工业出版社,2006
[4] 吴忠,张磊.物流信息技术[M].北京:清华大学出版社,2009
[5] 冯耕中.物流信息系统[M].北京:机械工业出版社,2009
[6] 蔡志强.基于Android平台移动数字终端的出租汽车服务管理信息系统[D].华东理工大学,2017
[7] 陈军浩,夏红兵,李栋伟.多圈管冻结壁温度场发展及冻结管偏斜影响[J].中山大学学报(自然科学版),2016
[8] 王飞.车主需求分析与汽车主动服务信息系统设计[D].辽宁工业大学,2016
[9] 孔宇,王淑营.基于Android平台的汽车售后维修服务信息采集解决方案[J].计算机应用,2015
[10] 孙紫薇.汽车售后服务管理信息系统的设计与实现[D].电子科技大学,2014
[11] 杨学理.汽车服务行业管理信息系统的设计与实现[D].电子科技大学,2014
[12] 中国汽车信息服务产业转型升级大会召开新闻发布会[J].汽车纵横,2013
[13] 天雨.中国汽车信息服务产业方兴未艾[N].人民邮电,2013
[14] 枭冬.汽车信息服务产业亟待升级[N].现代物流报,2013
[15] 周庆文.汽车信息服务产业转型升级大门打开[N].中国工业报,2013
[16] 孙记明,郭琦南.浅析汽车信息服务业务及系统实现方案[J].邮电设计技术,2013
[17] 胡舜耕.汽车信息通信服务的发展研究[J].信息通信技术,2012
[18] 孙中立,曲刚.汽车售后服务质量信息评价系统研究[J].机电产品开发与创新,2012
[19] 丁永春.汽车客户服务信息流探讨——从汽车制造商到汽车销售服务商再到最终客户[J].科技与企业,2012
[20] 蒲建军,庄严.汽车物流管理服务信息系统的开发与应用[J].铁道货运,2010
[21] 丁永春.客户服务信息中心在长丰汽车公司的研究与应用[D].湖南大学,2009
[22] 李丹,葛宝山,赵英才等.面向汽车企业创新发展的信息服务体系研究[J].情报科学,2008
[23] 杨瑜,章道云.汽车服务在线系统的集成体系结构设计及实现[J].商场现代化,2007
[24] 袁兆国.基于浏览器/服务器模式的汽车技术服务信息查询系统[J].上海汽车,2002
[25] 陆荣.实现汽车信息共享 为汽车用户服务[J].北京汽车,2002